一本书读懂领导学

以情感人、以理服人、以法管人

在中国管人管事的108个方法

How to be a successful leader

陈靖 / 编著

九州出版社
JIUZHOUPRESS

图书在版编目（CIP）数据

一本书读懂领导学：在中国管人管事的108个方法/陈靖编著.
—北京：九州出版社，2010.5

ISBN 978-7-5108-0440-3

Ⅰ.①一…　Ⅱ.①陈…　Ⅲ.①领导学－通俗读物
Ⅳ.①C933-49

中国版本图书馆CIP数据核字（2010）第058684号

一本书读懂领导学：在中国管人管事的108个方法

作　　者　陈　靖　编著
出版发行　九州出版社
出 版 人　徐尚定
地　　址　北京市西城区阜外大街甲35号（100037）
发行电话　(010)68992190/2/3/5/6
网　　址　www.jiuzhoupress.com
电子信箱　jiuzhou@jiuzhoupress.com
印　　刷　北京明月印务有限责任公司
开　　本　787毫米×1092毫米　16开
印　　张　22.25
字　　数　360千字
版　　次　2010年5月第1版
印　　次　2010年5月第1次印刷
书　　号　ISBN 978-7-5108-0440-3
定　　价　39.90元

前 言

经常听到一些人抱怨说，现在员工难管：不是不听话，就是牢骚怪话多；不是不服从安排，就是对工作讨价还价；不是不干活，就是工作效率低等等。我们认真分析一下，恐怕还是管理者的方法有问题。我们相信，只有不好的管理者，没有绝对管不好的员工。

凡是担任管理职务的人，都同时肩负着管人与管事的双重责任。我们甚至可以说，管人管事是管理者日常最主要的任务。

管人管事是一门高深的学问，管理者不仅要大权在握，重要的是要有高超的管理艺术。对一位管理者来说，管理员工的最终目的，就是让员工自己主动学会做一个问题的解决者，而绝非是麻烦的制造者。

成功的管理者都是通过成功管人来实现高效管事的，他们都是章法严谨却从不流露声色；把每一步都安排得井井有条却让人看不出动静；将一切掌控于心却让别人不知其意；表面上看似无计，实则是计策在心，把每一计都藏在心窝里，不张扬、不表露。

管人管事要成功，无非三件事：情、理、法。中国式管人的三大关键：动之以情、晓之以理、束之以法。作为一名优秀的管理者，要把握好火候、尺度、方法，这样才能得到理想的管理效果。做到以情感人、以理服人、以法管人。用“情”“理”“法”三大法宝，一一破解管理难题。

本书立足于中国国情，根据中国人的心理特征和中国企业的普遍特点，有针对性地就管人管事所要面对的问题进行实战分析；同时也展望国外，引进国外管理的先进理念，并以生动具体的生活场景和精彩案例，让人们在阅读的过程中领悟其中的道理。108 个故事，就是 108 种解决方法，总有一种方法你能用得上。可以让你在一边享受着悦人的故事，一边领略着管人管事的艺术和智慧，从而巧妙地启发您如何做一个“有心计”“懂手段”的管理者。

目 录

以情感人36法

以情感人是中国式管理的三大法宝之首。

与之相较，国外的管理可能更侧重于制度化。然而中国人常说的一句话是，“制度是死的，人是活的”。的确，人不是物品，不可能你让他不动他就不动。他是有思想的，是有感情的。

所以说，一个单位的领导如果能从感情上做文章，让下属不但口服，而且从心里往外服气，这个单位便有了凝聚力、向心力，做好工作就易如反掌了。

36个经典故事，36种以情感人的方法，总有一个适合你。

以理服人36法

中国有句俗话，“有理走遍天下，没理寸步难行”。在管理过程中同样应以理服人，横行霸道、以权压人是领导者的大忌。

我们面对持有异议的下属，做到晓之以理，把问题的原委利害讲清楚，就不难取得其理解和配合。万事先礼后兵，在我们仁至义尽之后再动武，所有的道义就会站在我们一方，被惩罚的对方也会心服口服。

36个经典故事，36种以理服人的方法，总有一个适合你。

以法管人 36 法

“没有规矩不成方圆”。一支成功优秀的队伍，必须有铁的纪律。没有任何一支自由散漫的军队可以打胜仗。

领导者决不能幻想依靠温情主义来管好下属。趋利避害、拈轻怕重是人性的弱点，必须要有一个强有力的规则来束缚规范。

一个真正合格的强势领导者，应该是外表谦恭而内心铁面无私。

36个经典故事，36种以法管人的方法，总有一个适合你。

以情感人36法

以情感人是中国式管理的三大法宝之首。

与之相较，国外的管理可能更侧重于制度化。然而中国人常说的一句话是，“制度是死的，人是活的”。的确，人不是物品，不可能你让他不动他就不动。他是有思想的，是有感情的。

所以说，一个单位的领导如果能从感情上做文章，让下属不但口服，而且是从心里往外服气，这个单位便有了凝聚力、向心力，做好工作就易如反掌了。

36个经典故事，36种以情感人的方法，总有一个适合你。

第 1 法

待人真诚才能吸引人才

在人才这个市场上，对于买家来说，都想争取到高手中的高手，不惜代价。这中间除了拼银子之外，重要的是要讲感情功夫。人毕竟是有感情的。

现代商战也是争夺人才的战争，争取到一个高手加盟自己的事业，无疑是事业成功的一个重要条件。

但是决定成败的高手就那么几个，而买家又那么多，对于高手来说，谁都想卖个好价钱，把自己的利益最大化；对于买家来说，都想争取到高手中的高手，不惜代价。这中间除了拼银子之外，重要的是要讲感情功夫。人毕竟是有感情的。

官渡之战后，袁绍元气大伤，原来投靠袁绍的刘备，只好带着张飞和关羽投奔荆州军阀刘表。刘表虽然客客气气地接待了他，而且还拨给他一些人马，但是刘表这个人却既无大志，又无胆略，还害怕刘备的势力发展，所以叫刘备屯驻在偏僻的新野县城内。

刘备是汉朝的宗室，从起事到现在已经 20 多年了，以忠义闻名。有许多德才兼备的人都认为他是一个明主，来投靠他；而且刘备也为了江山大业四处寻觅人才。

刘备刚刚将兵屯驻在新野后，就有一个人来投奔他，此人名叫徐庶。刘备见他机敏、忠诚，就请他担任军师。有一天，徐庶对刘备说：“您知道卧龙先生吗？”刘备说：“曾经听别人说起过。不知道他的才能比您如何？”徐庶急忙摇摇头，摆手说：“我怎么能与卧龙比呢？如果非拿我和他比的话，就是乌鸦比凤凰了。”刘备惊讶地说道：“那么他一定是个非常难得的人才了，请您带他来见我吧！”徐庶连忙说：“这个万万使不得，像卧龙先生这样的天下奇才，得您亲自登门拜请才行。此人复姓诸葛，单名亮，字孔明，是琅琊阳都人。从小死了父母，跟着叔父在荆州避难。在他17岁那年，叔父也死了，他就在襄阳城西二十里的隆中山定居下来，平时除了种地以外，经常和一些朋友们研读史书，切磋学问，谈论天下大事，而且他还将自己比作辅佐齐桓公成为霸主的管仲和辅佐燕昭王打败齐国的名将乐毅。您想想看，他不正是您所寻求的兼有将相才能、能辅佐您成就大业的人吗？他是一个非常了不起的人物，就像卧在地上、准备腾空而起的巨龙，所以被称作‘卧龙先生’。您说，像这样的天下奇才，是不是值得您亲自前往，请他出山呢？”刘备听得心花怒放，点头称是，马上决定要亲自去请卧龙先生。

次日，天气晴朗，刘备带着关羽和张飞前往隆中。这里重峦叠嶂，树木高大、挺拔、葱绿，风景很美，很迷人。其中有一座山蜿蜒曲折，真像一条静卧的苍龙，准备随时飞上天空。刘备等人骑马继续前行，来到一座山岗下，看到了几间掩映在苍松翠竹间的小屋。刘备下马亲自敲打房门，里面出来一个书童，问：“你们找谁呀？”刘备客气地说：“请告诉卧龙先生，刘备前来拜见。”小童说：“先生不在家，人一早就出去了。”刘备急忙问：“先生去哪儿了？”小童说：“不知道，先生朋友很多，大概找朋友们一起读书去了。”刘备很失望，问道：“那么先生什么时候回来呢？”小书童说：“这也说不定，或者三五天，或者十几天，没准儿。”张飞见刘备还想问下去，很不耐烦，就对刘备说：“既然他不在，我们就回去吧！”关羽同意了，刘备只好对小书童说：“等先生回来，请你转告他说，我刘备前来拜访了。”于是，三个人掉转马头，失望地离开了卧龙岗。

回到新野后，刘备天天派人打听隆中的动静。过了几天，得到一个非常令人高兴的消息：卧龙先生回来了！刘备命令：“立即备马。”这时候，正赶上冬天，冷风嗖嗖地吹，天上飘着雪花，关羽和张飞都劝刘备改天再去，刘备不听劝阻，决意要亲自去请，关羽、张飞也只好陪着。雪花纷纷扬扬飘落下来，山就像用玉砌成的一样，树也好像用白银裹着似的，很是漂亮。三个人却无心赏景。张飞还生刘备的气，吵吵嚷嚷地说："这么一个山里人，派个人叫来不就行了，何必哥哥您亲自来请呢!"刘备劝他说："卧龙先生是一个非常难得的人才，怎么可以随便去叫来呢？我之所以冒着这么大的风雪来请他，正是想向卧龙先生证明我刘备是诚心实意请他出山的。"他们冒着风雪，好不容易才到卧龙岗，刘备下马，轻轻地敲门，又是那个小书童出来说："诸葛先生正在堂上读书呢。"刘备高高兴兴地进去拜见，只见这个青年只不过20来岁，英俊年轻，刘备恭敬地行了个礼，说："久仰先生大名，这次终于见到您了，实在是很荣幸。"那个青年慌忙站起来，还了个礼说："将军您是刘皇叔吧，听童儿说过，您来找过我二哥。"刘备惊讶地问："先生不是卧龙先生？"少年说："我是诸葛均，是诸葛亮的弟弟。我还有个兄长诸葛瑾，现在在东吴做官。我和二哥住在隆中。"刘备问："那么卧龙先生现在何处？"诸葛均说："二哥和几个朋友昨天出去了。"刘备二请诸葛亮，仍是没有见到人影，只好失望地回去了，打算改日再来拜访。

又过了些时候，打听到诸葛亮确实在家，刘备就让关羽和张飞陪着，第三次前往隆中拜见诸葛亮。这次不用说张飞不愿意去，就连关羽也有些不愿意去了。刘备说："你们知道周文王访贤的故事吗？文王那么器重姜尚，姜尚一心辅佐文王和武王，他们齐心合力，终于完成了灭殷的大业。我们应该向古人学习啊!"说完，就带着张飞和关羽出发了。为了表示自己的恭敬，在离草屋很远的地方，刘备就下马步行。从小书童那里得知诸葛亮还在草屋睡觉，就没敢惊动，刘备让关羽和张飞在门外等候，自己恭恭敬敬地站在草屋的台阶下等着。

时间过得很慢，刘备等了好一会儿，诸葛亮才醒来，小书童连忙向诸葛亮禀报说："刘备将军已来了好半天。"诸葛亮立即出门迎候。刘备看诸葛亮，二十七八岁的年纪，身高约八尺，长得清秀，神采焕发。刘备迎上去说："久仰先生大名，今日承蒙接见，很荣幸。"诸葛亮赶紧说："刘皇叔三顾茅庐，未能迎候，请您原谅。"随后二人就进入草堂交谈起天下大事来。

刘备对诸葛亮精辟的分析大为赞赏，一再拜谢道："先生的话使我受益匪浅，如能出山相助，我就可以随时领教了。"诸葛亮仍然推托说："我为将军您忧国忧民之心而感动。但是我，年纪太轻，学识不足，而且又不愿意追求功名利禄，将军还是另请高明吧！"刘备悲伤地说："先生您这样的天才，不肯出山相助，是我刘备的不幸，是汉室的不幸呀！"说着，泪水夺眶而出。诸葛亮深深地被感动了，立即答应出山。

从此以后，诸葛亮就用他全部的智慧和才干辅佐刘备。刘备三顾茅庐求请诸葛亮的佳话一直流传至今。

主管应在人才方面下大工夫，因为人才是最重要的资源。据说亨利·福特想把一个制造厂厂长挖过来，那人不肯背叛企业，亨利·福特索性把那个厂子买了下来。拿破仑说，为了一个人才，要我给他下跪都可以。一个不惜银子，一个豁出去尊严，可谓是付出了惨重的代价，然而对于整个事业的胜利来说，这一点小小的付出是值得的。

经验之谈>>>>

就对人才的吸引力来说，刘备当时要地盘没地盘，要银子没银子，是一点优势也没有。但是他以情感人的功夫是一流的，于是便花了很小的代价，得了一个上等的人才。

第2法

用你的热情感染员工

激情、热情，不是与生俱来的天赋，它是自我控制的结果！激情、热情，是世界上最廉价的，也是最无价的。

要以情感人，首先必须自己充满热情。没有热情，或者热情的方式不当，别人可能误会你，以为你这个人太冷，连朋友都做不成。不论主管，还是员工，唯有抱着热情工作，才会有突出的业绩。你若不信，来看看一名推销员的人生轨迹。

他成为一名推销员，并非命中注定；他成为一名优秀的推销员，也非命中注定。先前，他从来没想过他会靠推销吃饭；后来，他却因推销而闻名。命运反复，谁能预料。

他本来是一名职业棒球手，效力于甲级球队，月薪很高，体面而滋润。谁知道，有一天老板竟然要解雇他。因为年轻，他一点都不在意。

老板斥责他说："我们不需要懒惰者，你像一个职业球手吗？你有职业球手的拼搏精神吗？"

"是的！我懒惰！我没有精神！那又怎么样?!"年轻人大声回敬了老板，恼羞成怒，毫不在乎地离开了球队。

竞争淘汰孬种，苦难使人成熟。他的生活窘迫起来，不得不降低颜面，加入了一个级别很低的球队，月薪基本只够吃饭。他感叹自己是虎落平阳遭犬欺，心中燃不起一点热情。经常还有熟人跟他打招呼，那简直是一种折磨。

他徘徊了一星期，决定离开那鬼地方，去了一个遥远的城市，尽管月薪仍然很低，但没有人认识他，他可以治疗一下心情。

他发誓说："我一定要重新振作！我一定要重新开始！我才22岁，怎能不生龙活虎!"

热情燃烧起来，情况就大不一样了。他奔驰于赛场，像骏马，像洪流，像子弹。他感觉身体内波涛汹涌，必须奔跑才能释放。力量也大得出奇，投过去的球差点震落队友的手套。他的热情也感染了队友，跟着他狂奔。队友的热情又感染了观众，站起来为他们呐喊。

他本人在球场上没有一丝杂念，只想着打球；他浑身是胆，孔武有力，只想着奔跑；他热血沸腾，豪情奔放，只想着胜利。他成了赛场的中心。

那一阵子，他真的感到很自豪，是神奇的精神力量在支撑他，驱赶他，鞭策他，成绩和荣誉也让他感到骄傲。昔日被解雇的球员，今天却成了新星。报纸刊印他的照片，记者也来骚扰他，在文章里把他叫做"锐气"，说他是"有史以来第一个给不能入级的球队注入了'灵魂'"。

他自己都没想到，会获得那样的赞誉。后来一提那段日子，他就无限神往。没有热情，能打动谁?

他的月薪很快涨了，比原来的都多，是一大笔钱。两年后，月薪竟然涨了4倍，比美国总统的工资都高，那段日子他是多么幸福。

但是，他注定成不了明星。在芝加哥的一场比赛中，在他挥圆右臂，球脱手的一刹那，一阵剧痛穿心而过，他的胳膊骨折了。他简直要哭泣了，因为胳膊就是他的生命。那对他的打击太大了，跟战争中失去一条腿没有差别，好战士宁可战死沙场，也不愿苟延残喘。

但事情已经不可逆转。他心灰意冷，回了费城老家。接下来的日子很艰难。他先做了两年收款员，骑着脚踏车，一条街一条街，帮家具厂收款，报酬是1美元一天。没有阳光，也看不到希望。命运反复，谁能预料!

然后他又加入寿险公司，想碰碰运气。干推销，完全是为生活所迫，他只想试一试罢了。8个月后，他准备退出。

后来他回忆说：“那一段日子真折磨人啊，你实在是看不到一点希望。开始，他们总鼓动说‘某某某又签下一单，提成多少’，我热血沸腾。他签下一单等于我做一年，干吗还不行动呢？可是，8个月下来，我一单都没有拉到。既然不适合做推销，还待在那里干什么?!”

竞争淘汰孬种，苦难使人成熟。

他又开始翻招聘广告，无意中翻到了戴尔·卡耐基先生的成功学讲座。他决定抱着死马当活马医的态度去听听。

第一次进课堂，戴尔·卡耐基先生随手一指，竟要他当场发言。他战战兢兢立起身来，过了老半天，才结结巴巴说出几个字来，还不知道在说什么。

“等一等，先生，请等一等!”卡耐基毫不客气地打断了他，“拿出生气来，年轻人！您这样讲话，哪一个爱听？没有热情，能打动谁?”

戴尔·卡耐基先生就此大谈“热情”话题。讲到激动处，他挥手摔断了一条椅腿，演讲也戛然而止。声音洪亮，感情饱满，目光坚定，意气奔放，余音绕梁，荡气回肠——这就是他对卡耐基的印象。

“没有热情，能打动谁?”那晚他失眠了，反复念叨着那句话。

“‘开谈多含情，话终有余响。’他的热情就是这样的吗？我的热情在哪里呢？纽黑文的快乐时光为什么一去不复返了呢？我的热情消失，我的生命枯萎。我怎么能这样呢？不！决不！我怎能一无所成!”

“现在不奋斗，更待何时？等我老了吗？那怎么行啊！我怎能随波逐流!”

经过一夜的辗转反侧，他决定要改变自己的命运。太阳升起，他又一次听到了婉转的鸟叫。

没有热情，能打动谁？

那天打出的第一个电话，他永生不忘——精神饱满，信心十足，没有任何畏惧。那一次真是速决战，对方立刻答应面谈。会谈时，他热情洋溢，妙语如珠，对方当场就签了单。他是费城的谷物商，他说："如果我的员工都有您这样的热情，我的生意一定能好10倍。"这就是一个企业主对热情的感受。

从那一天起，他感受到奋斗的乐趣，第一次体会到热情的美好感觉：没有热情，能打动谁？

多年以后，他在给人们演讲时说：

你想象你充满热情，甚至是逼迫自己充满热情，很快地，你就热情饱满、浑身是胆了。这是我的经验，只要你下决心强迫自己有热情，你就一定有热情。

人逢喜事精神爽，蠢人也懂；胜不骄败不馁，全在自己。生而为人的天性，不就是做自己的主人吗？看一看你身边的人吧，然后你可以做一个选择：激情飞扬、斗志昂扬、精神焕发，或者是唉声叹气、垂头丧气、蔫头耷脑。

激情，热情，生而为人的要素，是与生俱来的天赋，还是自我控制的结果？激情，热情，那是世界上最廉价的东西，也是最无价的东西。

读那些伟大人物的传记，研究他们奋斗的历程，我们可以作出一个结论：做伟人，光靠勤奋是不够的；而要想过富足的生活，只要有热情，孜孜不倦，就一定能做好。

你想自己有热情，你就一定有热情；只要你强迫自己有热情，热情就会来到你身边。

热情使一名落魄失意的球手成为美国最著名的推销员。他的名字叫弗兰克，连卡耐基都赞赏他的成绩。主管充满热情，员工受到感染，也会充满热情，整个企业的精神状态就不一样了。

经验之谈>>>>

主管充满热情，员工受到感染，也会充满热情，整个企业的精神状态就不一样了。

第3法

胸襟宽广者才能成大事

面对“得罪”过你的下属，有一天撞到你的“枪口”上了，你是乘机报复，给小鞋穿？还是做足姿态，放他一马呢？

作为一名领导者，难免有下属冲撞你的时候。如果“得罪”过你的下属，有一天撞到你的“枪口”上了，你是乘机报复，给小鞋穿？还是做足姿态，放他一马呢？这两种做法的结果是截然不同的，这里面有很大的学问。

晋国的公子重耳当年出逃的时候，替他保管财物的头须趁火打劫，席卷了重耳的财物，溜之大吉。重耳在历经了19年磨难后回国即位，是为晋文公。恬不知耻的头须，在这时却来求见重耳。当时晋文公正在洗头，听说是先前席卷了他全部家当的头须来求见，便说不见。头须非但不感到羞耻，而且还让人传话说：“正在洗头的人，心是倒着的，说话也就一定颠倒。他已经成了一国之君，要是还记着一个普通人的小怨，那么他得罪的人就太多了。”（《左传·僖公三十四年》）

晋文公于是接见了他。晋文公为什么要容忍这个卑鄙的小人呢？并不是他丧失了辨别能力，而是他要做给别人看。因为当年他出走的时候，举国上下都依附于反对势力一方，至少是跟着一起喊过反对口号。现在晋文公为了安定人心，正是需要头须这样一个没有被报复的典型。晋文公这样做，岂不是一个极为聪明的行为吗？

晋文公在位置还没有坐稳的时候，采取了这种容忍仇人的策略，大家可以发现，这是极为明智的。

立威，可以用极端的手段，也可以用怀柔的手段。镇压能有作用，宽赦也会显示其力量。总之，前提是自己要有实力。宽容仇敌是因为仇敌的力量不足以与你抗衡；宽容那些怀有二心的人，是因为目前他们尚没有决心走二途。有了实力，还要有胸怀，懂得居安思危。

如果采取镇压的手段，那么杀掉一个头须又何足挂齿？但这会产生什么样的反应呢？人们就会说，19年了，国君竟然还把这种小事放在心上，对一个毫无价值的小人进行报复，与这样的君主在一起，那可就真的是伴君如伴虎了。所以留住头须这样的人，对头须而言，不过是将没有廉耻的生命又延续了下去，可是对晋文公而言，应该说是放过了一个毫无价值的小人而得到了最实际的利益。

不论是历史，还是现实，这样的例子数不胜数，都证明了宽恕仇人，不计私怨，最终自己受益匪浅。

志存高远者，不会将眼光盯住身边琐屑的事物，不会与比自己弱的人计较，更不会把失败者打倒在地，还要踏上一只脚。仇恨是不能解决问题的，只能让人更加虚弱。

所以说，想成为一个成功的领导者，不妨也从晋文公身上得到点启发，学会容忍仇人。

经验之谈>>>>

宽恕你的仇人，扩大你的胸怀，你的形象会因此而光芒四射，会引来无数追随者。

第4法
要用真心对待人才

要吸引人才，方法很多，但始终都摆脱不了一个“诚”字。

一个领导者能否成功，尤其在他创业的初期，很大程度上取决于其所拥有的下属的能力。能否拥有一些真正的人才，是一个领导者能否走向成功的关键所在。

可以这样说，人才是天地的精华，人才难得，尤其是在白手起家、人才不足的时候更是如此。创业难，得人才更难，得到栋梁之才更是难上加难。汉高祖刘邦若没有韩信、萧何、张良等人的尽心辅佐，就无法完成一统江山的大业；刘备若无诸葛亮，也不可能在群雄纷争之中三分天下而占其一……从古至今，这样的例子数不胜数，这一切都体现出了一个栋梁之才对领导者所起到的巨大作用。

要吸引人才，方法很多，但始终都摆脱不了一个“诚”字，要待人以诚。这个“诚”可体现在诸多方面，例如对自己孜孜以求的人才要保持耐心，始终不温不火，恭敬有礼，相信总有一天你会感动他的。

美国一家汽车轮胎公司的经理肯特先生，有一次在一家小酒馆吃饭，无意中碰到一位喝得酩酊大醉的青年人，因而惹起了这位醉汉的不满，对肯特大打出手。幸亏酒店老板的及时劝阻，肯特才得以脱身。

事后，肯特从店主人那里了解到，这位青年就在附近的一家工厂工作，他时常来这里酗酒。据说，他发明了一种能够增强轮胎强度的技术，并且申请了专利，但是他寻找了好几家生产汽车轮胎的厂家，要求他们购买他的专利，结果都扫兴而归，并且受到了他们的嘲弄。所以，他感到怀才不遇，整日抑郁不振，经常来这里借酒浇愁。

肯特得知这些情况后，对这位青年的不敬毫不介意，并且决定聘请他来自己的公司做事。

一天早晨，他在工厂的门口等到了这位青年人，但这个青年人却心灰意冷，不愿向任何人谈起他的发明，他也不理肯特，径自去工厂干活了。

但是，肯特却一直在工厂的大门口等候。

肯特从早上 8 点钟一直等到了下午 6 点。这时，那个青年人走出厂门，没想到这次他一见肯特的面，便爽快地答应了与他合作的要求。原来在吃午饭的时候，那位青年人出来看见肯特在门口等着，便转身回去了。但后来，他知道肯特一天不吃不喝，等了近 10 个小时，不禁动心了。

肯特也正是在求得这位年轻人之后，才推出了新的汽车轮胎产品，从而取得了巨大的商业成功。

通过此例，我们的领导者应该有所感悟：诚到深处情自现，不见诚字不见情。所以要做一个出色的领导者，只有诚恳待人，宽以待人，才会获得事业上的好伙伴、前进中的好帮手，才能真正在激烈的社会竞争之中立于不败之地。

经验之谈>>>>

凡是有才华的人，都有一两样怪脾气。要想得到他们的鼎力相助，千般计谋不如一个“诚”字。

第 5 法

领导要小心员工的虚情假意

它具有很大的欺骗性。主管在日常工作当中，尤其要分清下属情感的真伪，绝不能被心怀叵测的下属用虚伪的情感所迷惑，从而不知所以，作出有害于事业的判断。

情感存在于人的意识当中，它是无形的，是虚无缥缈的，是看不见摸不着的，所以有的时候，它具有很大的欺骗性。主管在日常工作当中，尤其要分清下属情感的真伪，绝不能被心怀叵测的下属用虚伪的情感所迷惑，从而不知所以，作出有害于事业的判断。

1898年，以康有为、梁启超、谭嗣同为代表的知识分子发起了维新变法运动。

维新派吸收日本和俄国的变法经验，认为变法必须从皇帝开始，自上而下发布变法诏书。

康有为曾前后五次上书，说服光绪皇帝推行变法。他在第五次上书时写道："割台之后两载遂有胶州……事变以来，日迫一日……恐皇上与诸臣求为长安布衣而不可得矣……图保自存之策，舍变法外别无他图。"言辞非常恳切。

光绪看了这份奏折后，非常感动，这使他在国难之际，看到了曙光，于是同意康有为提出的变法政策，实行君主立宪制。但是以慈禧为首的封建顽固派，死守祖宗之法，坚决反对变法，帝党与后党由此形成对立。

顽固派的势力很强，光绪所颁布的新政诏书被搁置一边，成为一纸空文。并且还有谣言传出，慈禧与光绪将一同前去天津阅兵，阅兵之后将废除光绪。维新派这才知道，赤手空拳是无法与顽固派抗争的。他们必须尽快寻找可靠的拥有兵权的人来帮助推动变法运动，否则光绪一旦被废除，变法必然会失败。

维新派看中了袁世凯。袁世凯此时是天津小站的督练官，又是直隶按察使，拥有兵权。维新派之所以看中袁世凯，还有一个原因，那就是袁世凯在表面上所展现出来的变法热情。

在康有为创立强学会时，袁世凯曾帮助康有为，自愿捐款500元，还发动别人来捐款。在变法维新处于高潮时，袁世凯也发表过一些慷慨激昂之词。例如他曾说过："切言必分必合之道，必须大变法，以图多保全数省。"

尽管袁世凯并未对变法维新发表过多少高见，但这种口头的支持，给人的感觉是袁世凯支持维新派。因此康有为等人认为袁世凯一定会支持变法。康有为曾说过："将帅之中，袁世凯夙驻高丽，知外国事，讲变法，昔与同办强学会，知其人与董（福祥）、聂（士成）一武夫迥异，拥兵权，可救上者，只此一人。"

光绪皇帝当然也知道袁世凯的重要性，就亲自召见他，并问道："苟付汝以统领军队之任，能矢忠于朕否?"

袁世凯立即赌咒发誓："臣当竭力以答复皇上之恩，一息尚存，必思效忱。"

光绪见袁世凯的诚恳之心溢于言表，对他不再怀疑，并给他加官，任为侍郎候补。

维新派令谭嗣同立即与袁世凯联系，让其更加支持变法。谭嗣同对袁世凯说："公受此破格特恩，必将有以图报，上方有大难，非公莫能救。"又说："荣某（荣禄）近日献策，将擅行废立，弑君犯上，公知之否?"接着，谭嗣同将维新的行动决定告诉了袁世凯，并要他将荣禄杀死。

袁世凯当场表示赞同，他满口说道："等到天津阅兵时，皇上驰入我营，一旦发下号令，则杀荣禄如同杀狗耳。”

然而，袁世凯在与维新派保持联系的同时，也与顽固派有着瓜葛。袁世凯仔细对比了维新派和顽固派的实力，判断软弱无力的光绪必定会失败，而势力强大的顽固派必定会胜利。顽固派有荣禄掌握的数万军队，袁世凯自己仅有七千人马，在这种对比悬殊的情况下，是无法取胜的。于是袁世凯决定向荣禄告密。光绪帝被软禁起来。

袁世凯在追剿维新派的时候，表现得极其卖力，将谭嗣同等“六君子”处死。

在袁世凯的人生哲学中不存在背信弃义，而只有权力争夺。他从不考虑自己的行为是否会招人唾骂，只要结果对自己有利，就毫不犹豫地调转船头。

人都是感情动物，凡是遇到那些对自己赌咒发誓、诚恳之心溢于言表的人，都会马上拉近与之的心理距离，特别是在自己孤苦无助的情况下，尤其容易产生信任的感觉。

于是，这就给别有用心者提供了机会。袁世凯正是利用这一点，接近了光绪帝，取得了光绪帝的信任，从而一举将他推向失败的深渊。这一点，现代主管者一定要力戒，一定要练就一双火眼金睛，透过表面的层层迷雾，看清楚虚伪者的真实用意。

袁世凯能够获得信任，首先是因为光绪帝、康有为等人缺乏政治经验和斗争经验，没有把兵权掌握在自己手中，而想依靠袁世凯。袁世凯信誓旦旦的几句话，就让光绪帝动心，光绪帝太年轻了，那时才18岁，而康有为等又是一介书生，虽然贵为帝王师，却不擅权力斗争，因此戊戌变法持续不过百日。

经验之谈>>>>

不是所有的人情都是好东西，有的情会引你坠落，让你吃亏。所以说判断人情的真伪，是主管必须练就的一项真功夫。

第6法
多和下属联络私人感情

“外托君臣之义，内结骨肉之恩，言必听，计必从。”胡林翼“巴结”官文，虽然不搞权术，却是英雄的大胸襟所为，不能以小义批评之。

作为一名主管，与下属的个人感情很重要，它直接影响着你领导工作的顺利与否。我们经常看到与下属关系密切的领导，在工作中如鱼得水，一呼百应。反之，得不到下属的鼎力相助，凡事磕磕碰碰，虽谋事时可谓天衣无缝，但却落实不了，多是无功而返。

上下级搞好关系，关键是能相互给面子，有来有往，慢慢地感情就会越走越近。

胡林翼曲意结交官文，就在于一个“情”字，以让而得情。官文受枕边风的吹拂，对胡林翼自是格外青睐。官、胡二人的和洽为整个湘军集团的成功铺平道路。

咸丰六年（1856年）是湘军最艰难的一年。

这年十月，胡林翼增加陆师五千，水师十营，对武昌采取长围久困之计。城中太平军粮尽，于十一月间开门突走，被围城湘军分途追歼，武昌攻下。十二月，湖北全省俱被湘军收复。

收复中南重镇武汉后，咸丰皇帝非常振奋，为犒劳有功人员，将胡林翼补授为湖北巡抚，加赏头品顶戴。胡林翼一下子就成了实缺的巡抚大吏，实权在握。但巡抚虽为一省的最高行政长官，而按照清朝的政治制度，地方最高行政长官，除巡抚之外，尚有总督。

总督管军而巡抚治民。但若在一省之中，同时设有总督、巡抚两官，二人恰又同城而治的话，往往互相牵制，迭生龃龉。湖北巡抚驻武昌，而兼辖湖南、湖北二省军务的湖广总督也驻武昌。

咸丰皇帝对汉人始终怀有戒心，胡林翼出任湖北巡抚后，他就让官文为湖广总督，对其实行监视。官、胡两人家世、经历、才略、人品大有不同，又在非常时期，分为督抚，同在一城，且所办之事，或无章可循，或有章不能循，双方很容易发生冲突，甚至趋于决裂。

在十分关键的情况下，曾国藩致信胡林翼，让他采用权变手段，与官文搞好关系，如不是事关紧要，一定顺从，借其威重之名，方能行己之志。胡林翼明白官文的地位不能动摇，唯一的办法是与官文搞好关系，于是针对官文的特点，大施权术，力求既尊重官文钦差大臣和总督的双重权势，又不束缚自己的手脚。

首先，胡林翼竭力与官文建立个人之间的亲密关系。

官文有个宠妾过生日，却以正房夫人的名义散帖，准备等来贺的人聚齐后才坦白。这本是官文想给宠妾邀体面的小伎俩。不料一个藩司得知内情，怒不可遏，说："夫人寿辰，吾侪庆祝，礼也，今乃若此，我朝廷大僚岂能屈膝于贱妾!"

当时的封建名分是很重的，夫人可以夫贵妻荣，获得朝廷诰命，有品位，妾的地位却不登大雅之堂。

胡林翼在旁听了，大力称赞他做得对。可刚说完，他自己却若无其事地传"年家眷晚生胡林翼顿首拜"的帖子，祝拜官文的宠妾。官文的宠妾自然对胡林翼感恩戴德。

等官文宠妾拜望胡林翼母亲时，胡林翼又吩咐以夫人的规格接待，此后胡母认其为干女。两家内眷亲密往来，自己也不时拜谒官母；与官文平时私函，略去官场礼仪，直呼之为"老兄""中堂老兄"。有的记载还说胡林翼与官文结拜为兄弟。

在公事上，则“专从里子切实讲求，而不占人面子”，即抓实权，坚持按己意埋头处理军政事务，而每遇得美名、邀封赏，如“收城克敌”等事，则推首功于官文，一切报功奏疏亦推官文列名出奏，官文因此累得晋擢，官至大学士。

为了安抚官文，胡林翼对官文的贪污不仅视而不问，还每月以盐厘3000两，划做督署公费，实际就是交到官文的私囊了。

从1875年春至1861年胡林翼病死，其间二人虽有矛盾，但胡林翼始终坚持对官文用外圆内方的态度。官文对此自然也心中有数，据说胡林翼母亲来武昌，官文亲自带领文武官员去河岸迎接。

官文也不傻，他知道自己的功劳都是湘军争来的，如果胡林翼的地位一动摇，就无人指挥湘军克敌制胜，他的种种地位和荣耀也就会落空，甚至身家性命也成问题，因此对胡林翼也听之任之。官文对幕僚说，“我辈之才皆不及彼”，“我无彼不能御敌”。他有功可居，有誉可邀，有银可使，就一心依靠胡林翼。

这样，胡林翼就大体上能如曾国藩所说“乃独得少行其志”，“事无大小推贤让能，多由抚署主政”。但是，官文并不是胡林翼的傀儡，正如曾国藩所说，官文“城府甚深，当胡文忠在时，面子极推让，然占其地步处必力争，彼此不过敷衍而已，非诚交也”。

胡林翼借金钱与名位满足总督官文的愿望，使得官文感激而事事信从。于是，胡林翼真的变成了以一人而兼总督巡抚二职，握军政大权于一身，事事都可按照自己的计划与想法一一推行，而不虞他人之掣肘。

督抚同心而胡林翼又实操其柄，自然事事皆易于推行。最显著的成效，一是用人行政方面，皆能依照胡林翼的主张，用贤黜邪，使湖北吏治日有起色；二是在军事作战方面，胡林翼守在境外照样分遣湖北之军出援湖南安徽等省，且不受什么干扰。

胡林翼所做的虽然只是湖北一省的巡抚，实际上却是在以湖北一省之力，进而谋取收复长江下游地区，影响了整个战局。他虽然是忍让，得到的反而不知大了多少倍。

胡林翼肯放下面子来笼络官文，甚至把自己的母亲都抬出来，这样的感人手段、管人方法，没有大气度大胸襟，哪里做得到？

经验之谈>>>>

人情都是讲有来有回的，你给他面子，他就会给你面子。也就是说，今天你抬举他，明天他就会为你挡一枪。

第7法

以情感人才能拴住人才

当房玄龄病重时，唐太宗为了及时了解病情，探视方便，竟命令将皇宫围墙凿开，以便直达房玄龄家。

人都是有感情的，也许他会拒绝你的钱财，不接受你的礼物，但却无法抗拒你对他的真情。如果能让属下觉得你是真心对他好，你收获的必然是他们对你的忠心。

李世勣是唐朝的开国功臣，是第一个被赐“国姓”的人（他原姓徐），又是李世民晚年嘱以托孤重任的人。对这样的重臣，李世民自然十分重视感情上的拉拢。

有一次，李世勣得了急病。医生开的处方上有“胡须可以救治”的话，李世民看了，便毫不犹豫地剪下自己的胡须送给李世勣。

古人讲，身体发肤，受之父母，不可损伤。因此，他们不剃发，不剪须。至于皇帝，连身上的一根汗毛也是珍贵无比的。李世民的举动实在是异乎寻常，前无古人。李世勣感动得热泪长流，叩头以至流血，表达他对皇帝感激不尽的激动心情。李世民却说：“这都是为国家，不是为了你个人，这有什么可谢的！”

房玄龄是唐太宗李世民最为倚重的一位大臣，长期担任宰相之职。他对唐朝开国初年制度的建立、社会经济的发展，做出过重大的贡献，是我国封建社会最为杰出的宰相之一。后来房玄龄犯了些小的过失，唐太宗谴责了他，并令他回家闭门思过。中书令褚遂良对皇帝说：“当年陛下起兵反隋时，房玄龄便率先投奔在义旗之下；后来又冒杀头之罪，为陛下决策，使陛下得以登上帝位；几十年来，他对国家的大政方针的制定，都有过重大建树；朝廷大臣之中，数房玄龄最为勤劳于国事。如果他没有可赦免的大罪，就不应该遗弃他，陛下若认为他年老，可以劝他退休，不应该因一些小的过失而忘记他数十年的功勋。”

唐太宗一听此言，立即将房玄龄召还。一次，他到芙蓉园游玩，途经房玄龄家时，还特意前去拜访。房玄龄也估计到皇帝会来，早就命令弟子将门庭洒扫一新，自己在家恭候。君臣相见，尽释前嫌，唐太宗便载了房玄龄同车还宫，二人和好如初。

当房玄龄晚年病重时，唐太宗为了及时了解病情，探视方便，竟命令将皇宫围墙凿开，以便直达房玄龄家。他每天派遣使臣前去问候，并派名医去治疗，让御膳房送去饮食，听到病情有所减轻，便喜形于色，一听说加重，满脸愁云。房玄龄弥留之际，太宗亲自来到病榻前，与之握手诀别，悲不能禁。

唐太宗对李世勣、房玄龄这样的重臣，自然十分重视感情，剪下自己的胡须为臣下治病，凿墙慰问病臣，真可谓以情感人，攻心有术。

经验之谈>>>>

做小事以财动人，所谓“财宝动人心”。做大事，就要以情感人，这样才能深远与长久。

第 8 法

要以身作则

葛尔丹旗下的重要幕僚月济拉的获知清军西征的消息，率领一支千余人的队伍前来意图劫取马匹。当他知道康熙也在行军行伍中时，“大骇失声”。

克利夫·巴罗斯是比利·布雷汉姆牧师团的负责人。他讲述了自己教育子女的一个故事。

当时他的儿子鲍比和女儿贝蒂还很小，做了父亲禁止他们做的事。克利夫警告说，如果下次再犯，就要处罚他们。第二天下班，克利夫发现一对儿女故伎重演，根本没把自己的话当回事。克利夫很恼火，但看着孩子们可怜的样子又心软了，他不忍心处罚他们。任何慈爱的父母都可以理解克利夫进退两难的心情。我们很多人都有过类似的经历。克利夫对我说：“鲍比和贝蒂都很小。我把他们叫进房间，然后我解下自己的皮带，脱下衬衫，光着脊梁跪在床前，让他们每人用皮带抽我十下。

“你想象不到他们哭得有多伤心，那是发自内心的、悔恨的眼泪。他们不想抽打自己的父亲，但我们有言在先，犯了错就要受惩罚。我告诉他们，处罚是不可避免的，但作为父亲我决定替他们承受。我坚持要他们用力打满20下。两个孩子边打我，边痛哭，比自己受到最严厉的惩罚还难过。

“每每回忆起那时的情景，我都忍不住要微笑，我不是个英雄，我当时也很怕疼。这样的事，我可不愿意做第二次。不过，孩子们也用不着我做第二次牺牲了。

“从那以后，我甚至再没打过鲍比和贝蒂，因为他们知道我爱他们，但不会因此而忽视他们的错误。所以他们总是非常听话，不是怕被罚，而是出于对我的尊重和爱。”

这可以说是一种笼络人心的苦肉计，在管理过程中，我们经常听领导们在批评下属之后，说：“这个事故的责任主要在我。”这就是一种轻微的苦肉计，下属知道这个事情是自己错了，而领导者先检讨，心里多少会有些过意不去，以后就会时刻注意这一点，争取不再犯错。

同样的以身作则，还表现在最艰苦的时候，领导者能走在最前面，时刻与下属们同呼吸共患难。

康熙三十五年，西北发生动乱，42岁的康熙率军亲征葛尔丹。打从出征之日始康熙就与所有兵士的待遇相同，从未因他皇帝的身份而享有特权，他“与军士同时进食，日惟一餐，恒饮浊水，甘受劳苦”。

有一次军队扎营时风雨交加，康熙见军队尚未安顿好，执意不肯先入行宫休息。他穿着雨衣站在野外，一直等到所有的军队都扎营完毕才进入行宫。入行宫后，则是等到每一个军营都开伙了才进膳。

在行军途中，葛尔丹旗下的重要幕僚月济拉的获知清军西征的消息，率领一支千余人的队伍前来意图劫取马匹。当他知道康熙也在行军行伍中时，“大骇失声”，立即将康熙亲征的消息向葛尔丹报告。葛尔丹一开始不相信康熙率军亲征，他说：“康熙不享受安居逸乐的帝王生活，跑到荒旱的沙漠做什么？”但是，当他证实康熙的确在行伍中时惊讶得说不出话来，立即带兵遁走。两军尚未对阵，葛尔丹的气势就已为之大挫。

这两个故事都说明，主管者在遇到问题的时候，首先要从自身做起，从自身找解决问题的办法。这样下属们就会受感动而主动向你看齐，从而做到无为而治。

经验之谈>>>>

榜样的力量是无穷的。

第 9 法
注意正常的人情往来

对于人家没有私心杂念的礼物给予断然拒绝，其实就是不给人家面子，不懂得善意的人情世故。

在官场中，一提起请客送礼，人们就会很自然地与行贿受贿、贪污腐化联系起来。不过，正常的礼尚往来还是需要的。中国是礼仪之邦，很注重人与人的感情沟通。

有一位校长，为人正直善良，对社会上的请客送礼之风深恶痛绝。一天，一位学生家长找上门来，想为自己的孩子开一张转学证明。因为，他们老家在无锡市，孩子的户籍也在那里，夫妻两人都在外地工作，家中两位老人年岁已高，无人照料。所以他们想把孩子的学籍转回无锡，在爷爷、奶奶身边做个伴。

校长一听，理由很合理也很充分，二话不说，立即给他们办了。

那名学生很顺利地转到了无锡。于是，这年中秋节，家长送来了两盒精致月饼外加一袋茶叶。校长一见，惊慌失措地说："都是熟人熟事的，不许来这个，再说我的禀性你又不是不知道。"

但家长再三解释："爷爷奶奶见孙子过去了都非常高兴，也要我们表示感谢。"

而校长坚决不收："你们的情我全领了，但是礼物我坚决不能收。"

"这算什么礼呀，这只不过是我们的一份心意罢了。"

家长执意要送，而校长呢，坚持不受。纠缠再三，最后还是没能拗过那位校长，家长只好把礼品带了回去。

不久，校长发现，以前他们见面时说长道短，挺热乎的，但现在反而淡了，迎了面也只是做个程序性的对答。校长大惑不解，事后经过打听他才明白，自己错就错在没收下他的那份礼物。

那位家长事后对别人说："真没想到这么不给面子，不知道我那双脚当时是怎样跨出他家门槛的。"

这件事教育了那位校长。他终于明白了：有时候，人们以礼相赠并非有求于你，而是发自内心的一种感情，这种感情是人间最宝贵的情感。

时隔不久，还是这位校长，下班回到家正上楼梯时，楼下的大婶跑上来递给他一把青菜，热情地说："我兄弟自己家种的，尝尝鲜吧！"这次，这位校长破例收下了，还不住地夸道："多好的菜，真嫩！怎么种出来的，多谢啦！"

事后几天，那位大婶看见校长老远就亲切地打招呼，两家之间的关系无形之中融洽了很多。

其实，在生活中，下属给上司送点小礼物，只要不是特别珍贵或价值特别大的东西，你就不妨收下。因为，在我们这个讲究礼仪的国度，你为他人出力了，他过意不去总想寻个方式表达一下，当他感动的语言太苍白时，便会以物代情。你大可不必太敏感，并非每个人都存有非分之想。

经验之谈>>>>

人情往来是生活中的一种正常的情感交流，无需防范过度。

第 10 法
关注员工的情感世界

任何人都有理由相信：你的下属绝对不可能不认真工作。如果他们做得不如你想象中的那么好，理由也只有一个：你做得也不够好。

有的时候，人们总是在想着：我能得到多少？而很少人会去想：我做了多少，我让别人得到了多少？

有些主管总会埋怨自己的下属，工作没有热情，没有积极性，做一天和尚撞一天钟，甚至以不发奖金、减少福利待遇来“激励”他们，希望以惩罚来唤起员工们的斗志。其实这种做法是不可取的，下面的这则小故事，相信能给人们某种启示。

这一年的圣诞节，保罗的哥哥送给他一辆崭新的高档跑车作为圣诞礼物，这可是保罗梦寐以求的事。他开着跑车到处兜风，总是能引起路人羡慕的眼光。

这一天，保罗从他的办公室出来时，看到街上有一名小男孩在他闪亮的新车旁走来走去，不时地用手摸摸这，抠抠那，满脸都是羡慕的神情。

保罗饶有兴趣地看着小男孩，从他的衣着来看，他的家庭显然不属于自己的这个阶层。就在这时，小男孩抬起头，发现了保罗，于是，他向保罗说道：“先生，这是你的车吗？”

“是啊，”保罗无比自豪地说，“这是我哥哥送给我的圣诞礼物。”

小男孩睁大了眼睛：“你是说，这车是你哥哥送给你的圣诞礼物，而你却不用花一分钱。对吗？”

望着惊奇的小男孩，保罗觉得很可笑。但他还是礼貌地向他点点头。

小男孩叫道：“哇！太棒了，我也希望……”

保罗自信地认为他知道小男孩下面想要说什么。他肯定要说，他希望也能有这样的一个哥哥。

但是小男孩说出的话却让保罗吃了一惊，他无比幸福地喃喃着：“我希望，希望自己也能成为这样的哥哥。”

保罗深受感动，他觉得开始喜欢这个小男孩了，于是，便问他：“小伙子，愿意坐我的车兜风吗？”

小男孩欣喜万分地答应了。

逛了一会儿之后，小男孩突然转身对保罗说：“先生，能不能麻烦你把车开到我家门口？求你了。”

保罗微微一笑，他理解小男孩的想法：坐一辆大而漂亮的车子回家，在小伙伴面前的确是件很神气的事情。但让保罗意想不到的是，这次他又猜错了。

“麻烦你停在两个台阶那里，等我一下好吗？”小男孩跳下车，三步并作两步跑上台阶，进入屋内。

不一会儿，他又出来了。不过他带着一个小男孩，那应该是他的弟弟。那位小弟弟，因患小儿麻痹症而跛着一只脚。他把弟弟安置在下边的台阶上，紧靠着坐下，然后指着保罗的新车子对弟弟说：

“看见了吗？就像我在楼上跟你讲的一样，很漂亮对不对？这是他哥哥送给他的圣诞礼物，他不用花一分钱！将来有一天，我也要送你一部和这一样的车子。这样，你就可以看到我一直跟你讲的橱窗里那些好看的圣诞节的礼物了。而且，你还可以开着它到处去兜风，到你喜欢的大海边、森林里……”

保罗的眼睛湿润了。他走下车子，将那位腿脚不便的小弟弟抱到车上。他的哥哥眼睛里闪着喜悦的光芒，也爬了上来。于是三人开始了一次令人难忘的假日之旅。

在这个圣诞节里，保罗明白了一个道理：给予比接受真的令人更快乐。

所以，请不要再埋怨你的下属们在工作上给予你的回报太少，在此之前，你应该仔细地想一想你对他们的关心和付出有多少。你是否给他们创造了可以让他们舒心工作的环境；当他们工作中有了麻烦，你是不是热心地帮助他们解决；他们生活中有了不幸，你是否用自己的爱去温暖他们。

假如，以上的几种你都做到了，任何人都有理由相信：你的下属绝对不可能不认真工作。如果他们做得不如你想象中的那么好，其实，理由也只有一个：你做得也不够好。

经验之谈>>>>

走进下属的感情世界，真正地明白下属们的苦衷，不要老是埋怨你的下属在工作上给予你的回报太少。要明白，只有付出才有回报。

第 11 法
用情感筑固团队

危机来临时，企业难，职工会更难。企业难的是没有了利润、老板不能发财，而职工却是没了生活来源、失去了饭碗。这时如果企业能出面替职工挡一枪，无疑会唤起员工对企业的无限忠诚。

从来没有过危机的企业是不存在的。做企业与做人一样，一生坎坎坷坷，深一脚浅一脚地走过来，总会有个马高凳矮的时候。在我们一帆风顺的时候，也许是身前身后一呼百应、风光无限，但是当艰难来临，我们的心态会怎么样？是慌乱自保，还是会与身边的战友们同仇敌忾、同呼吸共命运、共同度过难关？

在市场兴旺时增加投资，扩充人马；在经济萧条时减少雇员，削减投资，这是经营者的常规做法。然而你想到没有，危机来临时，企业难，职工会更难。企业难的是没有了利润、老板不能发财，而职工却是没了生活来源、失去了饭碗。

这时，如果老板按常例进行裁员，会将许多职工推向痛苦的边缘，如果企业果断地采取办法，替职工挡一挡，会唤起职工的无限工作热情和对企业的忠诚。这时，谁又能说没有可能大家同心协力、一鼓作气渡过难关呢？

松下公司，是由松下幸之助创办的一个大型电器王国。然而，松下在创立的70多年的历史中，也多次遇到生存危机，但全部顺利渡过难关，这全靠松下这种过人的用人方法。

20世纪50年代，日本出现经济大滑坡，不少公司已经难以支撑。为此，松下公司召开高层领导会议研究对策。

有不少人提出，公司的产品卖不出去，已经没有钱发工资了，唯一的办法是减员，至少裁去一半员工。消息传出后，整个公司人心惶惶，许多职工感到这个时候离开松下简直就无法生存。因为经济大萧条时期，找份工作简直比登天还难。

日本的一些别的大公司，为了减少开支也在纷纷减员，一时间社会上到处是失业的人。因为害怕失去工作，不少工会又组织了罢工。这样一来，劳资关系更加紧张了。

一些与松下有商业活动的公司，也在看松下有什么动作，用什么办法来渡过难关。

可是，当时的松下幸之助却躺在医院里。于是，商界传出许多谣言，说松下已经病倒了，松下公司对渡过难关没有什么办法了。一时间，松下公司的员工都感觉末日来到了，很多人都无心工作。

公司的武久和井植两位高级总裁到医院去看望松下。

“松下先生，我们现在十分困难，已经拿不出什么办法了。”武久说。

松下问道：“真的就没有什么好办法了吗？”

“松下先生，办法还是有的，那就是首先将公司的职员减少一半。”井植说。

松下躺在床上没有说话，可是看得出来，他的心里早已经有办法了。

“我已经决定一个人也不减！”

武久和井植一听，都大吃一惊。

松下看出了他们的疑惑，于是说：“若我们减人，别人就看出了我们的困难，他们就会趁机和我们讲条件；若我们不减人，就向外界表明，我们是有实力的，也是十分自信的，别人不敢小看我们。”

“同时，”松下接着说，“这些员工为松下公司辛辛苦苦地工作了这么多年，一有困难便抛弃他们，会让他们感到寒心。我们应该和他们一起共渡难关。相信我，困难一定会克服的，我们要患难与共。”

武久和井植虽然觉得松下言之有理，但还是不放心地问道：“松下先生，这样当然好了，可是，总要有个办法呀！”

“办法我已经想好了，那就是改为半天上班制，工资按以前的，发全天的。”

“这个办法怕是不行吧，这样下去，公司用不了多久，就会成为一个空架子了。”

“哈……哈……”松下笑了，“就这样办吧，你们不要担心，绝对不会像你们想的那样！放心好了。”

武久和井植半信半疑地走了。

两人回到总部，集合起全体员工。一级一级地向下传达松下先生的决定。员工们听到这个决定都高声欢呼起来。几乎所有的人，都发誓要尽全力为公司而战，公司上下出现了万众一心，共渡难关的壮烈场面。

当外界听到松下公司不减一人，而且只上半天班，发全天工资的做法，顿时觉得松下不愧是日本第一大公司，松下幸之助一定有灵丹妙药和回天之力。

最重要的是，这一决定稳定了军心。人人上阵，全力工作，只用了两个月，松下的产品又全部推销出去了。不仅停止了半天工作制，而且还要加班加点才能将大批订货赶制出来。

松下不愧为经营之神，在黑云压城城欲摧之时，能够从容不迫，在困难时期反其道而行之。于是，变不利为有利，最终取得胜利。

松下的成功之处就在于他稳住了军心。越是艰难困苦之时，身为领导越要沉着冷静。此时，你的下属极有可能已毫无斗志，不堪一击，因此，你的最大困难就是如何稳住军心，只要稳住阵脚，再大的困难最终也会迎刃而解。

经验之谈>>>>

“以利合者，利尽而交疏；以色合者，色衰而爱绝。”情感是一个团队唯一稳定的黏合剂，没有来由的忠诚是不存在的。

第12法
感情是无价的

即使是价值连城的宝贝也是可以明码标价的，但是感情是无价的。所以主管在工作中，如果能做到以情感人、情感激励，由此而笼络人心，做好工作，才是管理的最高境界。

在员工激励机制中，涨工资和升职被认为是较有效的手段。的确，在物欲横流的今天，物质刺激是会起到一定的效果。但是个别的管理者偏执于物质，把这种方法神话了，甚至产生了“有钱能使鬼推磨”“重赏之下，必有勇夫”等偏激的想法，认为金钱是万能的，无论什么事情，只要有钱就能搞定。

其实这种思想是极其无知的，人和动物的区别之处，就在于人不但是有生存的本能，而且是有情感的。即使是价值连城的宝贝也是可以明码标价的，但是感情是无价的。所以在管理过程中，以情感人、情感激励才是最高的境界。

在美国海关，有一批被没收的脚踏车在公告后决定拍卖。

拍卖会中，每次叫价的时候，总会有一个10多岁的小男孩喊价，而且每次总是以5块钱开始出价。然后，便默不作声，眼睁睁地看着一辆辆的脚踏车被别人以30元、40元的价格买去。

拍卖员为此感到非常的奇怪。在拍卖会中间休息时，拍卖员来到小男孩身边，低声地问他：

“小伙子，怎么回事？你再出稍高一些的价钱就能买到属于你的车。”

"我只有5块钱。"小男孩怯生生地说，满脸的沮丧。

拍卖会又开始了，那男孩还是给每辆车报出5块钱起价，然后再看着别人用较高的价钱买去。

后来，那些观众们也开始注意到那个总是首先出价的男孩，也开始察觉到会有什么样的结果出现。

最后拍卖会要结束了，这时只剩下最后一辆车了。同时也是最棒的一辆脚踏车，车身光亮如新，有多种排挡、10段杆式变速器、双向手刹车、速度显示器和一套夜间电动灯光装置。这辆车简直完美无缺。

拍卖员问："谁出价？"

这时，站在最前面、几乎已经绝望的那个小男孩再次轻声说："5块钱。"

拍卖员看着那个小男孩绝望的眼神，不由得停止了唱价，停下来站在那里。

这时，整个拍卖场鸦雀无声。所有在场的人都看着这个小男孩，没有人出价，没有人出声，也没有人举手。直到拍卖员喊价3次后，大声说："现在我宣布，这辆脚踏车以5块钱卖给这位身穿短裤白球鞋的小男孩。"

话音未落，全场掌声雷动。

小男孩激动的眼中含着泪花，拿出握在手中的5元钱，买下了那辆崭新的脚踏车。然后对所有在场的人说了声："谢谢各位！"

接下来的是一个发生在英国的真实的故事。

有位孤独的老人，无儿无女，又体弱多病，他决定搬到养老院去。老人宣布出售他漂亮的住宅。

购买者闻讯蜂拥而至。住宅底价8万英镑，但人们很快就将它炒到10万英镑了，并且价钱还在不断攀升。

老人静静地坐在沙发上，满目忧郁。是的，要不是身体不佳，他是不会将这栋陪他度过大半生的住宅卖掉的。

一个衣着朴素的青年人来到老人跟前，弯下腰，低声说："先生，我好想买这栋住宅，可我只有1万英镑。”

“但是，它的底价就是8万英镑啊，”老人淡淡地说，“现在它已经升到10万英镑了。”

青年并不沮丧，诚恳地说：“先生，如果您把住宅卖给我，我保证会让您依旧生活在这里。和我一起喝茶、读报、散步，天天都快快乐乐的——相信我，我会用我的整颗心来时时关爱着您。”

老人面带着微笑聆听着。

突然，老人站起来，挥手示意人们安静下来：“朋友们，这栋住宅的新主人已经产生了。”

老人拍着身旁这位青年人的肩膀说道：“就是这个小伙子！”

在你领导的团队中，你要试着去了解每个人、理解每个人。每个人都会有自己的麻烦与困难，当他们身陷其中时，当他们的某些个人利益与你的部门或是与你本人的利益发生矛盾时，其实他们也感觉到非常的为难，这常常令他们无所适从。

这时，你作为他们的领导，就要展现出一位领导的博大胸怀，多体谅他们，宽容他们。你的理解很容易就能打动他们，因为这个时候他们的心灵恰恰是最脆弱的时候。所以，不要过于死板，过于计较某些小的利益，而是去理解你的下属吧。

经验之谈>>>>

试着去理解和帮助你身边的每一个人，尤其在他们心灵最脆弱的时候。适时地送上你的真情，这才是最好的礼物。

第13法
春风细雨地感动员工

对于自知犯了错误的员工，他的神经是脆弱的。如果你严厉地批评他，很可能激起他的逆反心理，进而破罐子破摔，与你对抗到底。

有时候，你的下属可能会犯一些比较严重的错误。此时，他的内心一定充满了恐惧，他怕同事们的埋怨，领导的斥责，惶惶不可终日。如果你看到他表现出这样的神态，那么，此刻你完全不需要因为他的过失而去责怪他。因为他此刻的神经是脆弱的，如果你对他严厉地批评，很可能激起他的逆反心理，进而破罐子破摔，与你对抗到底。

此时应用无声的情感默默地去感动他，此时无声胜有声，他会在你的光辉形象下因无地自容而翻然悔悟。从此更加忠诚于你，忠诚于工作。

在一座寺庙里，有一位德高望重的长老，他下面有一个非常不听话的小和尚。这个小和尚总是深更半夜越墙而出，早上天未亮再越墙而入。长老一直想批评这个小花和尚，但苦于没有证据。

这一天深夜，长老在寺庙里巡夜，在寺院的高墙边发现一把椅子。他知道必定是那个小和尚借此越墙到寺外。于是，长老悄悄地搬走了椅子，自已就在原地守候。

午夜，外出的小和尚回来了。他爬上墙，再跳到“椅子”上。突然，他感觉“椅子”不似先前那么硬，软软的甚至有点弹性。落地后的小和尚才知道，椅子已换成了长老，小和尚吓得仓皇离去。

在以后的日子里，小和尚度日如年，他天天都诚惶诚恐地等候着长老对他的惩罚，但长老依旧和从前一样，对这件事只字未提。

小和尚觉得再也无法忍受了，他不想每天都在煎熬中度过。于是，他鼓起勇气找到长老，诚恳地认了错，哪知长老宽容地笑了笑，说：

“不用担心，这件事只有天知地知你知我知，你还怕什么？”

小和尚从此备受鼓舞，他收住心，再也没有翻过墙。通过刻苦的修炼，小和尚成了寺院里的佼佼者。若干年后，老和尚圆寂，小和尚成了长老。

同样的故事也曾发生在校园里。

有位老师发现一位学生上课时总是低着头，不知在画什么。有一天，他走过去拿起学生的画，发现画中的人物正是龇牙咧嘴的自己。老师没有发火，只是憨厚地笑着。他告诉那位学生，课后再画，画得像一点。

但是，从此那位学生上课时再没画过画，各门功课也都学得不错。后来，他成为颇有造诣的漫画家。

日本海军偷袭珍珠港得手后，尽管美军损失惨重，太平洋舰队几乎全军覆没，但是在一些美国议员之中，还有为数不少的议员反对美国向日本宣战。

当时罗斯福已经将局势分析得十分明朗，他明白如果不趁日军立足未稳时发动战争，等到将来会变得异常艰巨。同时，他也明白那些持反对态度的人的想法。一战中，美国在最后阶段才参战，而且战争没有在美国本土进行，让美国因一战而大发其财。所以，现在美国一旦参战，国内经济必受影响，同时战争的胜负很难预料。如果战事对美国不利，到时如何收场？

罗斯福明白这些人的忧虑，但他以政治家的眼光觉察出这些担忧是毫不必要的，所以美国必须参战。

在一次会议上，当大家为战还是不战而争论不休时，罗斯福突然要站起来，因为他双腿残疾，所以平常总以车代步。当他挣扎着要从车上站起来时，两名白宫的侍从慌忙上前想帮他一把，但让人意想不到的是罗斯福愤怒地将他们推开。

于是，在众人惊讶的目光中，罗斯福摇摇晃晃地挣扎着，从椅子上缓缓地站了起来。然后他满脸痛苦却倔强地坚持站着，默默地看着周围的人，一言不发。

全国的电视观众都看到这一画面，他们感动了。是呀，有什么困难是不能克服的。于是，国会很快作出决议：对日宣战。

有些时候，在特定的环境中，你完全可以不必说那么多的话，以你的沉默和行动来表达对你下属的不满，这会让他们感到不安，从而反省自己。通过这种毫不费力而又不伤和气的方法来达到目的，是真正明智的选择。

经验之谈>>>>

在特定的场合，你不妨用默默无闻的行动来感动一切。

第14法
包容下属的失败

没有败何为胜？世界上又有谁没有失败过呢？谁又能说败者永败、胜者永胜？让我们透过铺满鲜花的成功之路，多多关注那些失败的英雄。

古往今来，胜者为王，败者为寇，似乎成了亘古不变的真理。其实，这种所谓的“真理”往往是人们自身铸就的。

成功者，是因为他们付出的汗水和心血比别人要多，因此，他们理应得到鲜花和掌声，这也无可非议。但是，那些失败落魄之人呢？有谁曾想到过他们？

他们一样也曾为了某个目标而艰辛地跋涉着。他们付出的并不比别人少，甚至比成功者还要多。但总是因为这样或那样不可预知的原因，屡屡与成功失之交臂，那么他们的付出，该不该得到回报？

有些领导，往往只看到了那些少数成功的下属，于是，便毫不吝啬地将自己所能想到的溢美之词全部赠送给他们。但是，对于大多数曾经辛勤工作并为之付出的“失败者”，往往未加以重视，甚至忽略了他们的存在。所以，要记住那些失意的人们。

1945年9月2日，第二次世界大战即将拉下帷幕，因为这一天，最后一个轴心国——日本，将要签署投降条约。

在太平洋上的美军“密苏里”号战舰上，人们翘首以待，大家都想目睹这一历史性的时刻。

上午9时，盟军最高司令官道格拉斯·麦克阿瑟将军出现在甲板上，预示着这个令全世界为之瞩目和激动的伟大时刻到来了。

随后，日方代表登上军舰，仪式开始了。

就在五星上将麦克阿瑟即将代表盟军在日本投降书上签字时，他却突然停止了。现场数百名的记者和摄影师对此大惑不解。他们谁也不知道麦克阿瑟想要干什么。

将军转过身，招呼陆军少将乔纳森·温斯特和陆军中校亚瑟·帕西瓦尔，请他们走过来站在自己的身后。

麦克阿瑟的这一举动，再次让现场的人们既惊讶，又嫉妒。因为那两名军官占据着的是历史镜头前最显要的位置。一般来说，应该属于那些战功显赫的常胜将军才对。而现在，这个巨大的荣誉却分配给了两个在战争初期就当了俘虏的人。

1942年，温斯特在菲律宾，帕西瓦尔在新加坡率部向日军投降。两人都是刚从战俘营里获释，然后乘飞机匆匆赶来的。

但很快人们就明白了麦克阿瑟的良苦用心。这两个人都是在率部下苦战之后，因寡不敌众，而且又无援兵，且在接受上级旨意的情况下，为了避免更多人无谓的牺牲，才率部下忍辱负重放弃抵抗的。从他们瘦得像生病的竹子似的身体、憔悴的面容、恍惚的神情中可以看出，他们在战俘营受尽了精神上和肉体上的残酷折磨。

虽然说战争胜利结束了，但作为败军之将的温斯特和帕西瓦尔同样也是英雄，他们为这场战争的最后胜利同样作出了贡献。

在麦克阿瑟的眼里，似乎让他们站在自己身后还不够，他作出了更惊人的举动——他将签署英、日两种文本投降书所用5支笔的其中2支，分别送给了温斯特和帕西瓦尔，将剩余的3支赠给了美国政府档案馆、西点军校和自己的夫人……

麦克阿瑟用这种特殊的荣誉方式，向两位尽职的落难者表示尊敬和理解。向他们为保全同胞的生命而作出的个人名望的巨大牺牲和所受苦难表示感谢。

电影《董存瑞》中有这样一个情节：

在一次战斗中，战士们奋力杀敌，勇往直前。打扫完战场后，各班都要上报每一名战士在这次战斗中的“收获”。

于是，有的战士自豪地说：“子弹×发，消灭×个敌人。”

有的说：“缴获步枪×支，机枪×挺。”

等轮到董存瑞时，他涨红着脸，一言不发。被逼得急了，才“气急败坏”地说：

“子弹九发，没打中敌人，也没缴获任何战利品。”

按说，这样糟糕的战绩应该称得上是败军之士了。但是，班长不仅没有批评他，反而当众表扬了他：

“董存瑞同志，虽然你没有打中一个敌人，也没有任何战利品，但是你依然要受到表扬。虽然你是个新兵，但你在这次战斗中的表现，大家都看到了。就冲你的这种不怕牺牲的精神，大家也都得向你学习。”

一席话，使董存瑞揪着的心终于放下了。

所以，要想成为一名出色的领导，你必须认真对待那些失意的下属。本来，一次失败已经使他们丧失了自信，没了斗志，如果你能适时地鼓励一下或者表扬一下，让他们明白自己的心血没有白费，他们肯定会重新恢复自信，找回自我。那么，下一次他们很有可能就不再是失败者了，而会是受到礼遇的成功者。

经验之谈>>>>

不以胜败论英雄，真心包容那些失意的下属，失败只证明他们暂时还没有成功。

第 15 法
不要贬低员工

美国著名的管理学家托马斯·彼得斯曾大声疾呼：你怎么能一边歧视和贬低员工，一边又期待他们去关心质量和不断提高产品品质！

情绪、情感是人类精神生活的核心成分。“有效的领导就是最大限度地影响追随者的思想、感情乃至行为。”作为管理者，仅仅依靠一些物质手段激励员工，而不是着眼于员工的感情生活，那是不够的。与员工进行思想沟通与情感交流是非常必要的。

现代情绪心理学的研究表明，情绪、情感在人的心理生活中起着组织作用，它支配和组织着个体的思想和行为。因此，感情管理是管理的一项重要内容，尊重员工、关心员工是搞好人力资源开发管理的前提和基础，这一点对技术创新型企业尤为重要。

美国著名的情绪心理学家拉扎勒斯提出，当前面临的事件触及个人目标的程度是所有情绪发生的首要条件，当该事件的进行促进个人目标的实现时，产生积极的情绪情感，反之，则会产生消极的情绪情感。目标是个人追求的一种生活境界，它表现为个人的理想、愿望、对未来生活的一种期盼，一般存在三类心理目标：与生存有关的目标、与社会交往有关的目标、与自我发展有关的目标，简称为生存目标、关系目标、发展目标。如果某些管理行为能够促进员工的个人目标向预期的方向发展，就会产生积极的情绪情感；反之，就会产生消极的情绪情感。

斯特松公司是美国最老的制帽企业之一。1987年时，公司的情况非常糟糕：产量低、品质差、劳资关系极度紧张。此时，当地的一位管理顾问薛尔曼应聘进厂调查。他的调查结果显示：员工们对管理层、工会缺乏信任，员工彼此之间也如此。公司内的沟通渠道全部堵塞，员工们对基层领导班子更是极度不满，其中包含了偏激作风、言语辱骂、不关心员工的情绪等问题。

通过倾听员工的心声，认清问题所在，薛尔曼开始实施一套全面的沟通措施，加上有所觉悟的管理层的支持，竟在4个月内，不但使员工憎恨责难的心态瓦解，同时也开始展现出团队精神，生产能力也有提高。感恩节前夕，薛尔曼和公司的最高主管亲手赠送火鸡给全体员工，隔天收到员工回赠的一张报纸那么大的签名谢卡，上面写着：谢谢把我们当人看。

美国著名的管理学家托马斯·彼得斯曾大声疾呼：你怎么能一边歧视和贬低员工，一边又期待他们去关心质量和不断提高产品品质！他建议把能激发工作激情当成一个领导人的“硬素质”。晋升这样的人：他们在没当领导之前，能在他们的同事中激发工作热情；当了领导后，在他们的员工中，甚至是在其他部门的同级的人员中，激发热情、热心与积极性。

很多成功企业的管理经验证明：对员工进行感情管理，加强了员工和企业之间的相互信任，从而更有利于在企业中培育和谐的员工关系。

经验之谈>>>>

晋升这样的人：他们在没当领导之前，能在他们的同事中激发工作热情；当了领导后，在他们的员工中，甚至是在其他部门的同级的人员中，激发热情、热心与积极性。

第 16 法

以礼服人

权力并不是万能钥匙，你不用多表现，大家也知道你是领导。

领导者为完成任务，被赋予一种强制别人的力量，这个力量就是权力。它可以用来指示、指导下属，也可用以纠正下属的过失。

虽然如此，但如果太仰仗权力，采取强硬手段来压制下属，口口声声说“我说这么做就这么做”。不厌其烦地一再向人们显示自己的权力，不但不能使下属信服，而且蛮横、高压地利用权力，还会引起下属的反对，虽然有时只是“敢怒而不敢言”。

在前苏联一次政府会议上，赫鲁晓夫声色俱厉地指责斯大林的错误。突然听众席上有人打断了他的讲话：“你当时也是斯大林的同事，”诘问者大声喊道，“为什么你当时不阻止他，而现在才大侃特侃呢？”

“谁在这样问？”赫鲁晓夫怒吼道。

会议厅里立刻安静下来，没有一个人敢出声。

最后，赫鲁晓夫轻声地说：“现在你该明白为什么了吧？”

一声怒吼，吓得众人不敢吭声。试想，跟着这样的领导，不让下属提反对意见，过分仰仗权力，作为下属，他们会信服这样的领导吗？

三国时期有这样一个战例，张飞生性脾气暴烈，动不动喝醉酒后打士兵，士兵们敢怒而不敢言。

关羽败走麦城之后，被东吴所杀。张飞为替兄长报仇，凭借权力提出了不合理要求，限令军中三天以内置办白旗白甲，挂孝讨伐东吴。负责筹备物品的两员大将范疆、张达因为期限太急，就向张飞乞求宽限几天，张飞不但不听，竟然把二人打得满口出血，并命令道：

"一定要按期完成，若超过期限，就杀了你们示众。"

二人知道根本不可能按期完成，便商议："与其他杀我们，不如我们杀了他。"

张飞之所以被部下杀死，与他平时的高压、蛮横是分不开的。平常下属们就是"敢怒而不敢言"，更何况在他急切报仇之时？

领导下达命令要符合实际情况，指责应该有充分的理由，而不应因为被赋予了某种权力就滥加应用。把强制及使人服从的力量藏而不露，才是聪明的做法。

身为下属，就算不受强制，也会有服从的心理，如果领导用一种以上压下的态度来对待下属，即使性格温顺的人也会暴躁起来。所以领导不能借助权力压人，靠本身的威信使人信服才是明智之举。

但是，有些顽固、刚愎自用的下属，见领导以一种友善的态度与他们交谈，反而会摆出一副盛气凌人的架势。这种下属，当然不妨使用强制的手段。

权力并不是万能钥匙，你不用多表现，大家也知道你是领导。威信比权力更重要，放弃手中的权力，把精力放在建立威信上，效果会更好一些。聪明的领导很少会像封建社会那些专制的皇帝，随心所欲，世间万物为自己一人所支配。他们往往在工作中，通过展现自己的能力和良好的品德，来逐步建立自己的威信。有了威信，大家才能信服你。这时，你才具备了无形的感召力，你所作出的决定，才会得到大家的拥护。

随心所欲地使用你的权力，只会使你失去威信；而学会不倚仗手中的权力，建立你的领导威信，才会得到大家的信服。

经验之谈>>>>

高压政策永远解决不了真正问题。

第17法

做一个宽厚长者

在公众面前留下一个文雅宽厚的长者形象，很大程度上就是不想树敌太多，不想因得罪一个不值当的小人而受伤害。这不单单是修养问题，也是利害问题。

在领导与下属的相处过程中，领导若能做到宽厚待人就能使下属信服。做一名宽厚的长者，也就是处处以宽厚为怀，给人留有余地，做事不张扬，从此也少了许多人的忌恨，少了许多不必要的麻烦。

齐国有一名叫夷射的大臣，经常为齐王出谋划策，齐王也因此把他当做近臣，非常宠信他。

有一次，齐王宴请他。由于他不胜酒力，喝得有些晕，便站起身来往宫门外走去，想到宫门边吹吹风。

刚巧，宫门的守门人曾经受过刖刑，是个无聊之徒，想向夷射讨一杯酒吃，夷射对他这种人很是鄙视，便大声斥责道："什么？滚到一边去，你这个囚犯，你是什么身份，我是什么身份，你竟然敢向我讨酒吃?!"

守门人还想同他争辩几句，夷射也不吹风了，悻悻地离开了，守门人非常愤恨。恰好这时候，因刚下过雨不久，宫门前刚好积了一摊水，守门人便萌生报复心理。

正巧，第二天清晨，齐王出宫门。看见宫门前一摊其状不太雅观的水迹，心中很不高兴，急唤守门人问道："是谁敢如此放肆，在此小便?"

守门人一听，机会来了，故意支支吾吾地说："我不是很清楚，但我昨天晚上看到大臣夷射站在这里。”

齐王一听，十分生气，便以欺君之罪，赐夷射死罪。

在这里，夷射因为一杯酒而丧命的确非常可悲，一杯酒本是不足挂齿的，但守门人却受到了人格的侮辱，岂能不报复他？这对于人们来说也是合情合理的，夷射遭到这种毒计，也怪他平日不宽厚待人，咎由自取。

在宋真宗时候，有一个以宽容待人闻名的宰相王旦。

王旦有爱清洁的癖好。有一次家人烹调的羹汤中有不干净的东西，王旦也没有指责家人，只顾吃饭，而不喝汤。家人很奇怪，便问他：“你今天怎么不喝汤啊？”

他说：“今天只想吃饭，不想喝汤。”

还有一次，饭里有不干净的东西，王旦也只是放下筷子说，今天不想吃饭，叫家人另外准备稀粥。

作为领导，在与下属交往时，无论是工作中，还是生活中，都要宽厚一点，不要尖酸刻薄。你对下属宽厚，下属也不会无动于衷，他们肯定会对你的所作所为表示感激，有时即使是嘴里不说，也会存有感激之心。他们也会因此而对你信服，愿意为你效劳。

领导对下属若要尖酸刻薄，他们也会因此而有意见，会怀恨在心，在以后的工作中不再对你信服，不再予以积极的配合，甚至找机会来报复你。

经验之谈>>>>

海纳百川，有容乃大。情理之内的宽容，是主管的大美德。

第 18 法
找到员工的情感所在

每个人心中都有一段真情，也许随着时间的流逝，真情已慢慢淡漠，但它永远不会消失。在某一个特定的机会到来时，它就会像火山一样喷发出来。

每个人心中都有一段真情，也许随着时间的流逝，真情已慢慢淡漠，但它永远不会消失，在某一个特定的机会到来时，它就会像火山一样喷发出来。主管在管理过程中，就要善于发现和掌握这个机会，这是你与下属沟通的最佳捷径，一切问题在这里都会迎刃而解。

西汉时期，汉武帝讨厌喂大自己的乳娘，嫌她好管闲事，便决定将她迁出宫外去住。

乳娘在皇宫住了几十年，非常不愿离开宫廷生活，在无可奈何之时，想到了大臣东方朔，他是汉武帝的近身红人，希望他能帮助自己说几句话。

她把事情告诉东方朔后，东方朔安慰她说："你如果想获得帮助的话，就在他派人将你带走的时候，不断地回头注视汉武帝，千万不可说什么话。这样的话，也许还有一点希望。"

这天，乳娘将要离开汉武帝，满眼泪水，回头向汉武帝看了好几次。东方朔故意大声地说："乳娘，你快走吧！皇上现在用不着你喂奶了，还担心什么呢?"

汉武帝一听这几句话，如雷击一样，感到十分难过，想到自己是吃她的乳水长大的，她又没有什么大错，就立刻收回成命，留乳娘继续住在宫里。

在这个故事里，东方朔巧妙地利用反语，说汉武帝已长大了，不需要她再喂奶了，正是借此向汉武帝说明，他是吃着乳母的奶长大的，武帝仅仅因为老人的一些小毛病而要把她赶出去，岂不成了忘恩负义之徒了吗？这样他成功地达到了规劝汉武帝的目的。

唐朝的辛京杲作战英勇无比，唐太宗便升他为左金吾卫大将军。

有一次，辛京杲因为用木杖打死了部属。有人将此事上报朝廷，认为他犯了死罪，而皇上也已批准。

李忠臣对皇上说："这个辛京杲，早就该死了，现在又犯了罪。"

皇上问："这是何缘故？"

李忠臣说道："辛京杲的父亲和众兄弟都在战场上战死了，唯独辛京杲一个人活到今天，所以微臣认为他早就该死了。"

皇上一听这话，便动了恻隐之心，于是对辛京杲只做降职处理。

在这个故事里，皇上已批准判辛京杲的死刑，李忠臣又想救他，但若直接向皇上求情，极有可能把事情弄得更糟。还可能被别人参奏一本，触怒龙颜，被牵连进去。而他却巧妙地利用反语，说辛京杲全家就他一个人没有死，早该像他父亲、兄弟一样，战死疆场，这些话正是为了向皇上表明：辛京杲一家功不可没，一家除他之外都为国家阵亡了，而现在，皇上却要处死这位功臣。这一席话让皇上听了，也觉得要是杀掉他的话，便对不起辛京杲一家了，于是就降他的职，免去死罪。

唐德宗建中年间，汴宋节度使刘玄佐因听信谗言，要把军中将领翟行恭杀掉，没有人敢上前来为翟行恭求情。

处士郑涉诙谐，善于讽刺他人，他求见刘玄佐，对他说："听说翟行恭将要被处以极刑，望您能让我看一看他的尸体。"

刘玄佐感到很奇怪，就问他："你为什么要看死人呢？"

郑涉回答说："我曾经听人说过，被冤枉处死的人面部都会有奇异之相，可是我一辈子还没有见识过，所以想借此机会看一看，以了我的心愿。”

刘玄佐听后大悟，翟行恭终免于一死。

在这个故事里，郑涉巧妙地以想看死人的面部为由来说明翟行恭是被冤枉的，以此成功地把他解救下来。

反语的应用不在于多，而在于精，只要能让对方听懂你的意思就可以了。反语规劝还有一个要求，即反语必须幽默风趣，气氛必须轻松，使别人生不起气来，心甘情愿地接受你的规劝。如果你态度生硬粗暴，只会引起对方的愤怒。

要使对方生不起气来，唯一的办法就是寓情于理，就是要找到对方的动情点。用真情去唤醒对方内心的感动。

经验之谈>>>>

找到下属的动情点，所有问题将迎刃而解。

第19法
宽容才能赢得拥护

一个人不管多么高明，缺点错误总是在所难免的，因而需要得到领导者的谅解。有一个器宇恢弘的领导，从而才会有一个宽松安定的环境，这样才能杜绝人人自危和无用的内耗，更利于工作和事业的进步。

宽容大度是现代领导者健康心理的重要表现，这种品质反映在领导者身上，就可以像润滑剂一样，使人与人之间的摩擦减少，增强领导与被领导者之间的团结，提高群体相容水平。

实际上，一旦认清楚自己的目标，在达到目标的前提之下，不计较小节，这就是“器宇”。而一个人的器宇，往往也就决定了他未来的前途。

三国时期，诸侯割据称雄，各个势力长期混战，力量此消彼长。曹操在这个过程中逐渐强大起来，成为唯一能和袁绍相抗衡的力量。但和袁绍相比，曹操的势力还是弱了许多。曹操很有远见，不断总结经验，制定顺应潮流的政策，先后吸引了一大批名人贤士。

最初，袁绍的实力比曹操大得多。曹操手下的不少将士都与袁绍有书信上的秘密往来，因为他们害怕曹操被袁绍兼并以后自己没有退身之地。曹操对此早已经心知肚明，但他正值用人之际，所以一直没有采取什么行动，任由他们与袁绍来往。

这样的状态维持了没多久，就爆发了中国历史上有名的“官渡之战”。曹操以少胜多，一举全歼袁军，取得了彻底的胜利。从此，袁绍一蹶不振，他的势力也逐渐衰弱了。

官渡之战结束之后，在清理战利品时，曹操从袁军大营里缴获了一大摞书信，都是曹操的部下写给袁绍的密件。那些写了信的人见秘密败露，一个个胆战心惊，不知如何是好。

正当人人紧张万分之际，曹操却把那些信全部烧掉了，并对众人说："过去的就让它过去吧，以前我们就像是鸡蛋，而袁军就像是石头。我也在为自己的退路担心，我的属下这么做，我完全能够理解。"那些提心吊胆的人见丞相如此宽容，又目睹那一大摞书信在烈火中化为灰烬，如释重负，感到空前的轻松，都流下了感激的泪水。

那些给袁绍写过信的人，从此成了曹操忠实的拥戴者，他们争相冲锋陷阵，杀敌立功，为曹操争雄称霸作出了很大的贡献。

从御人的角度来讲，身为领导者应当不计前嫌，这既是领导者应有的修养和品质，也是领导者发现和使用人才的方法。在适当的时候，领导如果能够对下属的过错既往不咎，一定会让他们感恩戴德，从而改正错误，忠心耿耿地追随领导并努力工作。

经验之谈>>>>

关键时刻放他一马，生死关头他就会替你挡上一枪。

第20法

温情比指责有效

在对错分明的情况下，任何责怪已没有意义。只要你不想把他推到对方的阵营，就要想一些切实可行的办法。

在管理过程中，特别是对于中小型的公司，本来规模很小，一个萝卜一个坑，不可能随时更换人员。往往这个时候，员工也感觉到了这一点，于是有些员工便会放松对自己的要求，有恃无恐，不时地大错小错不断。

这个时候，主管是很犯难的，放之任之肯定是不行的。如果正常批评指责吧，又怕伤了对方的心，一急之下跳槽而去，新进人员又来不及，这是公司的损失。这个时候不妨试试以情感人的方法。有这样一个故事：

他和她结婚时家徒四壁，除了一处栖身之所外，连床都是借来的，更不用说其他的家具了。然而她却倾其所有买了一盏漂亮的灯挂在屋子正中。他问她为什么要花这么多钱去买一盏奢侈的灯，她笑笑说："明亮的灯可以照出明亮的前程。"他不以为然，笑她轻信一些无稽之谈。

渐渐地，日子好过了，两人搬到了新居，她却舍不得扔掉那一盏灯，小心地用纸包好，收藏起来。

不久，他辞职下海，在商场中搏杀了数年后赢得千万财富。像某些有钱的男人一样，他先聘了个漂亮的女秘书，很快女秘书就成了他的情人。他开始以各种借口外出，后来干脆无须解释就夜不归宿了。她劝他，以各种方式挽留他，均无济于事。

这一天是他的生日，妻子告诉他无论如何也要回家过生日。他答应着，却想起漂亮情人的要求。犹豫之后他决定去情人处过生日后再回家过一次。

情人的生日礼物是一条精致的领带。他随手放到一边，这东西他早已拥有太多。半夜时分他才想起妻子的叮嘱，便急匆匆赶回家中。

远远看见寂静黑暗的楼房里有一处明亮如白昼，他看出来那正是自己的家，一种遥远而亲切的感觉在心中升起。当初她就是这样夜夜亮着灯等他归来的。

推开门，她正泪流满面地坐在丰盛的餐桌旁，没有丝毫倦意。见他归来，她不喜不怒，只说："菜凉了，我去再热一下。"

他没有制止她，因为他知道她的一片苦心。当一切准备就绪之后，她拿出一个纸盒送给他，说是生日礼物。他打开，是一盏精致的灯。她流着泪说："那时候家里穷，我买一盏好灯是为了照亮你回家的路；现在我送你一盏灯是想告诉你，我希望你仍然是我心目中的明灯。可以一直照亮到我生命的结束。"

他终于动容，一个女人选择送一盏灯给自己的男人，应该包含着多少寄托与企盼！而他，愧对这一盏灯的亮度。

他最终回到了她的身边，选择了妻子，放弃了情人。

在对错分明的情况下，任何责怪已没有意义。只要你不想把他推到对方的阵营，就要想一些切实可行的办法。其中适时地谈起以往的事或物，以勾起对方对以往的美好回忆，从而使对方能暗自反省、迷途知返，不失为一个可行之策。

经验之谈>>>>

指责只能把下属推到敌人的阵营中去。

第21法

用情感激励下属

在请求和命令面前，下属都是被动的，虽然对方表面上答应了某事，可也为他日后失败埋下了借口。如果下属能主动请示任务，那么他对这件事就会全力以赴。

在管理过程中，主管们时常遇到一些棘手的任务，这些任务完成起来或者有难度，或者有风险，反正是费力不讨好的活儿。那么交给谁去做呢？美差自然好多人抢着去做，可是这种苦差往往大家都唯恐避之不及。对于这种非做不可的苦差，就需要我们的主管讲究方式和方法。

在这种情况下，主管一般要找一个有血性的人，不明着说出自己的来意，多唠些家常。在闲聊过程中，多提一些美好的往事，在不知不觉中不经意地透露出你的难处，往往在情到深处时，下属会毅然决然地请缨前往。下面有这样一个故事，方法我们可以借鉴一下。

张先生原是吉林人，解放战争时期，由于兵荒马乱，他跟着父母逃荒到山东，后就在山东定居下来。一家人过着非常贫苦的生活。后来新中国成立了，张先生一家人参加了当地的建设，就再没有回吉林。

改革开放以后，张先生以敏捷的思维进行大胆的投资，创办了一个工厂，经过几年的奋斗与拼搏，现已成为全国同行业的佼佼者，个人资产总额已名列全国前五名。张先生虽已成家立业，但时时刻刻都在想着家，想着家乡的人民，现在年龄也大了，很有一种叶落归根的想法。但苦于时间太忙，无法回去。

这时，张先生的家乡为了创办当地特有的产品加工厂，需要一笔不小的资金，当地政府千筹万借，才筹到了总数的三分之一，于是就派出王某去找张先生，希望能得到援助。

王某是政府外联办的，为人聪明，善于交际，且很有办法。他看了张先生的详细资料后，就判断张先生这时也很有回家乡投资的意向。因此，在没有任何人员的陪同，也没有准备任何礼品的情况下，他独自一人前往山东，并且打包票定会筹到款项。

张先生听到家乡来人时，他在欣喜之余也感到有些惊讶。因为久不闻家乡的讯息，突然有人来了，该不会是招摇撞骗之人吧！张先生心里不由得起了阵阵疑心，但出于礼节，他还是同王某见了面。

王某一见张先生这种神情，知道他还未完全相信自己。于是他挑起了家乡的话题，只讲家乡在新中国成立前30年的风貌变化，他那生动的语言，特别是那浓浓的爱乡之情溢于言表，令张先生深受感动，也将他带回童年及少年时期，想起了那时的家乡、那里的爷爷奶奶，还有邻里亲戚……很显然，张先生记忆深处中的那块思乡领地已被王某揭开了盖头，蕴藏在心中的那份几十年的感情全部流露了出来，欲罢不能。

就这样，说了3个多小时的话，王某对筹钱一事，只字未提，只是与张先生回忆了家乡的变迁，犹如放电影一般。最后，张先生不但主动提出要为家乡捐款一事，还答允了与家乡合资办厂的要求。

王某确实很聪明，他充分抓住了张先生的心理特点，抓住了张先生心中那份埋藏几十年的思乡之情。与张先生聊了一个彼此都非常感兴趣、轻松的话题，引起共鸣，不但使王某此行圆满完成了任务，还了却了张先生那份心愿。

在请求和命令面前，对方都是被动的，虽然对方表面上答应了某事，可也为他日后失败埋下了借口。让下属主动请缨，好处在于让对方发自内心地为你做事，而且会全力以赴，负责到底。

经验之谈>>>>

高明的将军知道怎样让下属主动请战。

第 22 法

尝试用亲情打动下属

在管理过程中，面对难以说服的下属，我们不妨试着做一下他家属的工作，通过动之以情，晓之以理，或许会产生很好的效果。

我们在电视电影里经常看到这样的场面：有人对生活绝望之极，于是想用跳楼来结束自己的生命。面对轻生者，劝解者总是能在第一时间找到他的家属，因为血浓于水，这个时候，亲情的召唤具有无比巨大的力量。

在管理过程中，面对难以说服的下属，我们不妨试着做一下他家属的工作，通过动之以情，晓之以理，或许会产生很好的效果。

拿破仑的妻子约瑟芬一向水性杨花，生活放荡。当拿破仑在意大利和埃及战场浴血奋战时，新婚不久的她却与一个叫夏尔的中尉偷情私通，对拿破仑毫无忠贞可言。她原以为拿破仑会战死在沙漠中，认定他回不来了。

可是人算不如天算，1799 年 10 月，拿破仑从埃及回到法国并受到人们热烈欢迎的消息传到巴黎后，约瑟芬惊呆了。拿破仑成了欧洲最知名的人物，法国的救星，前程无量，到这时她便开始后悔了。

于是她不辞辛苦，坐着马车，长途跋涉，去法国南部的里昂迎接拿破仑。她想在拿破仑与家人见面前见到他，并趁着他的兴奋蒙骗住他，不使自己的丑事暴露，以便使自己以后可以享受无上的荣耀和富贵。

她好不容易到达里昂，可是拿破仑已从另一条路走了，并与家人会合了。拿破仑对妻子的不贞早有耳闻，当他证实约瑟芬对他不忠时，他暴跳如雷，并下决心与其离婚。

约瑟芬知道大事不好，日夜兼程赶回巴黎。

拿破仑吩咐仆人不让她走进家门。她费尽口舌最后终于勉强进了门，但却不知怎样来应付与丈夫相见的场面。片刻之后，她静下神来，决定壮着胆子去见丈夫。

约瑟芬来到拿破仑的卧室门前，轻轻敲门，没有回答。

她再次敲门，并温柔而哀婉地呼唤，拿破仑没有理睬。

她失声大哭，短促呻吟，拿破仑无动于衷。

她哭着，用双手捶打着门，请求他原谅，承认自己一时的轻率、幼稚而犯下的错误，并提起他们以前的海誓山盟……说如果他不能宽恕，她就只有一死。这仍然没有打动拿破仑。

约瑟芬哭到深夜，拿破仑也没理她，她忽然想起孩子们，眼睛一亮，燃起了希望之光。

她知道，拿破仑爱她的两个孩子奥当丝和欧仁，尤其喜欢欧仁，这是打动拿破仑心肠的好办法。倘若孩子们求他，他可能会把心肠软下来。

孩子们来了，天真地哭着哀求说："不要抛弃我们的母亲，她会死的……还有我们，我们怎么办呢……"

人心都是肉长的，约瑟芬这一招终于成功了。拿破仑虽然觉得约瑟芬已背叛了他，但她的哭声在他的脑海里已泛起他们相爱时的美好回忆。奥当丝和欧仁的哭声更是冲破他心中设下的最后一道防线，使他热泪盈眶。

于是房门打开了，拿破仑与约瑟芬重归于好。后来拿破仑登基时，约瑟芬成了皇后，一生荣耀之至。

在这里，约瑟芬在一切无望的情况下，以亲情感染了拿破仑，使那样一个心硬如铁的汉子泪如雨下。这是由于约瑟芬掌握了问题的关键所在，在其他方法都无效的情况下，用拿破仑与孩子的亲情，一举打开了他的心扉。

在我们的管理过程中，为了解决某种疑难问题，做家属的工作已经不是一个新的方法。只是我们的许多管理者似乎不屑于此，这的确是一个大大的误区，这种方法往往牵一发而动全身，会起到四两拨千斤的奇效。

经验之谈>>>>

在亲情面前，是没有条件可以讲的，没有人会真的六亲不认。那么，利用亲情管理，就是一个无往不利的好方法。

第23法
用仁慈心对待别人

善良的人已经成为这个时代的稀有动物。正是因为稀有，才显出珍贵，所以人们无论是在交友还是公司在聘请职员方面，崇高的品质已是人们的首选。

在这个物欲泛滥与人心浮躁的社会，大多数人已经不相信“好心有好报”这句话。这个世界上到处充斥着势利、阴谋与过河拆桥，善良的人已经成为这个时代的稀有动物。正是因为稀有，才显出它的珍贵，所以人们无论是在交友还是公司在聘请职员方面，崇高的品质已是人们首选。是啊，又有谁愿意自己的朋友、上司或同事是一个阴险的小人呢？

在管理中也是如此，人们看得最多的是那种趾高气扬、颐指气使的领导和阴险狡诈、脸厚心黑的嘴脸。然而，没有人不喜欢那种心平气和、平易近人的忠厚长者，所以，那种宅心仁厚、心地善良的领导者才是人们的众望所归。在经营中有一句话，叫“小财靠谋，大财靠德”，也许说的就是这个道理吧。

下面这个故事，就是一个很好的例证。

有一对待人极好的夫妇不幸下岗了，不过在朋友、亲属以及街坊邻居们的帮助下，他们在城中新兴的一条商业街边开起了一家火锅店。

刚开张的火锅店生意冷清，全靠朋友和街坊照顾才得以维持。但不出3个月，夫妇俩便以待人热忱、收费公道而赢得了大批的“回头客”，火锅店的生意也一天天地好了起来。

几乎每到吃饭的时间，小城里的大小乞丐，都会成群结队地到他们的火锅店来行乞。

其他店主，则对这些乞丐连撵带哄，一副讨厌至极的表情。而夫妇俩总是以宽容平和的态度对待这些乞丐，从不呵斥辱骂。他们每次都会笑呵呵地给这些肮脏邋遢、令人厌恶的乞丐盛满热饭热菜。最让人感动的是夫妇俩施舍给乞丐们的饭菜，都是从厨房里盛来的新鲜饭菜，并不是那些顾客用过的残羹剩饭。他们给乞丐盛饭时，表情和神态十分自然，丝毫没有做作之态，就像他们所做的这一切原本就是分内的事情一样，正如佛家禅语所说的，这是一对“善心如水的夫妻”。

日子就这样一天一天地过着，一天深夜，附近的一家服装店里突然燃起了大火，火势很快便向火锅店窜来。

这一天，恰巧丈夫去外地进货，店里只留下女主人照看。一无力气二无帮手的女店主，眼看着辛苦张罗起来的火锅店就要被熊熊大火所吞没，着急万分之时，只见那班平常天天上门乞讨的乞丐，不知从哪里钻了出来，在老乞丐的率领下，冒着生命危险将那一个个笨重的液化气罐马不停蹄地搬运到了安全的地段。紧接着，他们又冲进马上要被大火包围的店内，将那些易燃物品也全都搬了出来。消防车很快开来了，火锅店由于抢救及时，虽然也遭受了一点小小的损失，但最终给保住了。而周围的那些店铺，却因为得不到及时的救助，货物早已烧得精光。

在平常人看来，帮助一群乞丐有什么用呢？这些人没钱、没权，而且很难有翻身的时候，但这对夫妇却没有这样想，他们不求回报地热心帮助这群乞丐，结果当火灾来临之时，乞丐们也不顾一切地帮助了他们。别人的店铺都烧光了，火锅店却只受了一点点损失，夫妻俩对乞丐们的无私帮助得到了他们最真诚的回报。

一般来说，领导者与员工之间是不对等的关系，领导者有着或多或少的强势。那么在管理过程中，领导者应该有一颗仁慈之心，多关照那些员工中的弱势群体。这样做不但在人们心中树立了伟大的形象，增加了你的人气，而且在关键时刻，那些曾受恩于你的人，定会对你倾心相报。

经验之谈>>>>

不要轻视小人物，对弱势群体有一颗仁慈的心，你会得到意外的收获。

第24法

用宽容心对待下属

宽容是包容他人的美德，宽容更是一个领导者团结下属的方法。一个专门盯着下属过错并用放大镜观察下属行为的领导者，是永远不会被下属欢迎的。

什么是领导的美德？在被调查的人中有80%的人认为第一是宽容，第二是谦虚，具备以上两种美德者最易为人们所接受。宽容是包容他人的美德，宽容更是一个领导者团结下属的方法。一个专门盯着下属过错并用放大镜观察下属行为的领导者，是永远不会被下属欢迎的。

汉光武帝刘秀能最后登上皇帝宝座，和他的胸怀宽广、善于笼络人心有关。

刘秀从饶阳脱险后，联合了许多支部队一起攻打王郎。公元24年4月，各路军马在刘秀的指挥下，攻下邯郸，杀了王郎，并且缴获了王郎宫里的大批文书档案。这些文书中，有几千封是各地官员和百姓给王郎的信，信中说了刘秀不少坏话，劝王郎早些消灭他。当时许多人都认为这一下那些写信的人该倒霉了，写过信的人更是急得像热锅上的蚂蚁，只等着大祸临头。谁知刘秀对这些信连看也不看，反而当着各路军马将领的面，把信全都烧了。

有些人对刘秀这么干很是奇怪，刘秀却淡淡地笑说："过去的事何必再追究呢？让人家睡个安稳觉吧。"这件事传出去，那些原来反对过刘秀的人都对他既感激又佩服，反过来愿意为他出力了。

消灭王郎后，更始帝刘玄派御史传达诏令，立刘秀为萧王，并让他交出兵权，回更始帝身边去。这时刘秀兵马多了，翅膀硬了，不再听更始帝的命令。当时王莽已经被杀，更始帝进了长安，但他不理朝政，不制定法规，任部下胡作非为，很快激起了人民的反对。全国各地的豪强地主也趁机各自拉起队伍，烧杀抢掠，把整个国家闹得一团糟。只有刘秀的军队军纪严明，赏罚分明；政治上招集人才，争取民心，为夺取天下做准备。公元24年秋天，刘秀带领汉军，先后打败了铜马军、高湖军和重连军。

为了笼络人心，刘秀封这些部队的投降将领为列侯。但是这些投降的将领并不安心，老担心刘秀总有一天会收拾他们。刘秀看出了他们的心思，就让他们各回原来的军营统帅部队，然后自己骑着马，只带几个随从，到各军营去检阅。

投降的将领见刘秀这么信任他们，很受感动，在一起议论说："萧王这是把一颗真心放到别人肚子里，也就是推心置腹呀！我们能不为他拼死出力吗?"从此都一心向着刘秀了。

刘秀当众烧信，打消了众将领的疑虑，显其胸怀宽广（前面曹操也使用了这个策略）；独骑检阅降军，是其心地坦诚。两次看似糊涂之举，人心已被笼络了。

在唐明宗时期，有个和尚漫游西域回来，得到一颗佛牙，于是献给明宗，明宗拿出来给大家看。学士赵凤进言道："世间传说佛牙火水不能伤害，请验真假。"随着举起斧头砍下，佛牙应手而碎，明宗也不加追究。

无论是做官还是做人，要学会宽容，凡事不可太较真，较真说白了就是钻牛角尖，走死胡同。

经验之谈>>>>

海纳百川，有容乃大。有多大心胸，就能成多大的事业。

第25法 有知遇之恩才会倾心相报

所谓"知遇之恩"，表面上是指别人深深了解自己，实际上就是指别人对自己好，并且这种好是非常的好，是超过了自己期望的好。如此的好，以至于没有办法来报答，只能以死相报。

中国有一句古话，叫"士为知己者死，女为悦己者容"，许多下属在为领导出力的时候，时常说起是为"报某某知遇之恩"，那什么是"知遇之恩"呢，以至于让那么多人以死相报？

所谓"知遇之恩"，表面上是深深了解自己的人，实际上就是指对自己好的人，并且这种好是非常的好，是超过了自己期望的好。如此的好，以至于没有办法来报答，只能以死相报。

在我们的管理过程中，当然也可以用这种方法，如果主管者能做到让下属倾心相报，还愁有什么事情安排不下去、办不成功的吗？

春秋战国时期，燕太子丹为了国家利益谋刺秦王，可惜找了很久，还是没有找到合意之人。后来有人推荐荆轲，说他是齐国大夫庆封的后人，"乃神勇之人"，而且喜怒不形于色，是一位很好的杀手！

燕太子丹听了这个消息之后，立刻就到酒市里去找，找到了荆轲，想方设法地来笼络他，给他特别修筑了一座住宅，名为"荆馆"，一切设施在当时都是最先进、最讲究、最气派的了。平日锦衣玉食，精骑美女，真是"恣其所欲，惟恐其意之不适也"。据说，有一次荆轲与太子丹一块游东宫，看见水池旁边有一个大龟，荆轲一时高兴就拣起一块瓦片掷了过去，太子丹看见后，就赶快让人捧来金丸，让荆轲用来代替瓦片，投掷取乐。

还有一回，荆轲与太子丹一块儿骑马，太子丹的马是一匹日行千里的宝驹，平日十分宠爱。可巧这一天荆轲不知想什么，忽然说是马肝的味道不错，过了没多一会儿，厨师就给荆轲送来一盘炒马肝，荆轲一问，原来燕太子丹已经把他的宝马杀了，特地取出马肝，来为荆卿下酒。

最令人惨不忍睹的是有一回太子丹请荆轲在华阳台喝酒，并让自己所喜爱的美人出来鼓琴助兴。荆轲忽然看见这位小姐的一双嫩手，洁白如玉，就忍不住说了句："美哉手也！"这也许只是随口一说罢了，谁想席散之后，太子丹让人送来一个玉盘。荆轲仔细一看，盘中之物竟是剁下来的一双女人之手。这是太子丹要表示一下："对于您的所好，我是没有什么舍不得的。"而荆轲受了这样几次"知遇之恩"以后，也就颇感动，长叹道："太子遇轲厚，乃至此乎？当以死报之！"从此就死心塌地地愿意替燕太子丹去做行刺秦王的杀手了。

三国东吴的周泰是位武将，因勇敢善战很得孙权喜爱。建安二十三年，孙权任周泰为镇守重镇主将，孙权借到前线视察的名义，来到前线，置酒宴款待众将。席间，孙权乘众人酒酣耳热之际，让周泰脱去上衣，露出身上的累累伤痕。孙权指着周泰身上的伤痕一一询问是哪次战斗中留下的，周泰逐一作答。最后，孙权拉着周泰的手流着眼泪说："将军临战勇如猛虎，从不计较安危，以致数十次负伤，我怎么能不像亲兄弟一样对待你，把重任托付给你呢？"周泰感动得热泪盈眶。

主管可以效仿太子丹和孙权，给下属以出其不意的好处，使他们发出内心深处的感动，感受到"知遇之恩"。

经验之谈>>>>

如果主管者能做到让下属倾心相报，还愁有什么事情安排不下去、办不成功的吗？

第26法

不要把责任都推给下属

有人说："人们在批判社会的时候，却往往忘记了自己的责任。"同样道理，人们在指责别人时，往往也会忘记自己的责任，而这正是被指责者反感的原因。

有人说："人们在批判社会的时候，却往往忘记了自己的责任。"同样道理，人们在指责别人时，往往也会忘记自己的责任，而这正是被指责者反感的原因。企业的领导者如果能够善于用别人的眼光观察世界，设身处地地替别人着想，在适当的机会代人受过，事业成功的可能性就越大。

桃树要受灾遭难了，由李树代替，桃活李死，谓之"李代桃僵"，这是一个比喻，用来概括各种替代受过受难的现象或做法。

那些真正有作为敢担当的领导者，不仅要诚于推功，还要主动站出来，代人受过，以宽广博大的胸襟团结更多的人共赴事业。在历史上、文学中以及现实里，这种例子随处可见。

周襄王二十五年，秦穆公不听蹇叔、百里奚等人的苦劝，趁晋文公病逝、晋国无暇他顾之机，派孟明视、西乞术、白乙丙等人出兵，借口伐郑，意图攻晋，结果在崤山遭到晋军伏击，全军覆没，三将被擒。多亏下嫁晋国的秦国公主怀嬴巧使计谋，才保住了三将性命。

孟明视等人逃回国内的消息一传出，立即有人来见秦穆公，对他说："孟明视、西乞术和白乙丙身为秦将，丧师辱国，罪在不赦。"

还有人说："他们三人统率秦国子弟出关，现在只有他们三人生还，其余全部抛尸崤山，实在可恶，应杀之以谢国人。”更有人提醒说：“当年城濮之役，楚军战败，楚君杀元帅成得臣以儆三军，君主你应当效法此举。”

一时议论纷纷，众口一词。

秦穆公听了，对大家说：“这次出兵是我不听蹇叔、百里奚的劝告，导致失败，所有罪责都由我一个人引起，同其他人毫无关系。”

秦穆公知道，孟明视等人乃秦国不可多得的勇将，目前秦晋争霸中原的序幕才刚刚拉开，自己正值用人之际，此时杀将对自己有百害而无一益。况且晋襄公放回三将，显然是要借刀杀人，既要除掉仇人，又要获得秦国的好感，胜败乃兵家常事，凭他们三人的本领，将来总有一天能雪此仇。

于是，他不顾别人的反对，全身白衣，亲自到郊外迎接孟明视、西乞术和白乙丙。见面后哭着向他们表示安慰，并对死去的将士表示悼念。

孟明视等人非常感激，发誓要效命秦君，报仇雪恨。

不久，秦穆公又任命孟明视、西乞术和白乙丙三人为将，统率军队。三人感激秦君宽宏大量，忠心报国，辅佐秦君整顿战备，加强军队训练，提高军队战斗力，终于在4年之后打败了晋军。

秦穆公代将受过的举措，有一石三鸟之功效。其一，是勇于承担责任，不诿过于人；其二，是允许别人犯错误，给人以改正错误的机会；其三，笼络了人心，提高了自己的威望，使下属更加忠于自己。

所以，作为企业的领导者，你要学会当下属的庇护人，当下属犯了一个错误之后，要第一个站出来，勇于承担责任，并且要帮他尽快把错误改正。下属会为这件事对你深表感激，以后你办事情他肯定会大力支持，这样就大大增强了企业团体的凝聚力。

经验之谈>>>>

适当地为下属承担一些责任，下属会对你充满感激之情的。

第 27 法

不要对下属的过错念念不忘

袁盎知道有人偷了自己的“老婆”后，并没有将此事泄露出去，而是装作不知道。但有人却以此吓唬那个小吏，小吏就畏罪逃跑了。袁盎知道消息后亲自带人将他追了回来，并将那名侍妾赐给了他，对他仍像过去一样器重。

有些领导者遇到部下的冲撞时，总忍不住大发脾气，破口大骂，甚至想将其置之死地而后快。气量如此小的人，连管人殿堂的门边都不沾，怎么能成为管人驭下的高手呢？

部下不小心做错了事而违背了领导者的心思，或是打乱了领导者的计划，如果不善加处理，不能忍受别人无心的过错，大发其火，只能是加剧对方的惊惧，事越办越糟。要不然就是对方由此记恨在心，成为以后冲突的隐患。

宋太宗时，有一天官拜殿前都虞侯的孔守正和另一位大臣王荣在北陪园侍奉太宗酒宴，孔守正喝得酩酊大醉，就和王荣在皇帝面前争论起守边的功劳来，二人越吵越气愤，把太宗晾在一边，理也不理，完全失去了为臣应有的礼节。侍臣实在看不下去，就奏请太宗将两个人抓起来送吏部治罪，太宗没有同意，而是让人把他们两人送回了家。第二天，二人酒醒了，想起昨天的行为，不禁害怕，一起赶到金銮殿向皇上请罪。太宗却不以为然，对昨天两人的事不作追究，而是说：“朕也喝醉了，记不得这些了。”

宋太宗托词说自己也喝醉了，对两位臣属冒犯自己不加追查，既没有丢失朝廷的面子，而又让两位大臣警觉自己的言行，这是两全其美的事，何乐而不为呢？

历史上的明君，大多礼贤下士，听取别人的建议，或是纳谏如流，倾听他人的批评，不以此为逆。遇到破坏自己情绪的事，虽然一时心头不快，但考虑到大局，以事业为重，一点暂时的不快又算得了什么呢？不过，饶恕部下的冒犯有时说起来容易，做起来难，没有过人的心胸，还真不行。

汉文帝时，袁盎曾经做过吴王刘濞的丞相，他有一个下属与他的侍妾私通。袁盎知道有人偷了自己的“老婆”后，并没有将此事泄露出去，而是装作不知道。但有人却以此吓唬下属，那个下属就畏罪逃跑了。袁盎知道消息后亲自带人将他追了回来，并将那名侍妾赐给了他，对他仍像过去一样器重。

汉景帝时，袁盎入朝担任太常，奉命出使吴国。吴王当时正在谋划反叛朝廷，想将袁盎杀掉。他派五百人包围了袁盎的住所，袁盎对此事却毫无察觉。恰好那个下属在围守袁盎的军队中担任校尉司马，就买来二百石好酒，请五百兵卒开怀畅饮。兵卒们一个个喝得酩酊大醉，瘫倒在地。当晚，下属悄悄溜进了袁盎的卧室，将他唤醒，对他说：“你赶快逃走吧，天一亮吴王就会将你斩首。”袁盎问道：“你为什么要救我呢？”校尉司马对他说：“我就是从前那个偷了你侍妾的下属啊！”袁盎大惊，赶快逃离吴国，脱离了险境。

在待人处世中，对下属不能不讲宽容，不能不忍。但也不能一味地宽容和忍耐，不敢去稍微碰“大逆不道”的犯上之辈，忠奸不辨，做个好好先生。该去进行说理辩论的应该去说理辩论，该去批判揭露的就应该去批判揭露，这样才能做一个真正的管人高手。而不应以宽容和忍耐为借口，纵容包庇，像东郭先生一样，被救过来的中山狼所伤。

经验之谈>>>>

将军额头能跑马，宰相肚里能撑船。

第28法
心胸狭窄要不得

主管者利用权力冤冤相报，不可能使对方屈服，只能使仇恨更深。

人非圣贤，孰能无过？作为领导者，该如何对待下属的过错呢？正确批评，令其改过绝对必要，但另一条原则就是绝对不可揪住下属的过错不放。

《菜根谭》中讲："路径窄处留一步，与人行；滋味浓的减三分，让人嗜。此是涉世一极乐法。"清朝时，有两家邻居因一道墙的归属问题发生争执，欲打官司。其中一家想求助于在京为大官的亲属张廷玉帮忙。张廷玉没有出面干涉这件事，只是给家里写了一封信，力劝家人放弃争执。信中有这样几句话："千里修书只为墙，让他三尺又何妨？万里长城今犹在，谁见当年秦始皇。"家人听从了他的话，放弃了诉讼，这使邻居也觉得不好意思，两家握手言欢，由你死我活的争执变成了真心实意的谦让。

张廷玉作为朝廷大员，摆平一个小官司还是很轻松的，只要给当地官员一个口信，可能就一切搞定了。但是张廷玉并没有那样做，而是用秦始皇作比，主张把这件事淡化。因为他深深地知道，远亲不如近邻，况且，权力不可能使对方屈服，只能使仇恨更深。

舜敬父爱弟，可他的弟弟象表面看起来敬兄，内心却总想害死他。有一次他们俩去挖井，舜正在井内时，象却突然把井口封死。象以为舜必死，就想打他两位夫人的主意，于是来到舜家里。不料，舜大难不死，已从井的另一个出口脱身回到家里。象刚进门，见舜在弹琴，只好尴尬地说："我正惦记着你呢。"舜只是平静地说："多谢你的美意，你真是我的好兄弟，以后你协助我一起管理臣民吧。"舜有如此广阔的胸怀，是他成就一代帝王大业的重要基础。

春秋战国时期的齐桓公，就是一个敢用、善用得罪过自己的人才的贤君。在齐国君主僖公刚过世时，齐国各公子争夺王位，其中最有竞争力的就是公子纠和公子小白。当时，管仲是公子纠手下的头号谋士，不仅多次出谋划策想要杀害公子小白，还曾经亲手用箭射杀他，差点儿把他一箭射死。后来，公子小白终于坐上了王位，并率领齐国打败了支持公子纠的鲁国，还要求鲁国杀死公子纠，交出管仲。

消息传出来后，大家都十分同情管仲，有人甚至建议他自尽，以免受齐桓公的折磨。管仲笑笑说："小白不会杀我的。"于是，很坦然地被押送回了齐国。到了齐国，齐桓公不但没有杀他，反而让他做了宰相。

很多管理者都习惯于对自己的错误采取宽容的态度，今天出的问题，第二天就忘记了，根本没有引起警惕和重视。然而，对于员工犯的错误，管理者却总是念念不忘，甚至于在想起某个员工时，首先浮现于脑海的就是他曾经犯过什么错误，尽管事情已经过去很久了。

管理者要善于区别对待员工过去的错误和现在的表现，任用员工时要不翻旧账，不计前嫌。否则，找遍整个世界也找不着可用之才——试问谁过去没有犯过错误呢？

经验之谈>>>>

成功者不翻旧账，总是把眼光放在现在和将来。

第29法 厚道的领导更吸引人

人们都有一种普遍的心理，就是喜欢与憨厚老实的人交往，因为与这些人在一起的时候，没有必要设防，不用时刻保持戒备心，有一种放松的感觉。又有谁不喜欢放松的感觉呢？

聪明是一件好事，但是人们都有一种普遍的心理，就是喜欢与憨厚老实的人交往。因为与这些人在一起的时候，没有必要设防，不用时刻保持戒备心，有一种放松的感觉。又有谁不喜欢放松的感觉呢？所以说在管理过程中，如果主管过于智慧，精于权术，那么就有尖酸刻薄之嫌，反而易让下属们惴惴不安，时刻防范，不利于搞好安定团结。

道光皇帝共有9个儿子，前边3个都死了，第四个皇子便是奕宁，若论长幼挨个儿，应立四皇子奕宁为太子，可六皇子奕䜣无论是口才、文才、武功都比奕宁强，因此道光一直拿不定主意，多次对四皇子和六皇子掂量考验。

道光三十年春，这天风和日丽，道光要带领6位皇子去南苑打猎，意在考验各个皇子的文韬武略和应变能力，以便确立皇位。

皇帝要选太子，这已是公开的秘密了，因此6位皇子各做准备，都想取得父皇的欢心，以便将来捞得皇位。尤其是四皇子奕宁和六皇子奕䜣，更是竞争对手。

四皇子奕宁的老师名叫杜受田，此人足智多谋，他在四皇子身上下的工夫很大，希望他能登上皇位，自己也跟着沾光。可他也掂量过，奕宁与其他皇子比较起来，除了排行老四占了有利的位置之外，其他方面都平常，甚至略逊一筹，如若稍一让步，这皇位必然被六皇子夺去，为此急得寝食难安。后来，他终于有了主意。杜受田对四皇子道：“你到时候就如此这般、这般如此，这么……这么办！”奕宁听罢点头称是。

第二天，道光带领六位皇子来到南苑，传旨开始围猎。诸位皇子各显身手，直追得那些飞禽走兽东奔西跑，到处乱蹦乱飞，其中六皇子奕䜣，几乎箭无虚发，满载而归，而四皇子奕宁却是两手空空，一无所获。道光帝不由龙颜大怒，大声呵斥。奕宁因有老师提前安排，不慌不忙地奏道：“儿臣以为目前春回大地，万物萌生，禽兽正是繁衍之期，儿臣不忍杀生害命，恐违上天好生之德，是以空手而回，望父皇恕罪。”道光帝听罢，心想这倒是我没有想到的，他却想到了。倘若让他继位，必能以仁慈治天下，不禁转怒为喜，当下夸奖了四皇子的仁慈之心。

又过了几年，道光忧虑成疾，自知不久人世，急唤诸皇子到御榻前答辩。消息传开，四皇子和他的老师杜受田都知道这是最关键的一次较量了，能否登基在此一举，必须作好充分准备。经过苦思冥想，杜受田给四皇子献上一计说：“万岁爷病重，到御榻前之后什么也不用说，只说愿父皇早日康复就行，剩下的就是流泪，却不要哭出声来。”

次日六位皇子被召到玉龙床前，果然道光提出了一些安邦治国的题目让诸皇子回答，别人谁都比不上六皇子，答得头头是道，道光甚为满意，却发现四皇子一言不发。道光一问，他头一扭泪如雨下说：“父皇生病，龙体欠安，儿臣日夜祈祷，唯愿父皇早日康复，此乃国家之幸，万民之福，此时儿臣方寸已乱，无法思及这些。倘父皇如有不测，儿臣情愿随龙驾而行，以永侍身旁。”说完泪水涟涟，越擦越多。

道光听了心中甚受感动，心想此真孝子仁君，于是决心立四皇子奕宁为太子，这就是20岁登基的咸丰皇帝。

宅心仁厚与聪明智慧并不冲突，也就是说厚道的人并不是愚蠢的人，而是一种内敛的大智慧。就如三国时期的刘备，没有曹操的权谋与智慧，也没有孙权的祖上荫德，却也一样聚了一帮人，成就了一番大事业。这就是因为他是大家公认的忠厚之人，是属于“人不忍欺”之列的，也同样能成功。

经验之谈>>>>

如果不能在智慧上胜人一筹，在德上下工夫，以情感人，部下自然愿为之效劳，同样也会成功。

第30法
不要搞裙带关系

所谓一人得道，鸡犬升天，那么这种看似稳固的管理方式，有它致命的弱点，那就是近亲繁殖，不利于企业的长远发展。

中国人的家族观念很强，一般都认为封妻荫子、光宗耀祖才是人生的终极追求。在企事业中，我们看得多的是家族式的管理，公司的重要岗位，都是由与老板有血缘关系的人担任。所谓一人得道，鸡犬升天，那么这种看似稳固的管理方式，有它致命的弱点，那就是近亲繁殖，不利于企业的长远发展。

中国著名的房地产公司万科，自创业之初，就形成了一条不成文的规定："亲属不共事，举贤要避亲"。虽然，在职员的亲属里可能也有人才，但当亲情关系和部署关系难以两全时，万科看重的是企业里相对单纯的人际关系。

万科集团要求员工入职时要如实申报在公司内是否有亲朋好友。万科下属公司曾有一名职员，在申报时说在万科没有亲朋好友，但后来公司发现，其兄长是万科一家分公司的部门经理，这名职员当即被辞退。

万科的这个规定是有来源的：王石，万科的创始人，首先做到自己不用亲戚、朋友、同学。1989年，王石离开公司去外地学习一年。但是当他回来时却发现，他的一位表妹在公司上班。虽说这位表妹本科毕业于吉林大学国际金融专业，是公司当时非常需要的人才，但王石硬是以铁石心肠劝说表妹离开了万科。王石说服她的道理很简单：如果你有本事，去哪里都能施展；如果你没本事，凭什么在我这儿混？表妹走了，后来在其他公司也取得了很好的发展。王石的率先垂范和严格的规范制度，保证了万科人际关系的简单澄明。

其实，如果能真正做到举贤不避亲，那也还好说，关键就怕有些人的“亲”却不“贤”。企业中如果用的都是这样的人，那危害可就大了。其他员工在与这些员工共事时，往往会有很多的顾虑，既担心自己的贡献得不到认可，同时害怕得罪这些员工而导致上司的批评等，这会严重打击其他员工的积极性。这给企业带来的后果在短期内或许不是很明显，但是从长期来看是不利于企业发展的。

更重要的是，由于是“亲”，当他们违反了企业规章制度的时候，往往会碍于情面，惩罚起来变得非常困难，并可能导致制度的失效和管理的混乱。公司的管理掺进很多非经济的因素，最终将不能正常运转。

然而，许多有聪明才智的人，在这方面也会犯错误。

王安，一个受过哈佛大学教育的中国移民，在1951年创办了王安实验室。最初，这个公司只是波士顿街头的一家卖计算机内存的小店。1964年，王安开始生产计算器。这种为无数科学家和工程师节约了大量时间的机器，为公司带来了滚滚财源。王安公司由此步入快车道。

到1982年，王安公司超过了主要竞争对手IBM，变成了业界的老大。特别是1977年到1982年，王安公司以每年55%的增长率扩张。1982年时，王安公司的销售额已经超过了10亿美元，而公司的股票也达到每股42.5美元的空前高位。

然而，真正把王安公司推向绝境的，是王安的家族化管理。

1976年，王安创办了一家合资公司，自任董事长，又命他弟弟安东尼·王任总经理，负责公司日常业务，把公司大权牢牢地控制在他们两兄弟的手中。

王安的儿子王列大学毕业后，被轮流安排到王安公司的各个部门。王安这样做的目的是为了给王列提供“热身”的机会。

1986年1月，王安任命36岁的王列为公司的总裁。公司董事会的成员们都很担心王列的能力。董事们曾多次劝说王安招聘一位职业经理人，如果需要，可以给王列一个头衔，但应避免让王列这样缺乏经验的年轻人领导公司。因为，电脑业的竞争太残酷了。董事们说，要挑选一位聪明、有经验的人来管理这个公司。然而，王安却不理智地说："他（王列）是我的儿子，他能够胜任。"

王列辜负了他的父亲。他入主公司的1年之中，王安公司亏损了4.24亿美元。3年内，公司股价下跌了90%。

1989年8月4日，王安做出了他一生中最为痛苦的决定。他向董事们宣布：撤掉他的儿子王列的公司总裁职务，由亨利·周暂时接管公司业务。后来，王安抱病复出，重新主持公司大局。然而，大厦将倾，王安已无法扭转乾坤。王安公司不得不于1992年申请破产。

很多人都为王安扼腕叹息：为什么非要把儿子选为继任者？

在企业经营中，睿智的领导者有时会被亲情遮住了眼睛，我们不能否认王安是聪明的，然而，在浓于水的血脉面前，明智是如此的不堪一击。

经验之谈>>>>

要想让事业有长足的发展，就不要被亲情遮蔽了眼睛。

第31法 自己的言行是下属的榜样

如果上头光会喊口号，却没有一点带头往前冲的意思，牛皮很快就会被戳破的。单靠着权力来带人，是最下等的领导。

在战场上，最能鼓舞士气的莫过于将领身先士卒，带头冲锋陷阵。在管理中也是同样的道理。现在的年轻人都很聪明，如果上头光会喊口号，却没有一点带头往前冲的意思，牛皮很快就会被戳破的。单靠着权力来带人，是最下等的领导。最高明的领导则是身先士卒，通过自身散发出的个人魅力激励着这个团队的热情。

建安年间，张绣起兵作乱。曹操上奏汉献帝，说自己应当兴兵讨伐。天子亲自排列銮驾，送曹操出师。当时是建安三年（198年）夏天的四月，曹操叫荀彧在许都留守，自己调遣兵将，统帅大军进发。行军途中，一路上麦子已经成熟，但是农民们因为看见士兵来了，都逃避在外，不敢收割麦子。曹操叫人通告远近的村民父老及各处守境的官吏说："我奉天子的诏书，公开出兵讨逆，为民除害。如今麦熟之时，不得已而起兵，大小将校，凡过麦田，如果有践踏庄稼的，一律斩首。军法十分严厉，你们民众不必惊疑。"百姓听了通告，无不欢喜称颂，在曹军经过的地方，沿路拜谢。

全军的官兵经过麦田的时候，都下马用手拨开麦子，一个接着一个小心走过，谁也不敢践踏。一天，曹操骑马正走着，忽然，田中惊起一只斑鸠。那马眼生，被鸟吓惊了，蹿入麦田中，踏坏了好大一块麦田。曹操马上叫行军主簿，要治自己践踏麦田之罪。主簿说："丞相怎么能定罪呢？"

曹操说："我自己制定的军法，自己犯了，如果不罚，怎么服众?"于是，当即拔出所佩宝剑，就要自刎。大家急忙拉住。郭嘉说："按照古代《春秋》的道理，法不加于尊贵的人，丞相总领大军，怎么可以自杀?"曹操沉吟良久，说："既然《春秋》里说法不加于尊贵的人，那么我暂且免死吧。"于是，他用剑割下自己的一缕头发，扔在地上说："这头发权且代替我的头。"然后，曹操叫人把头发传示给三军看，说："丞相践踏麦田，本当斩首，但是三军不能无帅，如今割下头发做替代。"于是，三军悚然。

曹操割发代首，让众士兵觉得他遵守军令，以身作则，于是人人自危，没人敢再犯。应该指出，按照古人的观念，"身体发肤，受之父母"，头发具有比现在重要许多的象征意义，因此，曹操的"牺牲"，能被人普遍接受，而且起到了很好的服众效果。

越是困难的时期，越能显示出一个领导者的智慧和胆识。身先士卒，以身作则，毛泽东运用他的智慧和自身的实际行动，感动了成千上万的人，使他们像磁石一样紧紧地团结在一起。这样的军队，在任何困难面前，也拖不垮，打不烂，在任何强大的敌人面前也绝不惧怕。

不仅是在军队里，领导应该身先士卒以身作则，在现代企业里，每一个管理者更应该如此。身教重于言教，能够身教时，明智的领导者往往一句话都不必说，也能达到预期的良好效果。

古人云："其身正，不令而行；其身不正，虽令不行。"曾国藩认为：作为统领人的主帅，自身的表率作用是非常重要的，只有靠自身的清廉有信，才能获得部属的拥戴。同样的道理，企业领导人的德才学识，与企业的命运息息相关。

经验之谈>>>>

古人云："其身正，不令而行；其身不正，虽令不行。"身教重于言教，能够身教时，明智的领导者往往一句话都不必说，也能达到预期的良好效果。

第32法

多给下属物质奖励

我们在与对方进行感情沟通的时候，要适当地以物质为辅助，不要只是空口说白话。只说不做，即使是你说的是真的，也没有人相信你了。

我们经常说："东西不在于多少，是那个意思。"那么"那个意思"是什么意思呢？也就是说，我们在与对方进行感情沟通的时候，要适当地以物质为辅助，不要只是空口说白话。只说不做，即使是你说的是真的，也没有人相信你了。

有时感情投资，不在乎东西的多少，可能一钱不值的东西也能笼络人心。

在福克斯波罗公司的早期，急需一项至关重要的技术改造。有一天深夜，一位科学家拿了一台确实能解决问题的原型机，闯进了总裁的办公室。总裁觉得这个主意简直难以置信，便思考该怎样给予奖励。他把办公桌的大多数抽屉都翻遍了，总算找到了一样东西，于是躬身对那位科学家说："这个给你。"他手上拿的竟是一只塑料香蕉。但别看香蕉小，却使那位经过多少个不眠之夜的科学家感到心满意足，因为，它是一种荣誉，是一个人成功的标志。就好像曾国藩的湘军将领一样，以得到刻有曾国藩笔迹的腰刀为荣。这些东西看似不值钱，但是却因为融入了一种感情，表明了自己得到了上司的一种承认一种尊敬的感情。在这种感情的投资下，下属自然肝脑涂地而在所不辞了。

当然，对于取得与众不同的成绩的人还应给予与众不同的重奖，这对于想笼络人心的人来讲，尤为重要，这种“感情投资”得到的是一个下属的忠心，再大的投资也是一种“小本”。袁世凯手下有个师长叫王怀庆。袁世凯一心要做皇帝，因此他想笼络大批人才，效忠于自己，他把王怀庆也列入了自己的笼络对象。

民国建立之后，蒙古的各亲王在前清肃亲王的煽动下，纷纷宣布独立，保住他们的亲王地位。袁世凯便委任张绍曾为绥远将军，王怀庆为多伦镇守使，征伐各蒙古亲王。经过两个月的激战，王怀庆率领的军队大获全胜，凯旋回京。袁世凯叫王怀庆将作战的各项开销列出清单，到国库报销。王怀庆回去统计了一下，一共花费了40万元左右。他想多报些以中饱私囊，就开了张60万元的军费报销单。第二天，他拿着报销单让袁大总统过目。袁世凯看完后，将单子往桌子上一扔说：“太少了，回去重写。”

王怀庆马上明白了这番话的意思，这是袁总统给他施恩加惠。他回去之后，壮起胆子写了一张100万元的报销单据，谁料到袁世凯看后仍然说太少。当王怀庆第三次来到袁世凯面前时，军费报销单已经虚报到140万元，袁世凯这才提笔批了“准领”两个字。

袁世凯并不一定真的与王怀庆交情如何深，他不过是为了让王怀庆为自己卖命而进行的一种“感情投资”罢了。他深深地明白，王怀庆这种人，图的就是升官发财，钱少了，肯定不能起到笼络人心的目的。所以一次次让王修改钱数，以至于让王感激涕零，这正是袁世凯的高明之处。

这一点，主管者也完全可以借鉴，给下属出其不意的奖励，定会俘获他的心。

经验之谈>>>>

物质奖励是情感投资中必不可少的环节。剔除了物质奖励，所有的激励都是无本之木，无源之水。

第33法
平等对待所有员工

生活中，很多人都是深藏不露的达官贵人，看起来也许就像平易近人的街坊邻居；千万巨富，也许衣着普通得如寻常百姓……很多机会也常常是披着陈旧的外衣而来的，轻视它，你就会把它从身边推开，而且很难再找回来了。

在一个单位里，总有一些不引人注目的小人物，他们没有辉煌的成绩，平平淡淡，平淡得以至于领导们将他们忘记。然而正是这样的小人物，在某些事情上，有着超常的能量。

某地曾经发生过这样一件事：两个汽车交易厅在同一条街上打擂台，竞争得非常激烈。有一天A厅来了个奇特顾客：他穿着一条沾满泥巴的裤子，手里还拎着个塑料袋，总之他的形象与汽车展示厅显得格格不入。A厅的一个导购小姐皱着眉头走了过来："先生，您需要什么汽车?"这个人有点慌乱地说："啊，不，我只是看看!"导购小姐眉头皱得更深了："我们这儿的车都是展示的，你别给碰脏了！再说我们这儿也不是商场，跑这儿来参观什么?"导购小姐说完后，扭头走了。这个人讪讪地站了会儿，也只好离开了。

过了一会儿，他推门进了B厅，一个导购小姐看见了他，马上跑过来打招呼："先生，有什么可以为您效劳的吗?"这个人淡淡地说："我就是看看。"导购小姐紧跟在他身侧，每当这个人对某一款车多看几眼，她就连忙介绍一番。这个人有点不好意思了："我不买车，只是看看。"导购小姐却仍是满面笑容："我知道，不过让您了解一下也好啊！"听完导购小姐的话，这个人紧皱的眉头舒展开了："小姐，我要买 30 辆 Z—Z 型农用车，你马上给我下单子吧。"导购小姐大吃一惊："可，可我们经理不在！"这个人温和地笑着说："不用找你们经理了，你对我的态度已经使我毫无保留地信任你。开票吧，我先预付订金。"

因为轻视别人，A 厅的导购小姐失去了一个数额巨大的订单，如果她知道那位衣衫陈旧的人居然是个大客户，一定会后悔不迭吧！生活中，很多人都是深藏不露的达官贵人，看起来也许就像平易近人的街坊邻居；千万巨富，也许衣着普通得如寻常百姓……很多机会也常常是披着陈旧的外衣而来的，轻视它，你就会把它从身边推开，而且很难再找回来了。

有一天，在一家商店出售手套的柜台前，希尔和受雇于这家商店的一名年轻人聊天。这个年轻人告诉希尔，他在这家商店服务已经 4 年了，但由于这家商店的"短视"，他的服务并未受到店方的赏识，因此，他目前正在寻找其他工作，准备跳槽。在他们谈话其间，有位顾客走到他面前，要求看一些帽子。这位年轻店员对顾客的请求置之不理，直到他把话说完才转身向那名顾客说："这儿不是帽子专柜。"那名顾客又问帽子专柜在什么地方。这位年轻人回答说："你去问那边的管理员好了，他会告诉你怎么找到帽子专柜。"

4 年多来，这位年轻人一直处于很好的机会中，但他都不知道。他本来可以和他所服务过的每个人结成好朋友，而这些人可以使他成为这家店里最有价值的人。因为这些人都会成为他的老顾客，而不断来同他交易。但他拒绝或忽视这些机会，对顾客的询问不予理睬，或是冷冷淡淡地随便敷衍两声，就把好机会一个又一个地浪费掉了。

生活中有许多很好的机会，经常藏匿在看来并不重要的琐事中，一个人只有热衷于自己的工作，才能在这些琐事中抓住这些机会，从而改变自己的人生。

在一个阴雨天的下午，有位老妇人走进一家百货公司，漫无目的地在公司里闲逛，很显然她不打算买东西。因为当时快到下班时间了，大多数售货员只看了她一眼，就各顾各地忙着理货了，对老太太不搭不理，唯恐老太太麻烦他们。只有一位年轻的女店员看到她后，立刻停下手中的工作，主动和她打招呼，问她是否需要什么服务。老太太说，她只是来躲雨，不打算买东西。这位年轻人虽然也急着理货下班，也有些不耐烦，但她仍安慰老人说，即便如此，她仍然受欢迎，并且主动和她聊天。当老太太离开时，女店员还陪她走上街，为她撑开伞。最后老太太向她要了张名片就走了。

后来有一天，这名女店员被突然叫到老板办公室里去，老板向她出示了一封信，是位老太太寄来的，这位老太太特别指定这名女店员前往英格兰，代表公司接下装潢一所豪华宅院的工作。

原来，老太太是钢铁大王安德鲁·卡内基的母亲，她把这项交易金额巨大的工作交给了女店员，使这位女店员获得了极佳晋升的机会。试想，如果这名女店员也像其他人一样，不克制住自己的厌烦情绪而不去招待老太太，那么她就会与这个宝贵的机会失之交臂了。

公司的领导，特别是中层领导者，一定不要时刻把眼光放在那些大人物身上，对于一些平凡的员工也要时常关注。

经验之谈>>>>

生活中有许多很好的机会，经常藏匿在看来并不重要的琐事中。

第34法

做下属的好朋友

因那传说中从未谋面的危险，我们总是习惯于戴着一个面具，把真我深深地隐藏在后面。殊不知，每个人都渴望真情的流露，真情才是人世间最厉害的武器。

在生活工作中，我们总是像蜗牛一样，小心谨慎露出两只触角，因那传说中从未谋面的危险，我们总是习惯于戴着一个面具，把真我深深地隐藏在后面。殊不知，每个人都渴望真情的流露，真情才是人际间最厉害的武器。

在管理过程中，我们的主管们总是习惯于板着一副面孔，好像不如此就不足以显示自己的威严。这是多么严重的一个错误呀，因为面对呼啸的北风，我们只会把衣服裹得更紧。只有直面和煦的阳光，我们才会打开自己的胸膛。

玛丽·凯·阿什是美国一个大器晚成的女企业家，她重视妥善地管理下属。她认为，下属是一个企业中最宝贵的财产，企业管理的关键是对下属的管理。

她认为作为一名经理应尽量公正待人，论功行赏。有时，一名经理在必须采取解雇下属的行动时，首先必须表现出极大的克制和同情，同时也可用另一个正确的方式解决问题。玛丽·凯·阿什在阐述她的做法时说："我每次遇到下属不称职时，总采取一种与众不同的做法。我的第一个行动，是同这个下属商量，看他采取哪些具体办法可改进工作。我规定一个合情合理的期限，这样，他也许会马上获得成功。不过，如果这种努力仍不能奏效，那我必须考虑采取对下属和公司可能都是最好的办法。我常常发现，一个下属不能胜任工作时，最不好受的是这个下属本人。”

“例如，要是我的一个负责公共关系的下属在大庭广众之下不敢发表讲话，也就是说，要是此人身上缺乏号召其他人所必须具有的那种能力，我就会用‘我们愿意别人怎样对待我们，我们也应该那样去对待别人’这条处世方法来解决这个问题。我会问一问自己，假如我是这个下属，我会怎样想？”

“于是，我会对他说：‘我们在一起工作了两年，每当我看见你在大庭广众之下，我就知道你浑身不自在。我看到你在这种场合如同活受罪一样。我衷心希望这不是真的，不过，我认为让你干这种工作确实不太合适。我们喜欢你，希望你能成功。请问，你想不想试试别的工作？’如果在我们公司内实在为他找不到一个合适的工作，我们就积极帮助他在能够使其才能得到发挥的其他公司找到一个合适的工作。我不会像扔废报纸那样抛弃一名下属。”

“有些经理肯定不同意我的这种见解，他们认为，一旦你解雇某人，某人就必须‘收拾东西滚蛋’。但是，每当遇到这种事，我宁愿‘宽厚待人’，不愿过分强调公司需要的是中坚分子。”

热爱自己的下属是经营者之本。一个优秀的领导，只有做到了让下属们认识到自己存在的价值和具备了充足的自信之后，才有可能与下属们产生内心的共鸣，事业才能迅猛发展。

土光敏夫是东芝的领导。在他70多岁高龄的时候，还走遍东芝在全国的各公司，有时甚至是乘夜间火车亲临企业现场视察。即使是星期天，他也要去工厂转一转，与保卫人员和值班人员亲切交谈，从而与下属建立了深厚的感情。

他说：“我非常喜欢和我的下属交往，无论哪种人我都喜欢与他交谈，因为从中我可以听到许多创造性的语言，使我获得极大的收益。”

例如，有一次，土光敏夫在前往东芝工厂途中，正巧遇上倾盆大雨，他赶到工厂，下了车，不用雨伞，对站在雨中的下属们讲话，激励大家，并且反复地强调“人是最宝贵的”的道理，下属们很是感动，他们把土光敏夫围住，认真倾听着他的每一句话。

炽热的语言把大家的心连到了一起，使他们忘记了自己是站在瓢泼大雨之中。激动的泪水从土光敏夫和员工们的眼里流了出来，此情此景，感人肺腑。

讲完话后，土光敏夫的衣服早已湿透了，当他要乘车离去时，激动的员工们一下子把他的车围住了，他们一边敲着汽车的玻璃窗，一边高声喊道：“社长，当心感冒！保重好身体，更好地工作。你放心吧！我们一定要拼命地工作！”

面对这一切，土光敏夫情不自禁地泪流满面，他被这些为了自己公司的兴旺发达而拼搏的下属们的真诚所打动，他更想到了自己的职责，更加热爱自己的下属。

作为领导，只要你真心地关心你的下属，你的下属绝不会视而不见的。真诚地流露出你对他们的关爱之情，他们也一定会感恩戴德、誓死相报的。就如同拿破仑的士兵们说：“我们不是为法国，而是为我们尊敬的统帅而战！”

经验之谈>>>>

真诚地流露出你对下属的关爱之情，他们也一定会感恩戴德、誓死相报的。

第35法

和下属分享快乐和荣誉

"怎么样？这个家伙看起来还不错吧？"海因茨高兴地问。有些员工说："从来就没有看到过这么大的短吻鳄。"还有一些员工说："东西不在大小，而在于一片真心。"

有些管理者一遇到高兴的事，总是喜欢单独享受，其实，如果不需要保密的话，把高兴的事拿出来与下属一起共享，更会激起下属的工作热情，这其实也是管好下属的一个好手段。

海因茨是美国亨氏公司的董事长，亨氏公司以生产酱菜而著称，海因茨被人们称为"酱菜大王"。亨氏公司年销售额高达60亿美元，是美国颇有名气的大公司之一。海因茨与下属们的关系非常融洽，亨氏的劳资关系被公认为是"全美工业的楷模"。

有一段时间，海因茨的身体不大好，医生建议他到佛罗里达去度假。下属们得知后对他说："应该好好玩一玩，你工作太累了，一年到头也难得轻松那么一回。"海因茨听了下属们的话便到佛罗里达去度假，可是没过几天他提前回来了。"怎么这么快就回来了？"下属们惊讶地问。海因茨说："我一个人玩也没有多大意思。"

但下属们很快发现，厂区中央多了一个大玻璃箱。下属们好奇地走过去看，原来里面有一只短吻鳄，重达800磅。

"怎么样？这个家伙看起来还不错吧？"海因茨高兴地问。有些员工说："从来就没有看到过这么大的短吻鳄。"还有一些员工说："东西不在大小，而在于一片真心。”海因茨笑呵呵地说：“这大家伙令我兴奋，给我这次佛罗里达之行留下了最难忘的记忆。请大家工作之余一起与我分享快乐吧！”

原来，这只短吻鳄是海因茨从佛罗里达特意为下属们买回来的。“与下属们一起分享快乐”，这不仅是海因茨快乐的源泉，也是他管理下属们的一个绝招。

其实，人往往一有了快乐荣耀就容易自我膨胀，管理者更是如此，这种心情是可以理解的。但下属就遭殃了，他们要忍受你的嚣张气焰，却又不敢出声，因为你是上司并正在锋头上。可是慢慢的，他们会在工作上有意无意地抵制你，不与你合作，让你碰钉子。因此管理者有了快乐和荣耀，要更谦卑；虽然不卑不亢不容易，但“卑”绝对要胜过“亢”，就算“卑”得肉麻也没有关系，下属看到你的谦卑，会说：“他还满客气的嘛！”当然就不会找你麻烦，和你做对了。谦卑的要领很多，但做到以下两点就差不多可以了：一是对下属要更客气，成就和荣耀越高，头要越低。二是和下属同享快乐和荣誉后就别再提你的快乐、荣耀，再提就变成吹嘘了！

其实别独享快乐和荣耀，说穿了就是不要威胁到下属的地位和利益，不要侵占下属的生存空间。因为你的荣耀会让下属变得暗淡，产生一种不安全感；而你的感谢、分享、谦卑，正好给下属吃了一颗定心丸，人性就是这么奇妙，没什么话好说。

经验之谈>>>>

如果你习惯独享快乐和荣耀，那么总有一天你会独吞苦果。

第36法
恩威要并施

在权力运用的过程里，威严中加入一点温情，显然会使管人的效果更加有效。

在领导的工作中，每天板着一张脸，到处摆出领导者的威严，动则惩罚呵斥，只会引起下属的逆反心理，于工作有害而无利。如果相反，单是有一张和蔼的脸、一番美丽动听的言辞，其作用也非常有限。在权力运用的过程里，威严中加入一点温情，显然会使管人的效果更加有效。

威严不等于恶言相向，破口大骂，整日板着面孔训人。威严是指在工作时对待下属必须令出法随，说一不二。发现了差错，决不姑息，立即指出，限时纠正，不允许讨价还价，要让属下产生敬畏之心，才会使领导者威风凛凛，指挥自如。

郑译与隋文帝杨坚有同学之谊。杨坚为北周隋公时，郑译知其相貌非凡，便倾心相交。当时杨坚为周宣帝所猜忌，内心不安，曾私下对郑译说："我早就想离开京师去地方，这是您知道的。我对您推心置腹，您可稍微为我留点心啊。"郑译心领神会，说道："凭您的德行声望，天下民心都向着您，我指望着您多多赐福，怎能忘了您的事。我马上会在皇上面前替您说话的。"其时宣帝正要郑译去征讨南方，于是郑译请求派一位元帅。宣帝问道："你的意思派谁好呢?"郑译答道："如果要平定江东，那就非派皇亲重臣而不足以镇抚人心。可以派隋公杨坚去，我姑且充当寿阳总管监督军事。"宣帝听从了他的意见，诏命杨坚为扬州总管，与郑译兵会合于寿阳，进攻陈，正当杨坚等将行未行之际，宣帝驾崩。在此抢班夺权的紧要关头，郑译与刘昉合谋，假传圣旨请杨坚入朝总理政事，都督内外军事，使杨坚坐上了左大丞相的交椅。杨坚为报答郑译，拜其为柱国、相府长史，治内史上大夫职，后又升其为上柱国，恕以十次死罪。杨坚准许他自由出入自己的内室，对他言听计从，赏赐多得不可胜数。

但是，郑译为人轻佻阴险，贪污受贿，声名狼藉。杨坚内心对他渐渐疏远，只是因为他有功在前，才不忍心废弃不用。不过，杨坚暗中嘱咐下属官员，任何事情都不得禀告郑译。郑译毫无所知，每日还在升堂治事，结果无事可干，他这才惶恐起来，向杨坚跪求解职。杨坚表面上对他仍旧很宽厚，客客气气地劝他放心。杨坚即位后，让他以上柱国的身份归回府第，并且重封了他的两个儿子及亡父亡兄。

郑译自受疏远以后，暗中找来道士做道场，以便消灾祈福，不料他的女仆奏了一本，告他以左道巫术蛊惑人心。杨坚不快地问他："我没有对不起你，你这样做是何居心?"郑译无言以对。因为郑译未与母亲住在一起，有关官员又弹劾他有违孝道，所以他遭到了削官除名的处分。杨坚不欲严惩这位功臣，下了一道措辞很有意味的诏书：("译嘉谋良策……戮之于朝，入地为不孝之鬼，有累幽显，无以置之，宜赐以《孝经》，令其熟读。")然后让他与母亲住在一起。

过了不久，杨坚下诏，命郑译参加撰修律令，任他为开府、隆州刺史。后又在醴泉宫宴请他，杨坚乘着酒兴对他说道："你受贬很久，朕极同情。"于是复封其为沛国公，位列上柱国。杨坚环顾群臣，感慨道："郑译与朕同生共死，历尽艰险危难，这段经历常在心头，无日能忘啊!"

立威是为了有效用权，所以它并不拒绝温情主义，威的过程中适当加一点温情，效果会更好。

经验之谈>>>>

一手软一手硬，两手都要有准备。

以理服人36法

中国有句俗话，“有理走遍天下，没理寸步难行”。在管理过程中同样应以理服人，横行霸道、以权压人是领导者的大忌。

我们面对持有异议的下属，做到晓之以理，把问题的原委利害讲清楚，就不难取得其理解和配合。万事先礼后兵，在我们仁至义尽之后再动武，所有的道义就会站在我们一方，被惩罚的对方也会心服口服。

36个经典故事，36种以理服人的方法，总有一个适合你。

第 1 法 不要强行摊派苦差

"苦差事"是没人爱做的，但事实上"苦差事"又必须有人做。所以有些领导者就采取了任命的方法，利用手中的权力，搞强行摊派。结果常常是工作派下去了，但是没有取得好的效果。

在管理过程中，分配工作是一件棘手的事。趋利避害是人的本性，所以没有人愿意主动去做有风险或艰苦的事，也就是所谓的"苦差事"没人做。然而，事实上"苦差事"又必须要有人做。所以有些领导者就采取了任命的方法，利用手中的权力，搞强行摊派。结果常常是工作派下去了，但是没有取得好的效果。由于是不愿意做，而又畏于领导者的权威，结果是下属弄得怨声载道、消极怠工、推三阻四，工作却一塌糊涂。

对于这种工作，真正有效的办法就是对下属晓之以理，让他们明白这其中的道理，从而主动积极地投入工作。

鉴真和尚刚刚剃度遁入空门时，寺里的住持让他做了寺里谁都不愿做的行脚僧。

有一天，日已三竿了，鉴真依旧大睡不起。住持很奇怪，推开鉴真的房门，见床边堆了一大堆破破烂烂的芒鞋。住持叫醒鉴真问："你今天不外出化缘，堆这么一堆破芒鞋做什么？"

鉴真打个哈欠说："别人一年一双芒鞋都穿不破，我刚刚剃度一年多，就穿烂了这么多的鞋子，我是不是该为庙里节省些鞋子？"

住持一听就明白了，微微一笑地说："昨天夜里下了一场雨，你随我到寺前的路上走走看看吧。”

寺前是一座黄土坡，由于刚下过雨，路面泥泞不堪。

住持拍着鉴真的肩膀说：“你是愿意做一天和尚撞一天钟，还是想做一个能光大佛法的名僧？”

鉴真说：“我当然希望能光大佛法，做一代名僧。”

住持捻须一笑：“你昨天是否在这条路上走过？”

鉴真说：“当然。”

住持问：“你能找到自己的脚印吗？”

鉴真十分不解地说：“昨天这路又坦又硬，小僧哪能找到自己的脚印？”

住持笑笑说：“今天我俩在这路上走一遭，你能找到你的脚印吗？”

鉴真说：“当然能了。”

住持听了，微笑着拍拍鉴真的肩说：“泥泞的路才能留下脚印，世上芸芸众生莫不如此啊。那些一生碌碌无为的人，不经风不沐雨，没有起也没有伏，就像一双脚踩在又坦又硬的大路上，脚步抬起，什么也没有留下；而那些经风沐雨的人，他们在苦难中跋涉不停，就像一双脚行走在泥泞里，他们走远了，但脚印却印证着他们行走的价值。”

鉴真惭愧地低下了头。

领导者在遇到难以下派的工作时，不妨也学学那位住持。巧用比喻的方法，让下属明白工作的重大意义，从而心服口服，认真负责地完成工作。

经验之谈>>>>

强行摊派永远做不好工作，只有让下属从内心了解工作的意义，才能尽职尽责地把工作做好。

第2法

温和地和员工讲理

这就像小孩子吃药一样，觉得苦，只有让他先吃点糖，或者把药混在糖里面，灌而下之。在管人方面，打比方讲道理，要比直来直去容易成功。

在说服下属的过程中，单一地讲一些枯燥的大道理，十有八九是行不通的。因为每个人对自己决定的事情都是认可的，如果没有一个他认为合适的理由，轻易人们都不会改变自己的看法。面对这种情况，要善于利用其他的事情来打比方，让一个看似与此事无关的事情，最后巧妙地联系在一起，从而阐明自己的观点。达到让对方觉醒、接受的目的。

春秋时期的晋灵公奢侈腐化。某一年，他下令兴建一座九层高的楼台，群臣劝阻，他火了，干脆就再下一道命令，对于敢再劝阻建九层楼台的大臣必斩首示众。这样一来，便没人敢说话了。

有一个叫做孙息的大臣平常很受晋灵公喜欢，他说："灵公，我能把九个棋子摞在一起，上面还能再摞9个鸡蛋，容我给您演示一下吗？"

晋灵公一听，觉得这事儿挺新鲜，立即要孙息露一手让他开开眼界。

孙息也不推辞，就一个接一个地把9个棋子摞在一起，接着又小心翼翼地把鸡蛋往棋子上摞。摞一个，摞二个……

孙息自己也紧张得满头大汗，战战兢兢，观看的大臣们大气也不敢出。因为，孙息倘若不能把鸡蛋摞好，可就是犯了欺君之罪，要杀头的。

这时，晋灵公也憋不住了，冲孙息大声叫道："危险！"

孙息却从容不迫地说："这算是什么危险，还有比这更危险的事哩！"

晋灵公就问："什么事比这还危险呢？爱卿讲一下！"

孙息便掂了掂手中的鸡蛋，慢吞吞地说："建9层楼台就比这危险百倍，用3年的时间也很难建成，3年中征用全国的民工，使男人不能耕地，女人不能织布，老百姓没有收成，国家也会因此而穷困的，外国便会趁机打进来，国家也灭亡了，大王您也就完了。您说这不比棋子上摞鸡蛋更危险吗?"

晋灵公一听这话，吓出一身冷汗，立即下令停工。

孙息让晋灵公看了一场不成功的杂技表演，又受了一场批评，那味道确实是又甜又苦。正在气头上的人，是很难听进去别人的善言相劝，何况他还有权威支持，就更是老虎屁股——摸不得。这就像小孩子吃药一样，觉得苦，只有让他先吃点糖，或者把药混在糖里面，灌而下之。动之以理，使人能易于接受。

作为领导，在劝服下属听从你的意见的时候，没有必要为了此事而与他们争得面红耳赤，口干舌燥。这样往往达不到目的，反而可能会引起他们的反感和对抗，对你以后工作也不利。

你可以像大人骗小孩吃药一样，小孩吃药怕苦，就先让他吃一点糖，他就会很乐意地把药给吃掉。同样，对待下属，劝服他们的时候，也可以先让他们尝一些甜头，再阐述你的道理。这样既可以不伤害他的自尊心，又可以达到说服他的目的。

经验之谈>>>>

欲贬先褒，欲罚先奖，可收到意想不到的效果。

第3法
要把自己的想法讲清楚

卡耐基一面说，一面把这两项坏处写在“弊”的下面，然后把纸递给饭店的经理，说：“我希望你好好考虑你可能得到的利弊，然后告诉我你的最后决定。”

在没有阐明自己观点的情况下，先把道理讲透彻，把问题的利弊摆在桌面上，然后让对方做选择。这种方法表面上是让对方做决定，其实在你把道理讲明白的情况下，对方已经没有其他路可走，只能按照你的想法行事了。

这种方法就是把一切争论消灭于无形之中，在争论来临之前就把问题解决了。

著名人际关系交往家卡耐基曾经历过这样一件事。

他曾租用纽约某家饭店的大舞厅，用来举办每季度一系列的讲课。

在某一季度开始的时候，他突然接到通知，说他必须付出比以前高出3倍的租金。卡耐基得到这个通知的时候，入场券已经印好，并且发出去了，而且所有的通告都已经公布了。

当然，卡耐基不想付这笔增加的租金，可是跟饭店的人谈论是没有什么用的。因此，几天之后，他去见饭店的经理。

“收到你的信，我有点吃惊，”卡耐基说，“但是我根本不怪你。如果我是你，我也可能发出一封类似的信。你身为饭店的经理，有责任尽可能地使收入增加。如果你不这样做，你将会丢掉现在的职位。现在，我们拿出一张纸来，把你因此可能得到的利弊列出来，如果你坚持要增加租金的话。”

然后，卡耐基取出一张纸，在中间画了一条线，一边写着“利”，另一边写着“弊”。

他在“利”这边的下面写下这些字：“舞厅空下来。”接着说：“你把舞厅租给别人开舞会或开大会是最划算的，因为像这类的活动，比租给人家当讲课场能增加不少的收入。如果我把你的舞厅占用20个晚上来讲课，你的收入当然就要少一些。

“现在，我们来考虑坏的方面。如果你坚持增加租金，你不但不能从我这儿增加收入，反而会减少自己的收入。事实上，你将一点收入也没有，因为我无法支付你所要求的租金，我只好被逼到另外的地方去开这些课。

“你还有一个损失。这些课程吸引了不少受过教育、修养高的群众到你的饭店来。这对你是一个很好的宣传，不是吗？事实上，如果你花费5000美元在报上登广告的话，也无法像我的这些课程能吸引这么多的人来你的饭店。这对一家饭店来讲，不是价值很大吗？”

卡耐基一面说，一面把这两项坏处写在“弊”的下面，然后把纸递给饭店的经理，说：“我希望你好好考虑你可能得到的利弊，然后告诉我你的最后决定。”

第二天卡耐基收到一封信，通知他租金只涨50%，而不是300%。

在这里，卡耐基没有提自己的要求，却得到了减租。卡耐基一直都是谈论对方的要求，以及他如何能得到他所要的。

假设卡耐基怒气冲冲地冲到经理办公室说：“你这是什么意思，明明知道我的入场券已经印好，通知已经发出，却要增加我3倍的租金？”

那么情形会怎样呢？一场争论就会不可避免地发生——而你知道争论会带来什么后果。

类似的故事还有一个：

明代崇祯十四年，清兵大败明师于锦州，并俘获明军统帅洪承畴。

清太宗久存吞并中原的野心，想利用洪承畴做开路先锋，便派了一名说客劝他投降。洪承畴乃一介名士，深明大义，一口拒绝，且绝食明志。

清太宗见无计可施，无精打采地回宫休息。

皇后问："我主大败明师，为什么长叹？"

太宗说："你们女流，哪知国家大事。"

"是不是中原还未征服啊？"

"你真是聪明。为征服中原，朕极力招降洪承畴，可他却是个硬骨头，死也不降。"

"怎么会不降？"皇后说，"威胁不行，那就利诱！"

太宗摇着头说："难！什么都用过，包括美人计，他根本看不起我们的美女！"然而聪明的皇后却深知男人的弱点。密议一番之后，太宗让皇后暗中行事。

皇后特别打扮一番，黄昏时候，携了一个提壶秘密出宫，独自去见洪承畴。洪承畴正闭目危坐，一副凛然的神态。皇后细声问道："此位是洪将军吗？"

面对声音婉转、吹气如兰的女人，洪承畴不知不觉睁开眼睛："你是何人？又有何事？"

她深深行了一个礼，说："洪将军！我知将军忠心耿耿，绝食明志，以死殉国，乃大丈夫所为，可敬可佩！"说完嫣然一笑。接着说："你且不要问，我此来是一片好心，想拯救你脱离苦海！"

"想劝我投降？请回吧！"洪承畴不再多说，又闭起了眼。

但她毫不介意，继续说："将军！我虽是女子，但颇识大义，对将军这种殉节精神，衷心钦佩，岂敢夺将军之志。"

"唉，将军！"她的话既充满了同情，又惹人怜爱。"将军要绝食等死吗？但绝食要七八天才能了断。我煎好一壶毒药来敬将军，若将军不怕死，就饮了这壶药。"说完，将壶送过去。

洪承畴经她这般一捧一跌、一怜一媚的摇荡，已身不由已，豪气陡生："好！好！死且不怕，何惧毒药！"立即接过壶来，张口狂饮，不料流急气促，咳了起来，弄得药沫飞溅，喷得美人衣襟尽湿。

洪承畴自惭形秽，连忙道歉。皇后若无其事，谈笑自如，拿出香帕来慢慢拂拭，媚眼向洪承畴一翻说："看样子，将军的阳寿将尽哩！"

"我立志一死，不死不休！"

"将军可谓视死如归，英雄！钦佩！钦佩！不过，我还有一句话告诉将军，你现在既已为国殉节，但身丧异域，丢下家人，哭望天涯，深闺少妇，浮云发呆，春风秋月，苦想为劳，枕边弹泪，情何以堪？将军能闭眼不顾，不念旧情吗？"

洪承畴被勾起心事，酸楚万分。但毒药已下肚，死期不远，不禁泪如泉涌，长叹一声说："事到临头，还有什么可说？什么可顾？唉，可怜无定河边骨，犹是深闺梦里人。"

只这一叹，就说明了洪承畴已有所动。经过那么多次的审讯、威逼、说服、利诱都没有动过决心的洪承畴，只让这么一个弱女子几番问答，就开始犹豫了。聪明的皇后看出他已动心，又用话挑逗他："决志殉国，将军可谓忠贞不贰，无愧臣节啊。但在我看来，确是大为可惜。"

"将军！不是我说你，你身为国家栋梁，这样一死，得了一个虚誉，究竟对国家有何补益呢？如果是我的话，我会忍辱一时，渐图恢复，所谓忍辱负重，伺机报国，方不负明帝重托，百姓仰望，不过，士各有志，勉强不得。"

洪承畴终于在皇后面前屈服了，一个贫贱不移、威武不屈的英雄豪杰，不裹尸于战场之上，殉节于刀锯之下，竟然拴缚于裙带之中。

到天明，这位曾经为万民景仰，飨过大明国祭的经略大臣、显赫将军洪承畴，宽袍缩身参见清太宗去了。

虽然，皇后有用美人计属实，但主要是因为她的循循善诱，在洪承畴面前分析方方面面的利弊，才最终将洪承畴劝服。

作为主管，在对待下属的时候，在讲原则之余，可以通过多方面分析让下属们权衡一下利弊，并让他们自己确定该如何去做，从而最终被你说服。

经验之谈>>>>

把道理讲透彻，在争论来临之前就结束战斗。

第4法
坚持正义和理念

晏子看了看，对接待他的人说："这是一个狗洞，不是城门，只有访问狗国的人，才会从狗洞里钻过去。我在这儿等一会儿，你们先去问一下你们的国王，楚国到底是一个什么样的国家？"

有时候，可能会有些人借助各种机会来打击你，想让你难堪。这时，如果你真的把握真理，你就应该针锋相对地与之较量，大义凛然，用正义和公理使对方屈服。

我们都知道"晏子使楚"的故事。

晏子是春秋战国时期齐国的大夫，有一次奉命出使楚国。楚王知道晏子身材矮小，当晏子到来时，叫人把城门关了起来，在城墙上开了一个5尺高的洞，要求晏子从这个洞里钻过去。晏子看了看，对接待他的人说："这是一个狗洞，不是城门，只有访问狗国的人，才会从狗洞里钻过去。我在这儿等一会儿，你们先去问一下你们的国王，楚国到底是一个什么样的国家？"

守城门的人立刻把晏子的话传达给了楚王。楚王只好下令打开城门，把晏子迎接到城里去。

晏子见到了楚王，楚王瞅了他一眼，冷笑一声说："难道齐国没人了吗？"

晏子严肃地回答："这是什么话？我们首都临街都住满了人，大伙儿把袖子举起来，就能够连成一片云；大伙儿都甩一把汗，就能够下一阵雨；街上的人肩膀擦着肩膀，脚尖碰着脚跟。大王怎么能说齐国没有人了呢？”

楚王说：“既然有这么多人，为什么打发你来呢？”

晏子装着很为难的样子说：“您这一问，我实在不知道如何回答，要是我撒谎吧，又怕犯了欺君之罪；说实话吧，又怕大王您生气，您说我该怎么办呢？”

楚王说：“实话实说，我不生气。”

晏子拱了拱手说：“我们国家有这样一个规矩：访问上等的国家，就派上等人去；访问下等的国家，就派下等人去；访问中等的国家，就派中等人去。我在我们国家是最不中用的，因此就被派到这儿来了。”

说完他故意笑了笑。

楚王没办法，也只好跟着他无奈地笑了。

这里，我们不得不佩服晏子的机智巧辩。他巧妙地把楚国人对他的羞辱回敬到楚国人自己的头上，使他们口不能言，从而维护了自身以及齐国的形象。

在刘罗锅传奇里，有这样一段故事：

有一次，乾隆与刘罗锅一起游汨罗江，战国时候楚国的三间大夫屈原便在此投江自杀。乾隆与刘罗锅谈话说：“父令子为子不为，这叫什么？”

刘罗锅回答道：“这叫不孝。”

“那么，君叫臣死臣不死，这又叫什么呢？”乾隆又接着问。

“这叫不忠。”

这时乾隆突然把话题一转，向刘罗锅道：“刘爱卿，你对朕忠不忠呢？”

刘罗锅马上警觉起来，忙问道：“不知陛下赐臣怎么去死？”

乾隆回答道：“这里就是汨罗江，朕就赐你投江自尽吧。”

刘罗锅慢慢走到江边，蹲下身，过了一会儿，又慢慢走了回来。

乾隆眯起眼睛刁难他：“刘爱卿，你怎么不死呢？你不自尽，岂不是对朕不忠，朕会处罚你的。”

刘罗锅从容地说：“我刚才在江边准备投下去时，屈原拦住我了，他不让我投江而死。”

乾隆感到很奇怪，就问他：“屈原为什么不让你死啊？”

刘罗锅说：“他告诉我‘我遇昏君而死，而你遇明君，不该死’。”

乾隆一听，心想：好你个罗锅子！你真要死了，我不就成了昏君了吗？只好无可奈何地说：“朕只不过是要试试你的忠心罢了，并不是真的要你死啊！”

在这里刘罗锅以自己的巧辩驳回了乾隆的刁难，真可谓机智啊！乾隆要是执意让刘罗锅死的话，无疑承认自己是个昏君，但他又顾及自己的名声，就不得不放过机智的刘罗锅了。

在管人过程中，主管面对当面难为自己的下属，在态度上要义正词严，给予有力的反击。但是在方法上，要用巧妙的迂回策略，在双方都不撕破脸的情况下，让对方无言以对、心服口服。

经验之谈>>>>

对于无理的行为，在态度上要义正词严，给予有力的反击。但是在方法上，要用巧妙的迂回策略。

第5法 英雄不问出身低

在你的下属当中，会有少数人出身“高贵”，他们或有亲朋好友手握大权，或家庭背景显赫。同样，也会有些人出身寒门，是凭着自己的执著和才干一步步走到今天。对于这两种人，你是否会分别对待呢？

在你的下属当中，会有少数人出身“高贵”，他们或有亲朋好友手握大权，或家庭背景显赫。同样，也会有些人出身寒门，是凭着自己的执著和才干一步步走到今天。你是不是戴着有色眼镜看这些人呢？

对待前一种人，客客气气，态度温和，甚至他们工作中犯了错误，也要想尽办法说服自己网开一面，宽恕他们；而对待另一种人，从来没正眼瞧过人家，只要犯了错误，哪怕是一些微不足道的失误，也要严加斥责，大抖领导的威风。

这样做的结果只能是造成团队内部的分裂。因为你不尊敬别人，也别想得到别人的尊重。同时，因为你截然不同的态度使第一种人难免傲气十足，另一种人心怀不满，如此下去，用不了多久，你的团队恐怕该分崩离析了，或者你走人为先。

美国第十六届总统亚伯拉罕·林肯出生于一个鞋匠家庭，而当时的美国社会非常看重门第。

林肯竞选总统前夕，在参议院演讲时，遭到一个参议员的羞辱。那位参议员说：“林肯先生，在你开始演讲之前，我希望你记住，你是一个鞋匠的儿子。”

那位参议员的目的就是要打击林肯的自尊心，好让他退出竞选。

此刻，人们都沉默了，静静地看着林肯，听他会说些什么来反击那位议员。

“我非常感谢你使我想起我的父亲，”林肯说，“他已经去世了。但我一定会记住你的忠告，我知道我做总统无法像我父亲做鞋匠那样做得那么好。”

众人不约而同地为林肯鼓起了掌。

林肯转过头，对那个傲慢的参议员说：

“据我所知，我的父亲以前也为你的家人做过鞋子，如果你的鞋子不合脚，我可以帮你改正它。虽然我不是伟大的鞋匠，但我从小就跟父亲学到了做鞋子的技术。”

接着，林肯又对所有的参议员说：

“对参议院的任何人都一样，如果你们穿的那双鞋是我父亲做的，而它们需要修理或改善，我一定尽可能帮忙。但是有一件事是肯定的，我无法像他那么伟大，他的手艺是无人能及的。”

说到这里，林肯流下了眼泪，所有的嘲笑都化为真诚的掌声。

后来，林肯如愿以偿，当上了美国总统。作为一个出身卑微的人，林肯没有任何贵族社会的硬件，他唯一可以倚仗的只是自己出类拔萃的、扭转不利局面的才华。正是关键时刻的一次心灵燃烧使他赢得了别人的尊重，包括那位傲慢的参议员，成就了他生命的辉煌。

1917年1月4日，一辆四轮马车驶进了北京大学的校门，徐徐穿过校园内的马路。

这时，早有两排工友恭恭敬敬地站在两侧，向蔡元培——这位刚刚被任命为北大校长的传奇人物鞠躬致敬。

只见新校长缓缓地走下马车，摘下自己的礼帽，向这些校园里的杂工们鞠躬回礼。

在场的人都惊呆了，这在北京大学可是从来未有过的事情，北大是一所等级森严的官办大学。校长享受内阁大臣的待遇，从来就不把这些工友放在眼里。但是，今天的这位新校长是怎么了？

像蔡元培这样地位显赫的人向身份卑微的工友行礼，在当时的北大乃至中国都是罕见的现象。这不是件小事，北大的新生由此细节开始，树起了一面如何做人的旗帜。

面对下属能做到平易近人，不但是高明的领导方法，也是深厚的做人修养。

经验之谈>>>>

看不起比自己地位低的人，将会被所有的人看不起。一碗水往平了端，决不要被势力左右了自己理智的头脑。

第 6 法

理智地处理争端

在处理内部一些矛盾时，领导者要注意的一点是，自己一定要站正位置，做到心胸坦荡、大义凛然。

在管理时，领导者与下属总有这样或那样的矛盾，这些矛盾给管理工作造成了很大的麻烦。要使管理工作顺利进行，就要扫清这些障碍。在处理这些矛盾时，领导者要注意的一点是，自己一定要站正位置，做到心胸坦荡、大义凛然，只有这样，才能令下属信服，才能化干戈为玉帛。

赵惠文王二十年（前 279 年），赵王封蔺相如为上卿，地位在廉颇之上。廉颇心中很不服气，觉得自己身为大将，攻城破敌立过大功，蔺相如只不过是要要嘴皮子，反而地位比自己高，居他之下，很不甘心。于是，廉颇扬言要找机会羞辱蔺相如一番。这些话不久便让蔺相如知道了。为了避免与廉颇发生正面冲突，蔺相如尽量不出门，后来索性称病，连朝也不上了。廉颇碰不到蔺相如，气自然也出不了。有一天，廉颇远远地看见蔺相如的车马，急忙命令随从驱车前去堵截。蔺相如此时发觉，便赶忙回车躲避。这样的事发生了好几次，蔺相如的随从和佣人们觉得很丢面子，便一起向相如上卿进言。蔺相如语重心长地对舍人们说："我躲避廉将军，是为了国家大局，倘若我们不和，强秦就会乘虚而入。我怎能置国家大局而不顾去计较一己之愤呢？"不久，这话传到廉颇的耳朵里。廉颇备觉羞愧。于是，廉颇主动到蔺相如府中，负荆请罪。从此以后，二人和好，成为生死之交。

以和为贵，以柔克刚，是处理内部争斗、民族纷争、朋友过结乃至家庭矛盾等问题的有效方略。

明朝孝宗年间，孔镛出任田州知府。到任才三天，便发生峒族人进犯州城。此时州内军队调往他处执行任务去了，城中兵力防卫空虚，于是，众人提议关起城门来守城。孔镛认为，田州城是个孤立的城池，且内部又空虚，关门守城难以维持长久。如果因势利导，用朝廷的恩威晓谕造反的峒族人，也许会解围。众人感到孔知府的意思是书生脱离实际的迂腐之谈，难以成功。孔镛坚持自己的意见，众人觉得没有人敢出面当说客。孔镛说："这是我管理的城池，我应当前去。"众人纷纷劝阻他，说太危险。但孔镛命令立即准备好坐骑，打开城门，放他出城。众人请求他带几个卫兵，也被他拒绝了。孔镛来到峒族人中间，要见峒族人的首领。接着对大家说："我本知你们是农民，由于饥寒所迫，才聚焦在这里苟且求个免于一死。前任官员不体谅你们，动不动就用军队来镇压，想把你们剿尽杀绝。我现在奉朝廷的命令来做你们的父母官，我把你们看成是晚辈，怎么忍心杀害你们呢？你们如果真能听从我的话，我将宽恕你们的罪过，你们可以送我回州府，我把粮食、布匹发给你们，以后就不要再出来抢掠了，如果你们不听从我的话，可以杀我，但是接着就会有官军向你们兴师问罪，一切后果就由你们承担了。"大家听了孔镛的话半信半疑，说："要是真的像您说的那样体恤我们，在您任太守期间，我们绝不再骚扰州府。"孔镛说："我一语已定，你们不必多疑。"于是，众人拜谢。第二天，峒族人护送孔镛回城。入城后，孔镛命人取出粮食、布帛，分发给峒族人，大家道谢而归。此后，峒族人不再做乱国扰民之事。

无论蔺相如还是孔镛，他们在遇事时，都是从理性出发，不受个人情感所牵制，对他人晓以大义，所以能取得他人的尊敬和爱戴。

领导者在管人的过程中，也会遇到这种问题，唯一的解决之道就是不计私人恩怨，以理服人。

经验之谈>>>>

在任何仇怨面前，只要胸怀坦荡，不计私人恩怨，总会有化解的方法。

第7法

用巧妙办法规谏别人

没有什么事情比亲身经历过更为真实、更有说服力了。

许多时候，人们常用自己的亲身经历做例证，对人们进行说服。这种说理方法具有现实性强、可信度高的特点，只要运用得当，很容易达到说服别人的目的。

十六国时期，汉国皇帝刘聪立贵妃刘娥为皇后。刘聪十分宠爱刘娥，决定为她建造凤仪殿。廷尉陈元达极力劝谏，阻止刘聪大兴土木。刘聪大怒说："我身为天子，营造一殿，何用问你们这些鼠辈。你竟敢口出狂言，涣散人心，不杀了你这个鼠辈，不足以平我心头之愤。"

于是命令侍卫："把陈元达拉出去杀了，连同他的妻子、儿女一起杀掉，把这些老鼠埋在同一墓穴中！"

群臣面面相觑，无计可施。有的大臣出主意说，请刘皇后出面劝谏。

刘娥深明事理，她一边密令武士停刑，一面亲手写奏章劝谏，说："现在宫室已经齐备，无需再建。何况四海尚没有统一，应该爱惜民力。廷尉直言劝谏，这是社稷的洪福。陛下本应该加倍封赏才是。而现在却要杀他全家，如此，天下的人会把陛下看成是什么样的人呢？陛下为我营造宫殿而杀有功之臣，这样就会使忠良以后不敢再吭声了，这都是因为我；远近的人怨恨，这是因为我；国家、百姓疲惫不堪，还是因为我；社稷、江山濒临危亡，也是因为我。天下的人都将罪集中到我的身上，我怎么担当得起啊！纵观历史，自古以来，国破家亡，没有不是因为女人的，我内心十分痛恨这种女人。不料今天我也成了这样的人，后世的人看我，就像看历史上的其他女人一样。我实在是没脸面再侍奉陛下了，请陛下恩赐我死于殿堂之上，以堵塞陛下之过！”

刘聪看完奏章后脸色都变了，群臣也趁机为陈元达求情叩头，流泪不止。

刘聪只得巧言饰非，说：“我近些年来，微得头风症，喜怒无常，不能控制自己。廷尉元达可是位忠臣啊……”

刘聪于是便命人把陈元达带上殿来，将刘皇后的奏章让他看后，说：“朝廷上有您这样的忠臣，内宫有这样的皇后，我还忧虑什么呢？”

在这个故事里，刘皇后正是采用了现身说法的方法：世人将把一切罪过推在她身上，使她遗臭万年。以此来劝谏刘聪不要为她建造宫殿。

战国时期，齐国的相国邹忌，常常思考着如何说服齐王听取他关于治国的策略，以使齐国强盛起来。

有一天，邹忌早上起来照镜子，在镜子中看到自己修长的身材、俊美的容貌、整齐的衣冠，颇有一些洋洋自得。

他边照镜子边问妻子：“你说我与城北的徐公谁美呀？”

妻子不假思索地回答：“当然是你美了，徐公哪里比得上你呀？”

邹忌有一点不相信，因为徐公是齐国远近闻名的美男子，于是便又问他的妾。妾回答说：“徐公怎么能比得上您呢？”

刚好，这一天有客人来拜访他，邹忌于是又问客人。客人说：“徐公没有您美。”这更使邹忌飘飘然起来。

恰巧，第二天徐公来拜访邹忌，邹忌仔细看了看徐公，又照着镜子反复地对比，怎么看都是徐公比自己美。这引起了他的深思：明明是徐公长得比自己美，可是妻、妾与客人却都说自己比徐公美，这是什么原因呢？他终于想出了答案：妻子说他美，是因为偏爱他；妾说他美，是因为害怕他；客人说他美，是因为有求于他。

于是，邹忌上朝去见齐威王，对他讲完了这段亲身经历的事情后，说："现在齐国方圆千里，有120座城，嫔妃左右，莫不私王；朝廷上下，莫不畏王；国境之内，莫不有求于王。由此看来，您受的蒙蔽实在是太深了。"

齐王听完邹忌的话，于是就下令全国："群臣、官吏、百姓有当面揭发我的过错的，受上赏；上书揭发我的过错的，受中赏；能在大庭广众之中揭发我的过错的，只要被我听到了，受下赏。"

这道求谏令刚下，群臣纷纷进谏，门庭若市；几个月之后，偶尔还有来提意见的；一年后，即使想提意见也没话可说了。齐国也因此而很快强大起来，燕、赵、魏各国都来齐国朝拜。

在这个故事里，邹忌为了劝服齐威王接受进谏，就通过现身说法，由浅入深地向齐王阐明道理，说服了齐王纳谏。

作为领导，在某些不适合直言的场合，可以用自己的亲身经历来说服下属，让他们很情愿地接受某种观点和建议。

经验之谈>>>>

事实胜于雄辩，现身强于千言。

第 8 法
提防拍自己马屁的下属

面对下属的恭维，符合事实的话，就是真理；反之，就是在拍你的马屁。

人人都知道谄媚不好，但当谄媚到了自己头上时，你未必就能感觉得到，在不经意当中，你已经中了谄媚的圈套。

为什么领导者不应接受谄媚呢？因为谄媚并不都是令人愉快的事情。谄媚者说的都是违心话，这是谄媚与由衷赞美的根本区别。他之所以说谄媚的话，是因为有所求，这个要求又不是以正常方式能得到的。若他真的有能力通过自己的努力获得，可能也就用不着给领导者拍马屁了。所以，如果领导者接受了谄媚，就必须要以牺牲某方面的利益为代价，这显然是不大合算的。

古代有一个理发师给一位宰相理发修面，过了一会儿，理发师忽然停下手，两眼直愣愣地看着宰相的肚子发呆。宰相好生奇怪，问："你不好好修面，却光看我的肚子，是何道理？"理发师答道："人们常说宰相肚里能撑船，我看你的肚子并不大，怎么说能够撑船呢？"宰相被逗乐了，说道："那是说宰相的气量大，对一些小事，能够容忍而不计较。"听到这里，理发师一下跪倒在地，哭着说："小的该死，方才修面时不小心把大人的眉毛给刮掉了，您的气量大，请您恕罪！"宰相听说理发师把自己的眉毛给刮掉了，怒火中烧，刚要发作，但想起刚才自己说的话，怎么能为这件事给理发师定罪呢？于是，只能按下怒气，说："去把笔拿来，把眉毛画上去算了。你起来吧，下次可不准这样了。”

有一则流传很广的笑话，说的是某人在某高官面前说自己的老师曾经教给他一个拍马屁的方法，并且无往而不胜。这个高官听了，不以为然，说：“我就不喜欢那些谄媚的人。”这个人连忙附和说：“对对，您的情况就不同了，您是一个例外。堂堂大丈夫都厌恶拍马屁的人，天下像您这样明智的人能有几个呢?”高官听了此话后欣然有喜色，微微点头。这人随后在私下里说：“高帽子，我又送出了一顶。”

怎样才能不中下属的糖衣炮弹呢?

首先要分辨出什么是谄媚。笑话中的那位高官，自以为不接受谄媚，结果还是受了，关键问题就是他没有分辨出来究竟什么是谄媚。那人用的是“附和型”的谄媚方法，就是随着你的思路，不太明显，因而也不太露骨，容易被别人接受。还有一种就是“反衬型”的谄媚方法，即以指责你周围的人来间接地抬高你，拍你的马屁。他们能够察言观色，贬低的人正是你不喜欢的人，你不好意思说他们的坏话，他们就代你一吐而快，这一招也是十分灵验的。

不受谄媚，就要求我们的领导者多听反面意见。顺着领导者的思路往下说的下属，一般没有什么本领，不要给拍马屁的下属以任何好处。“附和型”的下属常常能够知道领导者的思路，因而故意取悦于领导。

不受谄媚，还要求我们的领导者不要有喜欢听好话的习惯，对于赞扬的话一定要提高警惕，以防对方借此换取什么东西。假如好话一个劲儿地往耳朵里钻，就设想别人是在说希望有一个这样的领导者，而不等于你就是这样的领导，你要朝着这个目标努力，才可以使自己随时随地保持清醒。

不受谄媚，要特别防范那些在你面前说别人坏话的人。今日在你面前说别人的坏话，明日就极有可能在别人面前说你的坏话，尤其是那些表面友好，可是背后又说人坏话的人。更可恨的是背后说人坏话，当面却对其大吹大捧的人，这种属于典型的谄媚者，有时候还可能是挑拨离间者或两面三刀的人。这种人成事不足，败事有余，是万万不能够随便相信的。

总之，领导者遇到糖衣炮弹的时候很多，这就要求我们的领导者能客观地认识自己，警惕下属的谄媚。

经验之谈>>>>

警惕那些总是顺着你说话的下属。

第9法 处罚下属前先查明事实

永远不要急着下结论。

下属犯了错误，或造成了公司的巨大损失，当然要追究其责任，要批评、处分，甚至是撤职、开除。但在事情还未搞清楚之前，千万不要急于处理，因为如果处理错了，或处理重了，事情就很难再挽回。

某公司的信息主管因提供了错误的市场信息而导致了公司决策的失误，如果你是该公司的总经理，你该如何处理这件事情？这是发生在日本著名的企业家松下幸之助身上的事，让我们看看松下幸之助是怎样对待这一事件的。

对于该信息部经理所犯的这种严重错误，松下幸之助完全有理由将其开除，但是他并没有急于作出最终的处理意见，而是分析了两种可能的情况：一种可能是这位主管本身并不称职，已不宜于再继续担任这个职务；而另一种可能则是“好马失蹄”，由于一时的大意而出现判断错误。如果是后者，那么将他撤职就会毁掉一个人才。松下幸之助进一步考虑到，目前还没能找到另外一个更合适的人选担任这一职务。一旦将现在这位主管撤职，将会影响到公司其他工作的有序进行。于是，他把这位主管找来，告诉这位主管他自己将要对这次事件作出处理，但没有明确告诉他处理意见，于是事情就拖了下来。在这段时间里，这位主管为了弥补上次的过失，一直兢兢业业地工作，多次提供了极有价值的信息，为公司的决策作出了贡献，同时也用事实证明了他是称职的，上次的失误是意外情况。不久，松下幸之助又把他叫了过去，并对他说，鉴于他近期的业绩，本来应该给予奖励，但因为上次的失误还没有处理，所以，将功抵过，既不奖励，也不处分。这种处理方法的效果无疑是非常好的，既没有影响公司整体的运作，同时又使这位信息主管以及其他员工心服口服。

在这次事件当中，主动权始终掌握在松下幸之助的手中，虽然他没有马上将那位主管撤职，但他只要找到了合适的人选，他随时都可以将现在的主管辞退。同时通过这段时间的考察，避免了自己可能会做出的仓促决策，造成人才的不必要损失。

另外，松下幸之助抓住了一个处理问题的绝好时机，即信息部的主管立了功，功过抵消的处理方法，使这位主管打心眼里感激松下幸之助对他的关照和信任，同时又没有姑息错误，实现了自己要处理他的诺言。其他的员工也因此对松下幸之助感到深深的佩服。

经验之谈>>>>

在明察事由之前，对待犯了错误的下属一定要慎之又慎，否则将一举两失。

第10法 和下属荣辱与共

领导者在获得各种荣誉之后，以各种形式让下属分享荣誉及荣誉带来的喜悦，会使下属得到实现自身价值和受到领导器重的满足。

美国一个著名的橄榄球教练保罗·贝尔，在谈到他的队伍如何能够取得一个又一个的胜利时，说道："如果有什么事办糟了，那一定是我做的；如果有什么差强人意的事，那是我们一起做的；如果有什么事做得很好，那么一定是球员做的。这就是使球员为你赢得比赛的所有秘诀。"

这是一种很高的个人风范，这种与下属共享荣誉的精神鼓励了球队的每一个人，既然能做到这一点，球队的每战必胜也就是情理之中的事了。

在企业中，领导者也需要有这种与员工共享荣誉的精神和敢于为下属承担责任的勇气。领导者被授权经营管理，无论是获得成功，还是遭到失败，都负有不可推卸的责任。即使员工失误了，也有领导者的失职、指挥不当、培训不够的责任。荣誉对你当之无愧，但是通向荣誉的路途是离不开团队的协作、配合的。所以，与下属共享荣誉是一个成功的领导者所应该做的。

共享荣誉，也就是说，领导者在获得各种荣誉之后，如果不"贪污"，以各种形式让下属分享荣誉及荣誉带来的喜悦，会使下属得到实现自身价值和受到领导器重的满足，这种满足在以后的工作中会释放出更多的能量，也在无形之中冲淡了人们普遍存在的对受表彰者的嫉妒心理。

例如，不少主管在拿到上级的奖金后，请作出贡献的中层干部、骨干员工到饭店去“撮”一顿，实际上就是在共享荣誉，这是物质的，更是精神的。一位获得了上级表扬的厂长在全厂大会上讲话，他不是冷冷地说“成绩是归于大家的”一类套话，而是颇有感情地把工作中有突出贡献的员工的事件一件件列了出来，连一位员工在休假中上班的事也提到了。最后，他又说荣誉是属于全厂员工的，没有他们的努力，就没有今天，并向大家表示了深深的敬意和感谢。他一边讲一边向大家鞠躬，然后又提议全体员工高唱《十五的月亮》，当唱到“军功章上有我的一半，也有你的一半”时，厂长的眼睛湿润了。可以肯定地说，厂长的话对员工起到了巨大的激励作用。

试想，如果这位厂长将光环紧紧地罩在自己的头上，将一切成绩归于己有，那样不但容易树立对立面，而且也会挫伤员工继续努力的积极性。

与下属共享荣誉，而不是争功论赏，将好处尽捞在自己手里，只有这样的领导者才可以用人格力量感召下属，鞭策和激励他们，让他们尽可能发挥出自己的才智，促进事业的发展。

经验之谈>>>>

共享荣誉不仅可以鼓励和激励员工，也可以树立人格魅力。

第 11 法

不要姑息下属的歪理

多数人在被提出无理要求后，除了恼羞成怒之外，就不知所措，无法应对了。“以其人之道，还治其人之身”，这是对付那些无理要求的最好方法。

每个人或多或少有过被别人无理要求的时候，这样的人可能是你的朋友、亲人等关系密切的人，也可能是素昧平生、完全陌生的人。多数人在被提出无理要求后，除了恼羞成怒之外，就不知所措，无法应对了。

其实，既然是无理的要求，那它必然有悖于常理的地方，它本身就有弊病，你完全可以按照他的思路用他的方法回敬他。顺着他的“语病”或错误追寻回去。将对方变成自己想揶揄的对象，那样他便如哑巴吃黄连有苦说不出了。

以其人之道，还治其人之身。这是对付那些无理要求的最好方法。

一个人喝了许多酒后耍酒疯，被扭送到法庭。那人预感到法官要惩罚他酗酒，就说：

“首先我想向法官提出几个问题。”

“你问吧！”

“我如果吃了沙枣，这不好吗？”

“没有什么不好。”法官回答。

“如果我再喝些水，这有罪吗？”

“没有罪。”

“然后我躺在阳光下晒一会儿，这是不是犯法？”

“当然不是。”法官说。

“那为什么枣加上些水放在阳光下酿成的酒，您就说有罪，并声明禁止呢？喝了这种酒，您就认为破坏了法律吗？”那个人质问法官。

法官想了想，没有回答他的质问，而是反问道：“先生，现在我向你提出几个问题。如果我向你泼一点水，这会使你得病吗？”

“不会！”那人回答。

“如果我往你头上倒点黏土，你会残废吗？”

“当然不会！”

“那么我把黏土掺些水做成砖头，再放在太阳下晒晒，然后用这种砖头猛力击你的头，这有什么后果？”

“砖头会打破我的头，甚至我可能死去！”那人回答。

“那很好，”法官说，“你提到的这种酒也是这样。如果用水和黏土做出的砖头会砸破头，那么用水和枣酿成的酒，喝了会酗酒闹事，破坏法律。”

面对蛮不讲理的醉汉，法官照那醉汉的逻辑轻而易举地反驳了他。让他的狡辩现出了原形。

面对不讲道理，满口狡辩的对方，发火是没有用的。从他的话语入手，在他的身上找出突破口，然后用事实说明他的错误，让他无地自容。只有这样，那些歪理者才会俯首听命。

经验之谈>>>>

面对不讲道理、满口狡辩的对方，发火是没有用的。

第12法
在人前稍示勇气，不失为管人之一法

领导应该在工作中表现出勇气和热忱，敢于指出下属的错误，敢于表现自己的才能和自信，从而使下属敬佩你、服从你、信赖你，成为领导岗位上的成功者。

面对对方的无理言辞，你要敢于理直气壮地给予驳斥。绝不要怕得罪人，以至于姑息养奸、养虎为患。

被称为“推销之神”的日本明治保险公司理事原一平，是靠着他的勇气和胆识而获得领导赏识，并最终获得了事业上的成功。

原一平31岁时，仍不过是明治公司的一名普通外务员。一次，他想拜见三菱财阀的最高负责人兼明治保险公司理事长川田万藏，请求他写一封介绍信，以便结识日本各企业高级经营人员，开展保险业务。

他走入三菱总公司大厦川田理事长的会客厅，坐了好长时间，竟睡着了。后来，他的肩膀被人戳了几下，只听见川田理事长大声喝道：“有什么事啊?”原一平吓了一跳，狼狈地站起身来，好半天才说清来意。

川田没好气地反问道：“什么？你想要求我做介绍保险对象这种玩意吗?”

原一平听后，不禁气冲冲地嚷了起来：“你这个混账东西！你竟然说保险是一种‘玩意’，公司不是一直教育我们说保险是正当事业吗？亏你还兼着保险公司理事长哩，我这就回去告诉大家。”说罢，他掉头冲出客厅。

原一平十分沮丧，很晚才回到家。一进门，却看到川田派人送来的急信，上面写道：

“今天你特意来见我，我却白活了这么大岁数，没能善待你，实在失礼了。明天是休息日，如不嫌弃，请你到舍下一趟。”

第二天，原一平受到了接见。川田从原一平的暴怒中欣赏到他对工作的忘我热忱，认为他是一个尽职的人才，决定予以重用。

在工作中表现出勇气，敢于指出别人的错误，敢于表现自己的才能，从而使别人敬佩你、服从你、信赖你，不失为一种妙方。

一个有抱负的人要想获得别人的重视和尊重，就要尽量避免唯唯诺诺这种软弱的表现。

经验之谈>>>>

千言万语汇成一句话：做一个勇者。

第13法 批评下属时照顾一下个人感情

在管理员工时，我们应当记住，他们不是机器，是充满感情的人，是一群帮助你完成工作使命的人，是一群善良的、同样也充满偏见、骄傲和虚荣的人。

世界著名的心理学家试验证明，在学习方面，一只有良好行为就得到奖励的动物，要比一只因行为不良就受到处罚的动物学得快得多，而且更能够记住它所学的。进一步研究显示，人类也有着同样的情形。我们用批评的方式，并不能够使别人产生永久的改变，反而常常会引起愤恨。

另一位伟大的心理学家席莱说："我们极希望获得别人的赞扬，同样的，我们也极为害怕别人的指责。"

批评所引起的愤恨，常常会降低员工的士气和感情，而所指责的状况仍然没有获得改善。

俄克拉荷马州恩尼德市的江士顿，是一家工程公司的安全协调员。他的职责之一是监督在工地工作的员工戴上安全帽。他说一碰到没有戴安全帽的人，他就官腔官调地告诉他们，要他们必须遵守公司的规定。员工虽然接受了他的纠正，却满肚子的不高兴，而常常在他离开以后，又把安全帽拿了下来。

后来他决定采取另一种方式。他发现有人不戴安全帽的时候，他就问他们是不是安全帽戴起来不舒服，或者有什么不适合的地方。然后他以令人愉快的声调提醒他们，戴安全帽的目的是在保护他们不受伤害，建议他们工作的时候一定要戴安全帽。结果是遵守规定戴安全帽的人愈来愈多，而且不会造成愤恨或情绪上的不满。

林肯为人处世的成功秘诀是什么？他是否喜欢批评别人？呵，是的。

1842年秋天，他取笑了一位自负而好斗，名叫詹姆斯·史尔兹的爱尔兰人。林肯在《春田时报》刊出了一封未署名的信，讥讽他一番，令镇上的人都捧腹大笑起来。史尔兹是个敏感而骄傲的人，气得怒火中烧。他查出写那封信的人是谁，跳上了马，去找林肯，提出跟他决斗，对方给林肯选择武器的自由。因为林肯的双臂很长，他就选择骑兵的长剑，并跟一名西点军校的毕业生学习舞剑。决斗的那一天，他和史尔兹在密西西比的一个沙滩碰头，准备决斗至死为止，但是，在最后一分钟，他们的助手阻止了这场决斗。

这是林肯一生中最恐怖的私人事件。在做人的艺术方面，他学到了无价的一课。他从此再没有写过一封侮辱人的信件。他不再取笑任何人了。从那时候起，他没有为任何事批评过任何人。

南北战争的时候，一次又一次，林肯任命新的将军统帅波多麦之军，而每一个将军——麦克时蓝、波普、伯恩基、胡克尔、格兰特……相继地惨败，使得林肯只能失望地踱步。全国有一半的人，都在痛骂那些差劲的将军们，但林肯却“不对别人指责，只对大家祝福”。他喜欢引用的句子之一是“不要评议别人，别人才不会评议你”。

当林肯太太和其他的人对南方人士有所非议的时候，林肯回答说：“不要批评他们，如果我处在同样情况之下，也会跟他们一样。”

盖茨堡之役发生在1863年7月的最初3天。在7月4日晚上，李将军开始向南撤退的时候，黑云密布，大雨倾盆。当他带着挫败之军，退到波多梅克时，发现面临一条高涨而无法通过的河流，而身后又是一支胜利的北军。李将军被困住了。他无法逃脱。林肯看出这点——这是一个天赐良机，一个消灭李将军的军队、立即结束战争的机会。因此，林肯满怀希望地命令格兰特不要召开军事会议，而立即攻击李将军。林肯以电话下令，又派出一名特使去见格兰特，要他立即采取行动。

而格兰特将军怎么做呢？他的做法，正好跟所接到的命令相反。他违反林肯的命令，召开了一次军事会议。他迟疑不决，一再拖延。林肯打电话来，格兰特举出各种借口，他拒绝攻击李将军。最后，河水退去，李将军带着他的军队从波多梅克逃脱了。

林肯勃然大怒。“这是什么意思?”林肯对他的儿子罗勃大叫起来，“老天爷！这是什么意思？他们在我们的掌握中，我们只要伸出手来，他们就是我们的了。但我无论说什么或做什么，都无法使我们的军队移动一步。在那种情况之下，几乎任何一个将领都可以击败李将军。如果我在那儿的话，我自己就可以把他歼灭。”

在痛苦、失望之余，林肯坐下来，写给格兰特一封信。别忘了，林肯这段时期用字总是非常保守和克制的。因此，他在1863年所写的这封信，算是最严厉不过了。

我亲爱的将军：

我不相信你能体会李逃脱所引起的严重不幸。他本来在我们的轻易掌握之中，当时如果对他一拥而上的话，加上我们最近的一些其他胜利，就可把战事结束了。结果现在呢，战事可能会无限期地延长下去。如果你上星期一不能安全地攻打李的话，又怎么能在渡河之后，在你只剩下少部分的兵士时——不到你当时手边兵力的三分之一——去攻击他呢？我无法期望你能改变情势，若要期望你能的话，也是一种不合理的期望。你的良机已失去了，因此我感到无限的悲痛。

你猜，格兰特读到这封信的时候有什么反应？

格兰特一直没有看到这封信。林肯没有把它发出去。这封信是在林肯死后，在他的文件中被找到的。

也许，写完这封信之后，林肯看看窗外，对他自己说，“等一下，也许我不应该如此匆忙。我坐在这静静的白宫里，命令格兰特去出击，是举手之劳的事，但假如我当时是在盖茨堡，假如我在上星期，也跟格兰特一样，见到遍地血腥，假如我听到伤兵的悲号哀吟，也许我也不会如此急着去进攻了。也许我的性格跟格兰特一样柔弱，我的做法可能就会跟他的相同了。无论如何，现在木已成舟了。如果我发出这封信，固然可发泄我的不快，但是却会使格兰特为自己辩护，将会使他责备我。这将会造成恶感，破坏了他身为指挥官的效力，而且也许迫使他辞职不干。”

因此，林肯把这封信放在一旁，因为他从痛苦的经验中学到，尖刻的批评和斥责，几乎总是无济于事。

西奥多·罗斯福总统说，他当总统时，若碰到棘手的问题，他常往后一靠，抬头望望挂在他白宫办公室墙上那张林肯的巨幅画像，问他自己，“如果林肯在我这种情况下，他将怎么做？他将如何解决这个问题？”

马克·吐温常常会大发脾气，写的信火气之大足可以把信纸烧焦。有一次他写信给把他激怒了的人：“给你的东西应该是死亡埋葬许可书。你只要开口，我一定会协助你弄到这份许可书。”又有一次，他写信给一位编辑，谈到一名校对企图“改进我的拼字和标点”。他以命令的口气写道：“此后这方面的情形必须遵照我的底稿去做，并且要教那个校对把他的建议留在他那已经腐朽了的脑子里面。”

写这些可以刺痛别人的信，很让马克·吐温感到痛快。这样他的气也就出了，而这些信也没有引起任何不好的反应，因为他的太太已经悄悄地把这些信拿了出来，没有付邮，这些信根本就没有寄出去。

你是否想劝某人改掉一些坏习惯呢？为何不从你自己开始呢？当你不用批评、指责的方法，而用赞赏的态度去纠正员工的错误，效果一定更好。

在管理员工时，我们应当记住，他们不是机器，是充满感情的人，是一群帮助你完成工作使命的人，是一群善良的、同样也充满偏见、骄傲和虚荣的人。

刻薄的批评，使得敏感的汤玛斯·哈代——他是使英国文学丰富的最佳作家之一，永远放弃了小说写作。批评使得英国诗人汤姆斯·查特登走向自杀。

本杰明·富兰克林年轻的时候不大懂处世之道，后来跟人相处变得圆滑干练，被任命为美国驻法大使。他成功的秘密是什么？“我不说任何人的坏话，”他说，“……我只说我所知道的每个人的一切长处。”

要了解和谅解别人，就需要个性和自制。

“一个伟大的人，”卡莱尔说，“以他对待小人物的方式，来表达他的伟大。”

包布·胡佛是一位著名的试飞员，并且常常在航空展览中表演飞行。一天他在圣地亚哥航空展览中表演完毕后飞回洛杉矶。正如《飞行》杂志所描写的，在空中300米的高度，两个引擎突然熄火。凭借熟练的技术，他操纵着飞机着了陆，但是飞机严重损坏，所幸没有人受伤。

在迫降之后，胡佛第一个行动是检查飞机的燃料。正如他所料到的，他所驾驶的第二次世界大战螺旋桨飞机，居然装的是喷气机燃料而不是汽油。

回到机场以后，他要求见见为他保养飞机的机械师。那位年轻的机械师为所犯的错误感到极为难过。当胡佛走向他的时候，他正泪流满面。他造成了一架非常昂贵的飞机的损失，差一点还使得3个人丢了性命。

你可以想象胡佛必然大为震怒，并且预料这位极有荣誉心，事事要求精确的飞行员必然会痛责机械师的疏忽。但是胡佛并没有责骂那位机械师，甚至没有批评他。相反的，他用手臂抱住那位机械师的肩膀，对他说：“为了显示我相信你不会再犯错误，我要你明天再为我保养飞机。”

下面这篇文章被广泛转载过。

听着，我儿，在你睡着的时候我要说一些话。你躺在床上，小手掌枕在你面颊之下，金黄色的卷发湿湿地粘在你微汗的前额。我刚刚悄悄地一个人走进你的房间。几分钟之前我在书房里看报纸的时候，一阵懊悔的浪潮淹没了我，使我喘不过气来。带着愧疚的心，我来到你的床边。

我想到了太多的事情。我儿，我对你太凶暴了。在你穿衣服去上学的时候我责骂你，因为你只用毛巾在脸上抹了一下。你没有擦干净你的鞋子，我又对你大发脾气。你把你的东西丢在地板上我又对你大声吼叫。

吃早饭的时候，我又找到了你的错处。你把东西泼在桌上，你吃东西狼吞虎咽，你把手肘放在桌子上，你在面包上涂的牛油太厚。在你出去玩而我去赶火车的时候，你转过身来向我挥手，大声地说："再见，爸爸!"而我则蹙起眉头对你说："挺起胸来!"

晚上，一切又重新开始。我在路上就看到你跪在地上玩弹珠。你的长袜子上破了好几个洞，我在你朋友面前押着你回家，使你受到羞辱。袜子要花钱买的——如果你自己花钱买，你就会多注意一点了！你想，我儿，做父亲的居然说这种话！

你还记得吗？过了一会儿，我在书房里看报，你怯怯地走了进来，眼睛里带着委屈的样子。我从报纸上面看到了你，对你的打扰颇感不耐。你在房门口犹豫着。"你要干什么?"我凶凶地说。

你没有说话，但是突然跑过来，抱住我的脖子亲吻我，带着上帝使之充沛于你的心，而我的忽视也不能使之萎缩的爱，用你的小手臂又紧抱了我一下。然后你走开了，脚步快速地轻踏楼梯上楼去了。

我儿，你离开以后不久，报纸从我手中滑到了地板上，一阵使我难过的强烈的恐惧涌上了我的心头。习惯真是害我不浅。吹毛求疵和申斥的习惯——这是我对你作为一名小男孩的报偿。这不是我不爱你，而是对年轻人期望太高了。我以我自己年龄的尺度来衡量你。

而你的本性中却有着那么多真、善、美。你的小小的心犹如照亮群山的晨曦——你跑进来并亲吻我祝我晚安这种自发的冲动显示这一切。今天晚上其他一切都显得不重要了。我儿，我在黑暗中来到你的床边，跪在这儿，心里充满着愧疚。

这只是个没有太大效用的赎罪，我知道如果在你醒着的时候告诉你这一切，你也不会明白。但是从明天起，我要做一名真正的爸爸。我要做你的好朋友，你受苦难的时候我也受苦难，你欢笑的时候我也欢笑。我会把不耐烦的话忍住。我会像在一个典礼中一样不停地庄严地说："他只是一个男孩——一个，小男孩！"

我想我以前是把你当做一名大人来看。但是我儿，我现在看你，蜷缩着疲倦地睡在小床上，我看到你仍然是一名婴孩。你在你母亲怀里，头靠在双肩上，还只是昨天的事。

我以前要求得太多了，太多了。

读了文章，你有什么感受？身为主管，员工有时就像孩子，不要动不动就责怪他们，而要试着了解他们。要试着明白他们为什么会那样做。这比批评更有益处，也更有意义。"全然了解，就是全然宽恕。"

企业主或者企业主管，可能在无意中养成了批评、指责的坏习惯，一定要想办法改过来。企业以追求利润为目标，却是做人做事的典型组织，做事要严格，做人却要宽容，两者并不矛盾。

经验之谈>>>>

即使员工犯下大错，也不要批评、指责或抱怨。要试着了解他们，要试着明白他们为什么会那样做。这比批评更有益处，也更有意义。

第14法 给人改过的机会

把一种面临争辩的事情暂且搁下，你不要小看这拖延的措施，原来它可以产生一种意想不到的功效，那就是让别人有机会去反省自己的错误。

承认错误虽然是一件好事，但愿意承认错误的人毕竟很少。你可以动用你的权威来逼迫员工认错，却难以达到让其心悦诚服、治病救人的效果。

心理学家高伯特说，人们只在不关痛痒的旧事情上才“无伤大雅”地认错。这话虽然说来不胜幽默，但毕竟是事实。由此，也等于证明，你要别人认错，是一件蠢事。当然，那些在某种势力下被迫坦白认错，是例外的，因为那是违反人类本性的事。

既然认错的人如此之少，而争辩的目的也不外是想显出别人是错的，所以争辩就很不必要。把一种面临争辩的事情暂且搁下，你不要小看这拖延的措施，原来它可以产生一种意想不到的功效，那就是让别人有机会去反省自己的错误。大多数人在感觉事情未能解决时，总要自己花点时间来想一想的，如果错误确属自己，那么下一次你就要有所纠正，即使你口里没有承认错误。但这是不需要的，因为我们不一定听见别人念念有词地说：“我错了，我错了。”

有一位英国商人，他现在是某大公司经理，这家公司下面有很多代理商，常常写信向他投诉种种有关代理商与代理商之间的待遇不公平的事，要求公司方面解释，但是他的应付方法却是把信塞进一个写着“待办”字样的文件柜去。他说：“应该立刻予以答复，如果答复就等于和他争辩，争辩的结果不外是对人说‘你错了’，这样不如索性暂时不理。”

事情的最后结果如何？他笑答：“我每隔一段时间把这些‘待办’的信拿出来看看，又放回文件柜去，其中大部分的信在我第二次拿来看时，信里所谈的问题都已成为过去或已无需答辩。”

有一位专家说，应酬的最高效果，是你绝未使用任何强制手段而使对方照着你的意思去做。对于完全出于自愿，比起你要别人“怎么怎么”是好得多了。

自然，那些专门要别人“怎样怎样”的人会提出抗议说：“我不是有意向别人唠叨，而是对方实在是个蠢材，如我不清楚讲明要怎么怎么，对方就不能领悟。”

提出这种抗议的人，应该自己有所了解，你之所以觉得对方是个蠢货，是由于：一、你经常低估对方的理解力；二、你的自我观念太强，一切都喜欢自己拿主意。请注意，这两项是你做人的弱点，而不是长处，所以必须马上改正过来。

有四五位朋友组合而成的“小圈子”，一有空暇，他们就在一起玩。但不久以后，其中一位很少参加了，原来大家都没有再约他，究其原因，就是大家都嫌他太喜欢拿主意，太喜欢要别人“怎么怎么”。表面看来，在一个游乐的场合，谁要拿主意都无所谓，但日子久了，彼此内心会产生一种莫名的阴影，觉得和这样一个人在一起玩，毫无乐趣可言，所以索性不再约他。

世界上大多数领袖群体的人物，都不是要人“怎么怎么”的。他们的本事，多半出于“使别人自愿听从他”。

在管理过程中，直接纠正员工的错误是很不明智的事，如果还要强迫员工认错，更是愚蠢至极。因为没人会真正意识到自己的错误，无论一个怎么明显的错误，他都会找到一百个开脱的借口。最实际的做法就是运用策略，让下属自己看到错误，从而主动改正。

经验之谈>>>>

事发之后，要留一个缓冲的空间。管理工作要求理智，不能感情用事。

第15法 用自己的信用赢得下属的信任

有些人以为一个人的信用是建立在金钱基础上的。一个有钱、有雄厚资本的人就有信用，其实这种想法是不对的。与百万财富比起来，高尚的品格、精明的才干、吃苦耐劳的精神要高贵得多。

要做好管理工作，必须使部下信任你，这比使用职权有效一千倍。

但是，世界上真正懂得获得他人信任方法的人真是少之又少。大多数的人都无意中在自己前进的大道上设置了一些障碍，比如有的态度不好，有的缺乏机智，有的不善待人接物，有的不善与员工交流，常常使一些简单的问题恶化。

成功希望最大的人倒不是那些才华横溢的人，而是那些最能以亲切和蔼的态度对待他人的人。

通常，教师认为最有前途的学生往往都是那些最能博得他欢心的孩子；老板认为最称心的店员，也就是那些最能投合自己心意的人。

人类似乎有一种共同的心理，如果有人能使我们感到高兴、喜悦，即使事情与我们的心愿稍有违背，也不太要紧。

如果一个书报推销人员很懂得与人交往的方法，一言一语都能迎合你的心理，讨你的欢心，那么你自然愿意让他常常跑来纠缠你，向你推销书报，即使你觉得自己并不需要，有时竟然也不好意思不买。

我们生活中的许多例子都可以说明这一点，能博得他人的欢心、获得他人的信任，是为人处世必不可少的。要想博得人们的欢心、获得人们的信任，第一条就是要养成一种令人愉悦的态度，要时时带着笑容，行动要轻松活泼。无论你内心中是否对别人有好感，但如果人们从你那里看到的是一张哭丧脸，那么谁也不会对你产生好感。

企业虽说跟生活不同，有更严格的规定和生产要求，但在管人这个问题上，适当遵循人的心理规律，还是大有好处的。

与人交流，最好少说自己的身世、遭遇和好恶，你应该学会做一个倾听者，常常流露出对别人的谈话感兴趣，能专心听对方说话。这样做对你自己丝毫无损，而你所表现出的对别人的兴趣却是他们心中最心爱、最重要的礼物。

成就任何事业都需要持之以恒，同样，要获得别人的信任也是如此。良好的态度要一以贯之，千万不要今天扮了一天笑脸，明天就难以自制而故态复萌，显出粗俗急躁的本性。一个志向高远、决心坚定的人，做任何事情都会有始有终，不会半途而废，否则，绝难获得人们的信任。

有些人以为一个人的信用是建立在金钱基础上的。一个有钱、有雄厚资本的人就有信用，其实这种想法是不对的。与百万财富比起来，高尚的品格、精明的才干、吃苦耐劳的精神要高贵得多。

任何人都应该努力培植自己良好的名誉，使人们愿意与你深交，都愿意竭力来帮助你。一个明智的商人一定要把自己训练得十分出色，不仅要有经商的本领，为人也要诚实、讲信用和坦率，在决策方面要培养起坚定而迅速的决断力。

有很多银行家非常有眼光，他们对那些资本雄厚，但品行不好、不值得人信任的人，决不会放贷一分钱。他们反而愿意把钱借给那些资本不多，但肯吃苦、能耐劳、小心谨慎、时时注意商机的人。

银行信贷部的职员们在每次贷款之前，一定会对申请人的信用状况研究一番：对方生意是否稳当？能否成功？只有等到觉得对方实在很可靠，并且没有问题时，他们才肯贷款。

罗赛尔·赛奇说："坚守信用是成功的最大关键。"企业主管与部下之间，也有一个信任与信用的问题。要想让部下服从你，信任是必不可少的条件，心服口服是协调完成工作的最佳基础。

关于主管如何获得部下信任，不妨参考以下几点：

第一，必须注意自我修养，善于自我克制，做事恳切认真，建立良好的声誉；应该随时设法纠正自己的缺点；行动要踏实可靠，做到言而有信，与部下交往时做到诚实无欺——这是获得他们信任的最重要条件。

第二，业务能力一定要扎实。现在是一个高度专业化的时代，一个样样都懂却样样不精的人，与那些在某一领域有所专长的人相比，总是竞争力不够。所以，主管应该是在某一领域有所专长的人，那么无论你走到哪里，都将受到重视。也许你不精通业务，却精通如何用人，那就是做最高主管的料。

第三，主管最好还要养成良好的工作习惯和思考习惯。良好的习惯能使人觉得你有修养，懂得自制，这对建立信任有帮助。不论部下，还是上司，大概都愿意与有良好工作习惯的人共事。一个人的品格大都是经过他的习惯来培植的。

一个精明强干的企业主管做起事来总是很迅速、敏捷，从不会显露出拖拖拉拉、行动迟缓的样子，这就是他们走向成功的有效手段。他们订立合同后从不违约，也决不会开出空头支票。他们知道，无论是树立信用，还是生意成功都需要小心谨慎，否则，一旦信用丧失，他的工作就难做了。

经验之谈>>>>

人无信不立，任何人都应该努力培植自己良好的名誉。这样人们愿意与你深交，都愿意竭力来帮助你。

第 16 法

善于利用下属的能力

钢铁大王安德鲁·卡内基的墓碑上写着："长眠于此地的人懂得在他的事业中起用比他自己更优秀的人。"

大部分企业主都有一种特长，就是善于观察别人，并能够吸引一批才识过人的朋友来合作，一起奋斗。这是成功者最重要、最宝贵的经验。

任何人如果想成为一个企业的领袖，或者在某项事业上获得巨大的成功，首要的条件是要有一种鉴别人才的眼光。能够识别出他人的优点，并在自己的事业道路上利用他们的这些优点。

一位商界著名人物、也是银行界的领袖说过：他的成功得益于鉴别人才的眼力。这种眼力使得他能把每一个职员都安排到恰当的位置上，而且他还努力使员工们知道他们所担任的职责对于整个事业的重大意义，这样一来，这些员工无需他人的监督，就能把事情办得有条有理、十分妥当。

但是，鉴别人才的眼力并非人人都有。许多经营者的失败都是因为他们缺乏鉴别能力，他们常常把工作分派给不恰当的人去做。尽管他们工作非常努力，但常常对能力平庸的人委以重任，反而冷落了那些有真才实学的人，使他们埋没在角落里。

其实，他们一点都不明白，一个所谓的人才，并非是样样精通，很可能只是在某一方面比较出色。比如说，人们有时会把一个擅长写文章的人，看做一个人才，以为他从事管理工作也一定不差。其实，一个人能否做一个合格的管理人员，与他是否会写文章是毫无关系的。他必须在分配资源、制订计划、安排工作、组织控制等方面有专门的技能，但这些技能并不是一个善写文章的人就一定具备的。

世上成千上万的经商失败者，都坏在他们把许多不适宜的工作加在雇员的肩上，而不顾他们是否胜任，是否愉快。

一个善于用人、善于安排工作的人就会在管理上少出许多麻烦。他对于每个雇员的特长都了解得很清楚，也尽力把他们安排在最恰当的位置上。但那些不善于管理的人竟然往往忽视这些重要的方面，而总是考虑管理上的一些鸡毛蒜皮的小事，这样的人当然要失败。

很多精明能干的总经理、大主管在办公室的时间很少，常常在外旅行或出去打球。但他们公司的营业丝毫未受不利的影响，公司的业务仍然像时钟的发条机制一样有条不紊地进行着。那么，他们如何能做到这样省心呢？他们有什么管理秘诀呢？

只有一条：他们善于把恰当的工作分配给最恰当的人。

如果你所挑选的人与你的才能相当，那么你就会像用了两个人一样。如果你所挑选的人才，尽管职位在你之下，才能却超过你，那么你用人的水平就可算得上胜人一筹。

这种事并不鲜见，有许多雇员的办事能力在雇主之上，这些人只要机会一到，就立即可以自创事业。有很多本可以大建功业的人都是因为没有把握好机会，以致一生默默无闻。不少青年人刚开始工作就显示出惊人的才干和做事的能力，但后来因为有了家庭、拖儿带女，便不敢拿出全部的勇气，去像他们的老板那样搏击一番，打出一片新的天空——虽然他们也常常想：如果自己独立奋斗，成就决不会在自己的老板之下。

这种推测是合乎情理的，有许多人之所以有惊人的发展，造就伟大的事业，往往是因为他们受了重大的压迫。比如，当美国的政治发生重大变故、国内大乱、人民居无定所的时候，像林肯、格兰特、法拉格特、谢尔曼、李将军等人便挺身而出，受命于危难之间，担起了国家的重任。如果那时美国国泰民安、气象平和，那么这么多伟大人物即便有满腔的抱负，也许仍然会在默默无闻中度过一生！

所以，也许现在美国有许许多多伟人正在沉睡着，也没有人去特别地注意他们。但如果发生了重大的变故，那么这些早已有所准备的人，便立即会挺身而出、一鸣惊人，创下不朽之功勋。等到一切变乱平定，恢复平静后，他们又会重新回到人们毫不注意的一隅，安度晚年。

如果一个人能被委派去做一份责任重大的工作，同时又为上司所坚决信赖时，他往往容易在艰难环境的压迫下和求胜心切的激励下，立志要使自己的工作做得很出色，他一定会将他所有的才识、能力施展出来，他会竭尽全力让上司满意。反之，如果上司给他安排的工作与他本身的才能志趣不合，同时上司还时时无理地干涉他，不肯完全信任他，那么他对自己的工作一定感到很灰心，还会觉得在目前的职务上一定不能有大的发展。

这样，他就只会每天听着上司的命令，按部就班地工作着，而无法把自己的才能完全用到工作上去。他深知，自己虽然有成就大业的才干和力量，但因为雇主不信赖，根本就无法发挥出来。

经验之谈>>>>

主管的一大责任就是任用比自己能干的人做下属。

第17法 让下属觉得被重视

“我认为，我能够使员工鼓舞起来的能力，”史考伯说，“是我所拥有的最大财富。而使一个人发挥最大能力的方法，是赞赏和鼓励。”

使员工发挥最大力量的方法是赞赏和鼓励。真诚的赞扬可以收到良好的效果，批评和耻笑却会把事情弄糟。

天底下只有一种方式可以使员工心甘情愿地做事，你是否停下来想想这一点？是的，只有一种方式，再也没有别的方式。

当然，你可以用解雇来威胁他，使一名员工听从你的安排，你可以用扣奖金或恫吓的手段。但这些粗鲁的方式都会产生极为不良的反应。

林肯有一次在一封信的开头说：“每个人都喜欢得到别人的赞美。”威廉·詹姆斯说：“人性中最深切的需要，是被人赏识的渴望。”请注意，他并不是说被赏识的“愿望”或“欲望”或“希望”，他说的是被人赏识的“渴望”。

这是一种苦恼而持久的人性饥饿，而一个能够真诚地满足他人这种饥饿的人，将会把别人握在他的掌心里，“甚至当他死亡的时候，殡仪馆的人都会为他惋惜”。

寻求重要人物的感觉，是人类和动物之间最明显的区别之一。

就是这种追求重要人物感觉的渴望，使得一个没受过教育、一贫如洗的杂货店店员，研读一些他曾以50美分买来，后来在一个堆满杂货底下的木桶中所找到的法学书本。你可能已听说过这位杂货店的店员，他的名字是林肯。

就是这种追求重要人物感觉的渴望，使得狄更斯写下他那些不朽的小说。这种渴望激励了克利斯多弗尔·雷恩爵士，设计出他的产品。这种渴望使得洛克菲勒积存了无数金钱。而这种同样的渴望，使得你们城里那位最富有的人，建造了一座对他来说太大的房子。这种渴望使你想穿最时髦的衣服，驾驶最豪华的汽车，谈论你那些伶俐乖巧的子女。

就是这种渴望，诱使许多小孩变成匪徒和枪手。“今天的一般年轻罪犯，”前任纽约总督摩尔罗尼说，“充满着自负。被捕之后的第一个请求，就是要人给他一份把他写成一条好汉的危言耸听的报纸。只要沉醉于他所喜欢的——他的照片能够和著名的运动员、电影明星和电视明星以及政客的照片共同登在报纸上，服刑不舒服的情形对他来说似乎不是什么大不了的事。”

如果告诉我你如何得到你是重要人物的感觉，我就能说出你是怎样的人。这点可以决定你的个性。这是你身上最具意义的一点。譬如说，约翰·洛克菲勒以在中国的北京建立一座现代化医院，照顾他从没见过也不会见到的无数人而得到他的重要人物感觉。在另一方面，狄林吉以身为一名匪徒、抢银行者和杀人者而得到他的重要人物感觉。当美国治安人员缉捕狄林吉的时候，他冲入明尼苏达州的一个农家。他说：“我就是狄林吉!”他很为自己是第一号人民公敌而感到自豪。“我不会伤害你的，但我就是狄林吉!”他说。

是的，狄林吉和洛克菲勒之间，一个有意义的区别是，他们得到重要人物感觉的方式不同。

历史上充满着著名人物为追求重要人物感觉而奋斗的有趣例子。甚至乔治·华盛顿都喜欢人家称呼他“美国总统阁下”。哥伦布为了一个“海洋大将印度总督”的头衔而提出要求。凯萨琳女皇拒绝拆阅没有称呼她“女皇陛下”的信件。林肯太太在白宫里，像母老虎似的对格兰特夫人大喊："你胆敢在我请你落座之前，就在我的面前坐下！"等等。

人们有时候假装生病，以便得到同情和注意，来得到重要人物的感觉。比如，麦金莱夫人迫使她那身为美国总统的丈夫放下重要的国家大事，在床边陪她，一陪就是数小时，要他的手臂环着她，抚慰她进入梦乡。当她在治牙的时候，坚持要丈夫陪伴着她，以满足她那追求受重视的深切欲望。有一次，总统跟国务卿约好要去谈公事，不得不留下她一个人跟牙医在一起，她竟大吵大闹起来。

美国商界中年薪最先超过100万美元（那时候没有所得税，一个人周薪能够有50美元已经很不错了）的人之一的查尔斯·史考伯，在1921年被安德鲁·卡内基选拔为新组成的美国钢铁公司的第一任总裁，而当时他只有38岁（史考伯稍后离开了美国钢铁公司，接管当时正陷入困境的贝斯雷汉钢铁公司，并且把这家公司重新整顿成美国最赚钱的公司之一）。

为什么钢铁大王安德鲁·卡内基要付给史考伯一年100万美元，或一天3000多美元呢？

因为史考伯是一名天才吗？不是。因为他对钢铁知道得比其他人多吗？也不是。史考伯亲口说过，他手下有许多人，他们对钢铁的制造，知道得比他要多得多。

史考伯说，他得这么多的薪金，主要是因为他与人相处的本领。我问他如何与人相处。这是他以自己的语句说出的秘诀——这些语句应该镌刻在不朽的铜牌上，挂在全球每个家庭里和学校里，每个商店和办公室里——孩童们应该背诵下来这些语句，而不要浪费时间去背诵拉丁动词的变化，或背诵巴西每年的雨量——这些语句将会改变你我的生活，如果我们能够确实去实行的话：

"我认为，我那能够使员工鼓舞起来的能力，"史考伯说，"是我所拥有的最大财富。而使一个人发挥最大能力的方法，是赞赏和鼓励。"

"再也没有比上司的批评更能扼杀一个人的雄心了。我从来不批评任何人。我赞成鼓励别人的工作。因此我乐于称赞，而讨厌指责。如果说我喜欢什么的话，就是我诚于嘉许，宽于称道。”

这就是史考伯的做法。但一般人怎么做呢？正好相反。如果他不喜欢做什么事，就一心挑错；如果他喜欢的话，就什么也不说。正如一句老话所说的：“第一次我做错了，我马上就听到指责的声音；第二次我做对了，但是我从来没有听到有人夸奖。”

“我在世界各地见到过许多大人物，”史考伯说，“还没有发现一个人——不论他多么伟大，地位多么崇高——不是在被赞许的情况下，比在被批评的情况下工作成绩更佳、更卖力。”

他坦白地说，这就是安德鲁·卡内基之所以有这种惊人成就的特殊原因之一。卡内基不论是在公开或私下里，都称赞他的属员。

真诚的称赞，是洛克菲勒待人的成功秘诀。譬如说，当他的合伙人艾德华·贝佛处理失当，在南美做错一宗买卖，使公司损失100万美元的时候，洛克菲勒本可指责一番，但他知道贝佛已尽了他的最大能力——何况事情已经发生了。因此洛克菲勒就找些称赞的事，他恭贺贝佛保全了他投资金额的60%。“棒极啦，”洛克菲勒说，“我们没法每次都这么幸运。”

还有这样一个故事，故事是这样的，一位农妇，在大家辛苦了一天之后，竟然放了一堆草在大家的面前。他们勃然大怒，问她是不是发疯了。但是她回答说：“哦，想不到你们还注意到了。20年来我一直为你们做饭，而在这20年里，我没有听到任何一个人告诉我你们吃的不是草。”

几年以前，有人对妻子为什么会离家出走这个问题展开研究。你知道她们出走的主要原因是什么吗？竟然是“缺少赞赏和重视”。我敢打赌，如果对做丈夫的为什么会离家出走也做研究，也必然会获得同样的结果。我们常常把我们的配偶所做的事情视为当然，永远不会表示对他（她）们的赞赏和重视。

有一个企业主谈到他太太的一项要求。她和一群教堂里的妇女参加了一项自我改进的活动。她请丈夫帮她列出他认为她可以做到而使她成为更好的妻子的6项事情。他在班上说：“这项要求大为出乎我的意料。坦白地说，如果要列出我要她改变的6件事，对我来说那是轻而易举的——如果真得这样做，她可以列出1000件她要我改变的事——我没有这样做。我对她说，‘让我好好想一想，我明天早上再告诉你。’第二天早晨我很早就起床，打电话给花店，要他们送6朵红玫瑰来，并且附上一张卡片，上面写：‘我想不出我要你改变的6件事情。我就爱现在的你。’”

当我晚上回到家的时候，谁在门口等我？你猜对了，我的太太！她眼中充满了泪水。不用我说了，我极为高兴我没有照她的要求对她提出批评。

“在她向她们那些人报告之后，我们在星期天到教堂去，她们之中好几位跑过来对我说：‘那是我听到的最体谅人的话。’这时候我才认识到赞扬的力量。”

经验之谈>>>>

用欣赏和鼓励，不要用批评和指责。再也没有比上司的批评更能扼杀一个人的雄心的了。

第 18 法

了解下属的个人兴趣

一位著名的罗马诗人西拉斯说过："我们对别人感兴趣，是在别人对我们感兴趣的时候。"要表示你对他们的关切，应该是诚挚的关切。当你真心的关怀他人，他们也会真心地对待你。

查尔斯·华特尔是纽约一家大银行的职员，他奉命写一篇有关某一公司的机密报告。他知道某人拥有他非常需要的资料。于是，华特尔先生去见那个人，他是一家大工业公司的董事长。当华特尔先生被迎进董事长的办公室时，一个年轻的妇人从门边探头出来，告诉董事长，她这天没有邮票可以给他。

"我在为我那 12 岁的儿子搜集邮票。"董事长对华特尔解释。

华特尔先生说明他的来意，开始提出问题。董事长的说法含糊、概括、模棱两可。他不想把心里的话说出来，无论怎样好言相劝都没有效果。这次见面的时间很短，不切实际。

查尔斯不知道该怎么办。后来，他想起秘书的话——邮票，12 岁的儿子……同时他也想到银行的国外部门搜集邮票的事——从来自世界各地的信件上取下来的邮票。

第二天早上，他再去找他，传话进去，说有一些邮票要送给他的孩子。他是否被很热诚地带进去呢？是的。他被热情接待。那个原本对他很冷淡的家伙，一面抚弄着那些邮票，一面喋喋不休地说了好多话。

他们花了 1 个小时谈论邮票，然后又花了 1 个多小时，他把华特尔所想要知道的资料全部都说了出来。还打电话给他的一些同行，把一些事实、数字、报告和信件，一股脑儿地全说了。他比一个新闻记者知道的都还要多3倍。

下面是另一个例子。

好多年来，有个人一直试着要把煤推销给一家大的连锁公司。但是这家连锁公司继续从另一个镇上把煤买来，继续经过他的办公室而不进去。他始终不明白为什么不能做成那笔生意。

有一天，他的朋友给了他一个建议，建议他采取不同的技巧。长话短说，下面是事情的经过。

他们搞了一个分组辩论，题目是“连锁公司分布各处，对国家害多于益”，他站在否定的一边，为连锁商店辩护。

这样，他就跑到那家他痛恨的连锁公司，去会见那里的主管。

他说：“我不是来这儿推销煤的。我是来请您帮我一个大忙。”他接着把辩论的事告诉他，说：“我是来找您帮忙的，因为我想不出还有谁比您更能提供我所需要的资料。我非常想赢得这场辩论，对您的任何帮助，我都会非常感激。”

“我请他给我1分钟的时间。就是因为这个条件，他才答应接见我的。当我说明来意之后，他请我坐下来，跟我谈了1个小时又47分钟。他请一位曾写过一本有关连锁商店书的高级职员进来。他写信给全国连锁组织公会，为我要了一份有关这方面的辩论文件。他觉得连锁商店对人类是一种真正的服务。他很以他为数百个地区的人民所做的而感到骄傲。当他说话的时候，眼睛都闪出光芒。我必须承认，他使我看到了一些我以前连做梦都不会梦到的事，他改变了我整个的想法。

“当我要走的时候，他送我到门口，用他的手臂环绕着我的肩膀，祝我辩论得胜，请我再去看看他，把辩论的结果告诉他。他对我所说的最后几句话：‘请在春末的时候再来找我。我想下一份订单，买你的煤。’”对我来说，这简直是奇迹。我一句话也没提出来，他居然主动要买我的煤。

我在两小时中，因为对他和他的问题深深地感兴趣，比 10 年中我要使他对我和我的煤感兴趣，所得到的进展还要多。

一位著名的罗马诗人西拉斯说过："我们对别人感兴趣，是在别人对我们感兴趣的时候。"

要表示出你对他们的关切，而且是一种诚挚的关切。当你真心的关怀他人，他们也会真心地对待你。

如果你要部下喜欢你，或是与部下培养真正的友情，就把这条原则记在心里：

真诚地关怀你的部下，你自己也会觉得快乐。部下都是人，都有感情，会感知到你的情谊。尽管会遇到恩将仇报、忘恩负义的人，但那始终是少数。

经验之谈>>>>

我们对别人感兴趣，乐于助人，自己也会快乐。

第19法 时刻保持自己的笑容

纽约一家大型超级市场的人事经理说，他宁愿雇用一名有可爱笑容而没有念完中学的女孩，也不愿雇用一个摆着扑克面孔的哲学博士。

一个人的面部表情，比穿着更重要。笑容能照亮所有看到她的人，像穿过乌云的太阳，带给别人温暖。

你是否在医院的候诊室待过，看着四周的病人和他们沉郁的脸？一位密苏里州雷顿市的兽医史蒂芬·史包尔博士提到，有一个春天，他的候诊室里挤满了顾客，带着他们的宠物准备注射疫苗。没有人在聊天，也许每一个都想了一条以上该做的事情，而不是坐在那儿浪费时间。大约有六七个顾客在等着，之后又有一位女顾客进来了，带着她9个月大的孩子和一只小猫。幸运的是，她就坐在一位先生的旁边，而这位先生已是等得真的不耐烦了。可是他发觉，那个孩子正抬着头注视着他，并咧着嘴对他无邪地笑着。

他反应如何呢？跟你我一样，当然他也对那个孩子笑了笑。然后他就跟这位女顾客聊起她的孩子和他的孙子来了。一会儿，整个候诊室的人都聊了起来。整个气氛就从乏味、僵硬而变成了一种愉快的经验。

如果是一种不真诚的狞笑呢？不，那种笑骗不了任何人。我们知道那种笑是机械式的，最受人讨厌的。这里说的是一种真正的微笑，一种令人心情温暖的微笑，一种发自内心的微笑，这种微笑才能在市场上卖个好价钱。

密歇根大学的心理学家詹姆士·麦克奈尔教授谈及他对笑的看法说：有笑容的人在管理上常会有功效，更可以培养快乐团结的队伍。

驻纽约一家大型超级市场的人事经理说，他宁愿雇用一名有可爱笑容而没有念完中学的女孩，也不愿雇用一个摆着扑克面孔的哲学博士。

笑的影响是很大的。即使它本身无法看到。美国的电话公司有个项目叫“声音的威力”，帮助使用者用电话来推销产品和服务。在这个项目里，电话公司建议你，在打电话时要保持笑容，你的“笑容”由声音来传达出去。

俄亥俄州辛辛那提一家电脑公司的经理谈起他招聘经验说：

“我为了替公司找一位电脑博士几乎要了我的命。最后我找到一个非常好的人选，刚要从普渡大学毕业。几次电话交谈后，我知道还有其他几家公司也希望他去，都比我的公司大而且有名。当他接受这份工作时，我真的是非常高兴。他开始上班时，我问他，为什么放弃其他的机会而选择我们公司。他停了一下，然后说：我想是因为其他公司的经理在电话里都是冷冰冰的，商业味很浓，那使我觉得好像只是在做一次生意上的往来而已。但你的声音，听起来似乎真的希望我能够成为你们公司的一员。你可以相信，我在听电话时是笑着的。”

如果你期望部下很愉快地见到你的话，你就对部下微笑吧。

下面是一位证券交易所的主管人士的心得。

“我已经结婚18年了，”他说，“在这期间，从我早上起来，到我要上班的时候，我很少对我太太微笑，或对她说上几句话。我是百老汇最闷闷不乐的人。”知道微笑的效果之后，我就决定试一个礼拜看看。第二天早上梳头的时候，我就看看镜中我的满面愁容，对自己说，‘毕尔，你今天要把脸上的愁容一扫而空。你要微笑起来。你现在就开始微笑。’当我坐下来吃早餐的时候，我以‘早安，亲爱的’跟我太太打招呼，同时对她微笑。

"你会说，她可能大吃一惊。嗯，你低估了她的反应。她被搞糊涂了。她惊愕不已。我对她说，从此以后可以把我这种态度看成是平常的事情。而我每天早晨这样做，已经有两个月了。这种做法改变了我的态度，在这两个月中，我们家所得到的幸福比去年一年还多。

"现在，我要去上班的时候，就会对大楼的电梯管理员微笑着，说一声'早安'；我以微笑跟大楼门口的警卫打招呼；我对地下火车的出纳小姐微笑，当我跟她换零钱的时候。当我站在交易所时，我对那些以前从没见过我微笑的人微笑，我很快就发现，每一个人也对我报以微笑。我以一种愉悦的态度，来对待那些满腹牢骚的人。我一边听着他们的牢骚，一边微笑，于是问题就容易解决了。我发现微笑带给我更多的收人，每天都带来更多的钞票。

"我跟另一位经纪人合用一间办公室。他的一个职员是个很讨人喜欢的年轻人，我告诉他最近我所学到的做人处世哲学，我很为所得到的结果而高兴。他接着承认说，当我最初跟他共用办公室的时候，他认为我是个非常闷闷不乐的人——直到最近，他才改变看法。他说当我微笑的时候，我很慈祥。

"我也改掉批评别人的习惯。我现在只赏识和赞美他人，而不蔑视他人。我已经停止谈论我所要的。我现在试着从别人的观点来看事物。而这种种，真的是改变了我的人生。我变成一个完全不同的人，一个更快乐的人，一个更富有的人，在友谊和幸福方面都很富有——这些才是真正重要的事物。"

别忘了，写这封信的是一位老练、足迹遍达世界各地的股票经纪人，他以在纽约场外证券交易市场买卖证券为生——这一行太难干了，每100个就有99个失败。

你不喜欢微笑？那怎么办呢？有一个方法：强迫你自己微笑。

如果你是单独一个人，强迫你自己吹口哨，或哼一曲。表现出你似乎已经很快乐，这就容易使你快乐了。下面是已故的哈佛大学威廉·詹姆斯教授的说法：

“行动似乎是跟随在感觉后面，但实际上行动和感觉是并肩而行的。行动是在意志的直接控制之下，而我们能够间接地控制不在意志直接控制下的感觉。因此，如果我们不愉快的话，要变得愉快的主动方式是，愉快地坐起来，而且言行都好像是已经愉快起来……”

世界上的每一个人，都在追求幸福。有一个可以得到幸福的可靠方法，就是以控制你的思想来得到。幸福并不依靠外在的世界，而是依靠内在的思想。

决定你幸福或不幸福，不在于你有什么，或你是谁，或你在什么地方，或你正在做什么，而是你怎么想。例如，两个人也许在同一个地方做同样的事，双方也许拥有等量的金钱和声望——但其中之一也许很难过，另一个很快乐。透过监狱的窗，有人看到了星星，有人看到了泥土，为什么？因为个人的心态和想法不同。

经验之谈>>>>

微笑是可以传染的，它会让你的整个团队充满生机和活力。

第 20 法 不过多地计较下属的过去

每个人都有自己的痛处，那是他人的禁区。

人都是有自尊心的，无论他以前是一个什么样的人，还是犯过什么样的错，都不要随意提起。特别是对那些出身低微或是犯过错误的下属，提起过去，就等于揭他的短，这一点要时刻注意。

封建君主有不少出自平民，出身低贱，当他们夺取权力后，他们的出身往往成了一块心病。但为统治需要，或制造帝王是“神物”的神话，出生之时就是神仙投胎、自神转化而来，证明君权神授，天生就是当皇帝的料子；或从古代的圣君、帝王血统中寻根，以证明君主血统的高贵。

刘邦在做皇帝以前本是沛县的农家子弟，没有一点可以吹嘘的贵族血统。而且，刘邦在起义前只不过是一个横行乡里的地痞无赖，劣迹斑斑。而在夺取帝位后，张良、萧何等下属为了讨得主子的欢心，苦心孤诣地编造出了许多荒诞的神话，以抬高刘邦的身价，维护他的权威，愚弄百姓。

唐朝天子姓李，于是有人追根溯源说李氏是春秋时期著名思想家老子（李聃）的后裔，以至于唐朝初年道教（创始人为老子）大盛。刘备本是一个一文不名的贩夫，为了发迹，也和汉朝宗室攀亲，成了“刘皇叔”。曹操的父亲本是一名宦官的养子，按理说本无可以炫耀的家族史，但等到曹丕称帝后，好事者便旁征博引得出曹氏原是古代某宗室贵胄后裔的荒唐结论。

权贵显宦喜欢涂脂抹粉，自然有人大拍其马。但若有人不知趣，揭其老底，轻则丢官，重则丢命。

明太祖朱元璋出身寒微，做了皇帝后自然少不了有昔日的穷哥们儿到京城找他。这些人满以为朱元璋会念在老朋友的情分上给他们封个一官半职，谁知朱元璋最忌讳别人揭他的老底，以为那样会有损自己的威信，因此，对来访者大都拒而不见。

有位朱元璋的少时好友，千里迢迢从老家凤阳赶到南京，几经周折才进了皇宫。一见面，这位仁兄便当着文武百官大叫大嚷起来："朱老四，你当了皇帝可真威风呀！还认得我吗？当年咱们俩一块偷豆子吃，背着大人用破瓦罐煮。豆还没煮熟你就先抢起来，结果把瓦罐打烂了，豆子撒了一地。你吃得太急，豆子卡在喉咙里还是我帮你弄出来的，你忘了吗？"

朱元璋听到这里，再也坐不住了，心想此人太不知趣，居然当着文武百官的面揭我的短处，让我这个当皇帝的脸往哪儿搁。盛怒之下，朱元璋下令把这个穷哥们儿杀了。

"为尊者讳"，这是官场的一条规矩。一个人，无论他原来的出身多么低贱，有过多么不光彩的经历，一旦当上了大官，爬上了高位，他身上便罩上了灵光，变得神圣起来。往昔那见不得人的一切，要么一笔勾销，永不许再提；要么重新改造，重新解释，赋予新的含义。这位仁兄哪懂得这一点，自以为与朱元璋有旧交，居然当众揭了皇帝的老底，岂不是自找倒霉吗？

不仅是皇帝的隐私和不光彩的历史谈不得，下属的过去，（除非是"当年勇"的故事）也要尽量不要提及，以免触及其忌讳，给对方带来嫉恨，给自己带来隐患。

经验之谈>>>>

绝不可揭人伤疤，多谈别人的当年之勇。

第21法

经常奖励下属

有句格言："一滴蜂蜜比一加仑胆汁能捕到更多的苍蝇。"如果你想说服一个人，首先要让他认为你是他的朋友，然后再逐渐达到说服的目的。

要让部下乐意照着你希望的去做，你就必须让他明白，他对你有多么重要，而他便会觉得这件事对他也有多么重要。

拿破仑说："人类要靠虚荣和美名来点缀。"他用这种方法来治理军队，他创造了荣誉勋位，颁给军士"十字勋章"，封了18个将军为"陆军元帅"。

这个"赋予名号头衔"的政策，能为拿破仑所用，当然也能为你所用。住在纽约史卡斯达尔的恩尼斯特·杰安特，因一群男孩在她的草地里跑，损毁了她的草地而烦恼。她尝试过斥责、恫吓，但都没有效果。于是她试着给那群孩子中最坏的人一个名号，给他一个权威感。她命他做她的"探长"，由他负责驱逐所有人侵草地者，这一下就解决了问题。她的"探长"在后院燃起一堆火，烧了一块烙铁，并威胁其他的孩子，别踏进草地，否则他就要给他们烙上一记。

当你需要去改变人的态度或举止时，请注意以下几点：

1. 要诚恳。别答应你无法兑现的事，要多为别人的利益着想。

2. 要确切地知道你希望别人做些什么。

3. 替别人设想。问你自己，别人真正要的是什么。

4. 估量一下别人若照你的建议去做，利益何在。

5. 把这些利益与他的需要配合一下。

6. 当你提出你的要求时，要让别人感觉到，他将会因此获益。

顾全他人的面子，使其乐于接受你的建议；给予其高尚的“头衔”，使之发挥高度的责任感与荣誉心。

大约在100年前，林肯就说过一个道理：当一个人心中充满怨恨时，你不可能说服他依照你的想法行事。

那些爱挑剔的老板应该了解这个道理。你不能强迫部下同意你的意见，但却可以用引导的方式，温和而友善地使他屈服。据说有一本书叫《没有任何借口》，很多公司买来发给员工，人手一册，甚至要求员工写读后感。企业的动机当然是好的，结果员工怎么看？背地里，他们都说老板有病，脑子坏掉了。不找借口，这个道理是好的，老板的方法不当，结果达不到目的。

有句格言：“一滴蜂蜜比一加仑胆汁能捕到更多的苍蝇。”如果你想说服一个人，首先要让他认为你是他的朋友，然后再逐渐达到说服的目的。有一则有关太阳和风的寓言。太阳和风在争论谁更强有力，风说：“我来证明我更行。看到那儿一个穿大衣的老头吗？我打赌我能比你更快地使他脱掉大衣。”

于是太阳躲到云后，风就开始吹起来，愈吹愈大，但是风吹得愈急，老人把大衣裹得愈紧。

终于，风平息下来，放弃了。然后太阳从云后出来，开始以它温煦的微笑照着老人。不久，老人开始擦汗，脱掉大衣。太阳对风说：“温和和友善总是要比愤怒和暴力更强，也更有力。”

古老的寓言依旧有现代的意义，太阳的温和使人们乐意脱去外衣，风的冷峻反而使人更加裹衣取暖。同样地，亲切、友善、赞美的态度，更能使一个人摈弃成见，更加理性，这是人性的自然流露。

以亲切和悦的态度软化部下的敌对心理，才能收到说服的效果。

赵孝成王初立时，因为年幼，赵太后主事。秦国乘赵国新丧，出兵攻打。赵国向齐国求救，齐国要求以长安君为人质，赵太后不肯，因为长安君是她的小儿子，深得宠爱。

大臣强谏。赵太后说："谁要再来说此事，我就吐他口水！"

有一个老臣叫触龙，说想见一见太后。太后盛气凌人。

触龙年纪大了，老态龙钟地跑过来（博得太后的同情心），坐下说："老臣的腿有病，行动不方便，所以很久都没有来拜见您了。又担心着您老的身体，所以来看一看。您还好吧？"

太后说："靠车辆行走。"

触龙又问："饭量如何？"

太后说："喝粥。"

触龙说："有时我也没有食欲，就强迫自己去跑步，每天跑三四里，稍稍可以吃点东西了，对身体确实有好处。"（缓慢打开太后的心墙）

太后说："我做不到。"辞色稍微舒缓了一些。

触龙说："老臣的小儿子，最不成器。我又老了，想给他找个差事，做王宫的卫士，好混口饭吃。所以冒死前来跟您说情。"

太后说："可以啊，多大了？"

触龙回答说："15岁了。年纪是小了点，却想在我死之前把他安顿好。"

太后说："男人也懂得疼爱幺儿么？"

触龙说："甚过妇人。"

太后笑起来，说："比妇人还甚？不可能。"（培养对话的亲切感，为说正事奠基）

触龙说："我自己觉得啊，您爱燕后胜过爱长安君。"

太后说："你错了，比不上长安君。"

触龙说："我们爱子女，就会替他做长远考虑。燕后出嫁的时候，您跟在后面，一路哭泣，伤心她远嫁。每逢祭祀，还为她祈祷：'不要被燕

国送回来。’难道您不是在为她做长远考虑，希望她的子孙能够相继做燕国的王吗?”（用迂回的办法引入太后厌恶的话题）

太后说：“嗯，你说得很对。”

触龙接着问：“往上推三代，赵王的子孙被封为侯的，他们的继承者都还在么?”

太后说：“没有。”

触龙问：“不只是赵国，其他国家有吗?”

太后说：“老妇没有听说过。”

触龙说：“这是近者祸及身，远者及子孙啊。位尊而无功，奉厚而无劳，又掌握着那么多权力。您尊显长安君的地位，又赠给他富饶的封地，却不让他有功于国家。一旦您驾崩，他靠什么在赵国立足？因此我觉得，您替长安君考虑得短浅了些，不如燕后那么长远。所以我说您爱他不如爱燕后。”（切入主题，却不明指，让太后自己思考答案）

太后翻然醒悟，说：“你说得很对，让他去齐国吧。”

于是，长安君就到齐国去做了人质。齐国出师，秦国只好退兵。

触龙也是一个贤臣了，能够说动赵太后。如果能够再说服她，一如既往地相信平原君赵胜、蔺相如、廉颇、赵奢等人，赵国也不至于那么惧怕秦国了吧，那么，触龙就更加了不起，他说服赵太后的谋略，当属于谋略六品的第二层，用智。

还有这样一个小故事，讲的是一只咬人的恶狗，总是在人不注意时悄悄地溜到人家身后，偷偷地下口，主人很烦恼，却又没有办法。后来有人给主人出了个主意：给那只恶狗带上一闪亮的铃铛。于是那只狗便得意地带上铃铛，到处炫耀，从此它再没有咬伤一个人。

那么在管理当中，我们可适当地给那些“刺头”戴上一顶“桂冠”，使其在不经意之间变得有益无害起来。

经验之谈>>>>

温情的方法永远是管理的主流。

第22法 懂得鼓励下属进步

称赞是温暖人类灵魂的阳光，没有它，我们就无法成长开花。但是我们大多数人，敏于躲避别人的冷言冷语，却吝于把赞许的温暖阳光给予别人。

著名的心理学家杰丝·雷耳评论说：“称赞是温暖人类灵魂的阳光，没有它，我们就无法成长开花。但是我们大多数人，敏于躲避别人的冷言冷语，却吝于把赞许的温暖阳光给予别人。”

你也许能够记起你生命中那些改变了你的前途的嘉许之言。历史全是由这些夸赞来做令人心动的注脚。

19世纪初，伦敦有位年轻人想当作家，他好像什么事都不顺利。他几乎有4年的时间没有上学，他的父亲因无法偿还债务而锒铛入狱，使这位年轻人时常受饥寒之苦。最后，他找到一个工作，白天在一个鼠患成灾的货仓里贴鞋油的标签，晚上在一间阴森静寂的房子里，和另外两个男孩一起睡，这两个人是从伦敦的贫民窟来的。

他对他的作品毫无信心，所以他趁深夜溜出去，把他的第一篇稿子寄了出去，免得遭人笑话。一次又一次地被退稿，但最后他终于被人接受了。虽然他一先令都没拿到，但编辑夸奖了他。有一位编辑承认了他的价值。他的心情太激动了，他漫无目的地在街上乱逛，眼泪从他的双颊流下。

因为一个故事的付印，及他所获得的嘉许，改变了他的一生。假如不是这个夸奖，他可能一辈子都在货仓做工。他的名字叫——查尔斯·狄更斯。

另一个男孩在一家干货店谋生，5点钟就得起床，打扫店面。一天工作14个小时，那真是既单调又辛苦。两年后，他再也无法忍耐下去，写了一封长信给他的老校长，说他心已死，不想再活下去了。他的老校长给了他一些安慰，并说他确实很聪明，应该做一点有价值的事，于是请他来当一名老师。

这份称赞改变了这位青年的一生，也为英国文学史留下了不朽的一页。这位男孩写了无数本畅销书，并赚了好几百万元。他的名字叫韦尔斯。

用赞扬来代替批评，是史金纳心理学的基本观点。这位伟大的心理学家以动物和人的实验来证实，当批评减少而鼓励和夸奖增多时，人所做的好事会增加，而且有助于他朝良性方向发展。

洛杉矶的约翰·林杰波夫就拿这种态度对待他的孩子。在许多家庭里，父母与孩子的关系形式是吼叫。从许多家庭的例子显示，在那样做一段时期之后，孩子与父母的关系变坏了。

林杰波夫决定以称赞别人来代替挑剔别人的过错。他说："当我们看到他们做的都是负面的事情时，要找些事情来称赞，真的是很难。我们想办法去找他们值得赞美的事情，而他们以前所做的那些令人不高兴的事，真的就不再发生了。接着，他们一些别的错误也消失了，他们开始照着我们的赞许去做，居然乖得连我们都不敢相信。当然，他们并没有一直持续下去，但总比以前要好得多了。孩子们做对的事要比做错的事多得多，这些全都是赞美的功劳，即使赞美他最细微的进步，也比斥责他的过失要好得多。"

对员工也是一样。凯斯·罗伯也运用了这一原则。他的印刷厂接的东西，有些是做工很精细的。但有个工人是位新手，不太能适应他的工作，工作监督想解雇他。

罗伯先生知道这个情形后，亲自到印刷厂，跟这位年轻人谈话。他告诉他，对他的工作，他非常满意，并告诉他，这是他在公司所看到的做得最好的成品之一。他还指出好在哪里，及那位年轻人对公司的重要性。

这能不影响那位年轻人的工作态度吗？几天以后，情况大大改观。他告诉他的同伴，罗伯先生非常欣赏他的工作。从那天起，他就成为一位细心的工人了。

以上原则，只有真心诚意才会有用。假如你愿意激励一个人来了解他所拥有的内在宝藏，那我们所能做的就不只是改变某一点了，我们能彻底地改造他。威廉·詹姆斯是美国杰出的心理学家，他说："若与我们的潜能相比，我们现在只是半醒状态，只利用了我们的肉体和心智能源的极小一部分而已。往大处讲，每一个人离他的极限还远得很。他拥有各种能力，但往往习惯性地未能运用它。"

在这些习惯性地未能运用的能力之中，有一种你肯定没有发挥出来，那就是赞美别人、鼓励别人、激励人们发挥潜能的能力。

要成为有效的主管者，赞美最细小的进步，而且赞扬每一次的进步。要诚恳地认同和慷慨地赞美。

经验之谈>>>>

一个人的能力会在批评和指责下萎缩，而在鼓励和赞美下绽放花朵。

第 23 法

不要命令下属

欧文·杨从未向任何人下过一次命令。他总是建议，他从来不说“做这个”，或“做那个”，或是“不要做这个”，或“不要做那个”。他总是说：“你可以考虑这个”，或“你认为，这样做可以吗?”

用“建议”，而不下“命令”，不但能维护部下的自尊，而且能使他乐于改正错误，并与你合作。

美国著名的人物传记作家伊达·塔贝尔小姐在为欧文·杨写传记的时候，采访了跟杨先生在同一间办公室工作了3年的一个人。这人宣称，在那段时间内，他从未见过欧文·杨向任何人下过一次命令。他总是建议，而不是命令。欧文·杨从来不说“做这个”，或“做那个”，或是“不要做这个”，或“不要做那个”。他总是说：“你可以考虑这个”，或“你认为，这样做可以吗?”他在口授一封信之后，经常说，“你认为这封信如何?”在检查他的某个助手写的信时，他总是说：“也许我们把这句话改成这样，会比较好。”他总是给别人自己动手的机会。他从不告诉他的助手该如何做事，而是让他们自己去做，让他们从自己的错误中学习。

这种方法，使人们易于改正他的错误；这种方法，维护了人们的自尊，使他希望和你合作，而不是反抗你。

由粗鲁的长者所引起的愤怒可能会持续更久，即使他纠正的是个很明显的错误。唐·散塔瑞是宾州威明市一所大学的老师，他有一个学生因违章停车，堵住了一个学校的入口。一位导师冲进教室，以一种非常凶悍的口吻问道："是谁的车堵住了车道?"当车主承认后，那位导师吼道："你马上给我开走，否则我就把它绑上铁链拖走。"

这位学生是错了，车子不应该停在那儿。但从那天起，不只这位学生对那位导师不满，全班的学生都尽量做些事情，以造成他的不便，使得他的工作更加不愉快。

他原本可以用完全不同的方式处理。假如他友善一点地问："车道上的车是谁的?"并建议说，"如果把它开走，别的车就可以进出了。"这位学生一定会很乐意地把它开走，而且他和他的同学也就不会那么生气了。

南非约翰内斯堡一家小工厂的经理依安·麦克接了张大订单，但他认为他没有办法赶上交货期。工作已经排定，而这张订单所要求的完成时间又太短。

他并没有催促工人加速工作来赶这张订单，而是召集大家，对他们解释这个情形。他对他们说，假如能准时赶出这张订单，对他们和公司的意义会有多大。并提出以下问题：

"我们有什么办法来完成这张订单?"

"有没有人有别的办法来处理它，使我们能接这张订单?"

"有没有别的办法来调整我们的工作时间和工作的分配，使情况有所改善?"

雇员们提供了许多意见，并要求他接下这张订单。他们用一种"我们可以办到"的态度来接这张订单，并且如期交货。

在管理过程中，主管们一定要注意，没有人愿意被动地接受命令，只要不是在军队，就不要用命令的口气。领导者只是负责提出问题，用疑问的口气让对方来做决定，一切都会迎刃而解。

经验之谈>>>>

生而为人，就是因为有不同于动物的个性，所以没有人愿意真心地被别人摆布。

第24法

用心关怀自己的员工

看看你的周围，注意一下那些喜爱他们工作的人和那些不喜爱工作的人，在他们中间有什么不同呢？身为主管，你有责任去发现这一点，并帮助他们克服那些障碍。

如果你能把幸福和热情带到你的工作环境中去，你的部下会被你感染。如果你使得你的工作饶有趣味，你用微笑和高效表达你对部下的满意，那将是一个怎么样的工作团队呢?

阿赛姆是夏威夷王族的后裔，他是一个大公司设在夏威夷的办事处的销售经理。

阿赛姆接受自己的工作，因为他对他的工作既了解又掌握了熟练的技能，这样做起来就得心应手一些。当然，阿赛姆还是会遇到工作上的困难的。他要管理一个销售团队，必须不断提高自身的业务素质和领导修养，所以他要经常阅读一些励志自助书籍。

通过过去阅读这样的书籍，阿赛姆学到了三个很重要的原则：

1. 使用自我激励警句，控制自己的心态。

2. 确立目标比没有目标更使你易于认识那些能帮助你达到这个目标的事物。如果你具有积极的心态，把你的目标定得愈高，你的成就也将愈大。

3. 在任何事情上要想取得成功，懂得那些事情的发展规律是很有必要的，如果能够了解如何应用这种规律，定期从事建设性的思考、研究、学习和计划，将更有助于取得成功。

阿赛姆相信这些原则，并亲自实践这些原则。他研究他的公司的销售手册，并且总结他在实际销售中所学到的东西。他确定了他的高目标并力争达到。每天早晨他都对自己说："我觉得健康！我觉得愉快！我觉得大有作为！"他的确是健康、愉快和大有作为的，而他的销售结果也的确很可观。

当阿赛姆确信他对销售工作很熟练的时候，他就把一群售货员召集到自己的身边，把他所学到的经验教给他们，并用公司的训练手册中所提出的最新、最好的销售方法训练他们，让他们树立销售目标，并用积极的心态去达到这个目标。

每天早晨阿赛姆小组都聚会一次，热情地同声背诵："我觉得健康！我觉得愉快！我觉得大有作为！"然后他们一起欢笑，互相拍拍背，祝贺一天好运气，然后个人干个人的活，去完成他们当天的销售定额。他们每人都定了一个目标，目标之高，以致使美洲大陆上年龄较大的经验较丰富的销售员和销售经理都感到吃惊。

每逢周末，每个销售员都递交一份销售报告，这使得阿赛姆所在机构的总经理和销售经理都乐得合不拢嘴。

阿赛姆和他所领导的销售员真的很愉快，真的对他们的工作很满意吗？你可以相信这一点，其主要的理由在于：

1. 他们已经对自己的工作非常熟练，他们了解和掌握了自己工作的规律和技术，以及如何应用这些规律，所以他们做每件事都能得心应手。

2. 他们定下了明确的目标，而且相信能够达到目标。他们知道，只要用积极的心态去工作，就能达到预期的目的。

3. 他们能应用自我激励警句，以便持续地保持积极的心态。

4. 他们能享受随着工作圆满完成而带来的快乐。

阿赛姆的同事中还有一位青年售货员，使用阿赛姆的自我激励警句，以控制自己的心态。他是一个 18 岁的大学生，只在暑假期间到这家公司担任出售保险单的销售员。在两周的理论训练期间，他学到了不少东西，其中有：

1. 一位销售员在离开销售学校后的最初两周内所养成的习惯，应在他的事业中保持不变。

2. 当你有了一个销售目标时，你就要不断努力，直到达到这个目标为止。

3. 力争上进。

4. 在你需要的时刻，要用自我激励警句，如“我觉得健康！我觉得愉快！我觉得大有作为！”激励你自己朝着预定的方向前进。

在他有了一些销售经验之后，他就定了一个特殊的目标——获奖。要想做到这一点，他至少要在一周内销售100次。

到那个星期五的晚上，他已经成功地销售了80次，离目标还差20次。这位年轻人痛下决心：什么也不能阻止他达到目标。他相信他所受到的教育：人的心理所能设想和相信的东西，人就能用积极的心态去获得它。虽然他那一组的另一位销售员在星期五就结束了一周的工作，他却在星期六的早晨又回到了工作岗位。

到了下午3点钟，他还没有做成一次买卖。他受过这样的教育：交易可能发生在销售员的态度上——不在销售员的希望上。

这时，他记起了阿赛姆的自励警句，热情地把它重复五次：“我觉得健康！我觉得愉快！我觉得大有作为！”

大约在那天下午5点钟，他作了3次交易。这距他的目标只差17次了。他记起了，成功是由那些肯努力的人所取得的，并为那些拥有积极心态而不断努力的人所保持。他又热情地再重复几次：“我觉得健康！我觉得愉快！我觉得大有作为！”大约在那天夜里11点钟时，他疲倦了，但他很愉快：那天他做成了20次交易！他达到了他的目标，赢得了奖品，并学到一条道理：不断地努力能把失败转变为成功。

正是这种积极的心态激励阿赛姆及他所领导的销售员去发现他们工作

中令人振奋的事情，正是受人控制的积极心态帮助了这位年轻的学生获得了奖励。

看看你的周围，注意一下那些喜爱他们工作的人和那些不喜爱工作的人，在他们中间有什么不同呢？身为主管，你有责任去发现这一点，并帮助他们克服那些障碍。做到了，你的管理工作就能得心应手。

那些幸福而满意的人能控制他们的心态，他们积极地对待他们的工作。他们总在寻找好的东西，当某种东西并不太好时，他们首先摸索是否能改进它。他们努力学习有关自己工作的知识，以便能更加熟练地掌握工作技能，从而使他们自己和雇主都对他们的工作感到满意。

但是，那些不愉快的人却紧紧抓住他们的消极心态。真的，好像他们宁愿处于不愉快的精神状态中，他们专门寻找他们该抱怨的每一样东西：营业时间太长，午餐时间太短，老板太执拗，公司没有给足够的假日或奖金。有时他们竟然会抱怨一些不相干的事，例如：舒茜每天都穿同样的衣服，会计员约翰写字不清楚等。他们在工作上以及在生活中都是不愉快的人，消极的心态完全占有了他们。

发现工作中令人满意之处是与所做的工作种类无关的。如果你想有愉快和满意的心情，你就得控制你的心态，把你的法宝从消极心态的那一面翻转到积极心态的那一面，这样你就能找到一些方法和方式创造幸福。

有一位年轻的妇女这么说："我是和我的丈夫一起到这里来的。你的话对于一个做生意的人来说也许是对的，但是对于一个家庭主妇来说却没有益处。你们男子每天都有有趣的新任务要做，但是家务劳动与这就无法相比了，做家务劳动的烦恼是单调乏味，令人厌烦。"

这对快乐工作是一个挑战。有许多人在做这种"单调乏味"的工作。如果我们能找到一种方法帮助这位少妇，也许我们就能帮助许多自认为自己的工作是单调乏味的人了。

问她什么东西使得她的工作如此"单调乏味"。她回答说，她刚刚铺好床，床就马上被弄乱了；刚刚洗好碗碟，碗碟就马上被用脏了；刚刚擦净了地板，地板就马上被弄得乱七八糟。她说："你刚刚把这些事做好，马上就会被人弄得像是未曾做过一样。"

也许你可以同情地问她："这真是令人扫兴。有没有妇女喜欢家务劳动的?"

她可能说："啊，有的，我想是有的。"

你又问："她们在家务劳动中发现什么使得她们感到有趣、保持热情的东西没有呢?"

她回答道："也许在于她们的态度。她们似乎并不认为她们的工作是禁锢，而似乎看见了超越日常工作的什么东西。"

这就是问题的症结。工作满意的秘密之一就是能"看到超越日常工作的东西"。要知道你的工作是会取得成果的。这句话是对的，无论你是家庭主妇、秘书、油泵站的操作员，或者大公司的总经理，只要你把日常琐事看做是前进的踏脚石，你就会从中找到令人满意的地方。每项琐事都是一块踏脚石，它通向你所选择的目标。

于是，要给这个年轻主妇找到一个目标，这个目标是她真正想达到的，并且还要找到一种方法，使她的家务劳动能通向这个目标。她自动提供了一个信息：她总是想带她的全家周游世界。

"就以这为你的目标。现在，你要给自己规定一个时间。你想什么时候实现这一目标呢?"

"当我们的孩子 12 岁时，"她说，"也就是 6 年以后。"

"好的，让我们考虑一下，这需要采取一些步骤。首先你需要筹集经费，这是一件事，还有你的丈夫必须离开工作单位一年，你必须制订一个旅行计划，要研究你想旅游的国家。你试想你能找到一种方式，使得你的床铺、洗碗、做饭和擦地板都能成为你奔向这个目标的踏脚石吗?"

几个月之后，这个少妇说："令人吃惊的是，这种踏脚石的想法起的作用多好啊！我没有发现任何一样琐事不适合这个想法。我把我的洗涤时间作为思考和计划时间。购物时间是扩大我视野的最好时间。我有选择性地购买进口食品，它们将是我们在旅游中要吃的食品。我还把吃饭的时间利用起来，如果我们要吃中国的鸡蛋面条，我就阅读我所能找到的关于中国和中国人的读物，在吃饭的时候，我再把这些知识告诉家人。”

“从此，家务事对我就不再是枯燥无味的事情了。我知道，由于踏脚石理论，我的家务事也决不会再像以前那样令人厌烦了！”

所以你的工作无论如何单调乏味或令人厌烦，如果你能看到在这个工作的末端就是你所向往的目标，那么这个工作就能给你带来满意。这是各行各业中的许多人都会面临的情况。才能往往与工作种类没有什么因果关系。一位很聪颖、雄心勃勃的青年人可能崛起于出售苏打水供应器、刷洗汽车或当清洁工等职业中。当然，这类工作并没有给他提供挑战或激励。它仅仅是一种达到某种目的的手段。然而，因为他知道他正在走向他所向往的目标，对他说来，无论工作怎样辛劳，只要有助于他取得最终的成果，他就会满意地接受。

然而，有时一个人要付出很高的代价，才能达到向往的目标。因为，如果你对你的工作感到不愉快，这种不满的毒害就会扩展到你生活的各个方面，增加你达到目标的难度。

如果你的工作值得你付出代价，你就要激励斗志，永不满足。不满可能是积极的或消极的，好的或坏的，这完全取决于你的心态。

富兰克林人寿保险公司前任总经理贝克说：“我奉劝你们要永不满足。不满足的含意不是心灰意冷，而是上进心的不满足。这种不满足在全世界的历史中已经产生了很多真正的进步和改革。我希望你们绝不要满足，我希望你们永远迫切感到不仅需要改进和提高你们自己，而且需要改进和提高你们周围的世界。”

不满足能激励人们从弱者变成强者，从失败走向成功，从苦难走向幸福。企业主管不只是管事，更要管人，要懂得做人的工作，包含员工的思想、感情、幸福、生活等。

经验之谈>>>>

真正地理解员工，忧其所忧，乐其所乐，这样才能让他们安心而快乐地工作。

第25法

学会放松自己

有许多人一天24小时都是这么紧张，重点是，因为如此紧张，许多体力都浪费了。紧张需要付出精力，除了造成疲劳和烦恼之外，什么好处也没有。

使你的工作井然有序，不仅仅是为了完成工作，而且也是为了你的个人健康，同时又回过头来更好地开展工作。

1. 莫认为自己是擎天神（神话中的巨人）的角色——请勿认为自己是希腊神话中的巨人，双肩永远背负着天地，否则迟早将因不堪负荷而累倒。最好尽量去除心中激动的紧张情绪，莫钻牛角尖，对于无法解决的事情不妨暂时搁置一旁。

2. 喜欢自己的工作——如果从心底厌恶自己的工作，做起事来必将事倍功半，难以顺利成功。所以必须设法使自己热爱本身的工作，每天带着愉快的心情开展工作。

3. 制定完整的工作计划——在每一个阶段开始之前，务必制定完整的工作计划，并循序完成每一个步骤，如此，不但心中更为镇定自信，并且往往能愉快地接受挑战。

4. 切忌急躁地进行超量的工作——做事须冷静地一步步完成，一旦想要在短时间内完成过重的工作，整个心思将无法安定下来，如此则不但乱了手脚，甚至导致错误百出。

5. 工作态度将会影响结果——如果一开头就抱着得过且过，或多一事不如少一事的工作态度，那么任何工作做起来都寸步难行。

6. 精通分内工作应有技巧——所谓“知识就是力量”，有了正确的知识与技巧，则任何事均可轻易完成。

7. 从容不迫地工作——放松心情，面临工作的挑战，绝对不勉强自己在恶劣的情绪下做事。

8. 今日事今日毕——任何事情尽量在今天做完，一旦耽搁到明天，势必越积越多，最终难以全部完成。

我们都了解这样一个事实——我们生活在一个充满紧张的世界，不安因素环绕在我们身边，城市中各种机器音响造成一片紧张。我们的脸上或言谈中随处都显现出一种紧张。紧张已经完全深入我们的生活和工作中。

有些人很幸运，可以完全不让压力上身，也不让压力击倒他们。

某种程度的紧张是必要的。正常的紧张可以让你保持奋发，不断刺激你，让你在高效率之下创造性地工作。但如果我们能学会控制紧张，那未尝不是一件好事。我们要学会控制紧张，就像看电视一样，能开能关。这样才能运用紧张来为我们的目标服务。当紧张给我们形成高度的压力时，我们可以随时关上它。而当你需要轻松时，如果能从紧张之中释放出来，就可以将所有压力排除。

事实上，把带来压力的紧张关在门外，是可以做到的。我可以介绍一个方法。首先，集中你的心力。从眉毛开始，将双眉紧锁，再收紧下巴、唇部和咽喉部分的肌肉，一点也不放松。将这些肌肉绷紧，再往下到肩部，用力握紧双拳，收缩腹部肌肉，将膝盖压紧。最后让你的双脚用力踩着地面。

如果你照上面所说的做了，你全身每一条肌肉已紧绷，就这样持续一分钟，感受你这样全身紧张需要用多大力量。

有许多人一天 24 小时都是这么紧张，可能不是同时全身肌肉都紧绷，也许一会儿是喉头，一会儿是肩膀，或者是大部分人都紧张的胃部。我想说明的重点是，因为如此紧张，许多体力都浪费了。紧张需要付出精力，除了造成疲劳和烦恼之外，什么好处也没有。

现在，再继续来做这个试验。从紧张中放松下来。把前面的过程倒过来做一次。从眉毛、下巴、嘴唇、喉咙，然后肩部、双手、腹部与大腿，一直到脚部，慢慢放松，你自己要假想一切都是自由自在的，让肌肉全部放松，沉沉地坐在椅子上，想象全身没有力气，让椅子承担你的全部重量，你的肌肉不必担负任何重量。你放松了，全身上下都松弛下来。

人在身体方面的压力，实际多由心理紧张而引起。我们内心被一个问题所困，身体也会被其所困。我们的肌肉会紧张起来，不知不觉会使我们感到压力。所以我们必须控制压力，保持冷静沉着。

人在紧张、繁忙的工作生活环境之外，应该有一个私人的休息场所，可以用来调整精神。因为“能力来源于沉默和信心”。要领悟生命的深层意义，一定不要受时间的束缚，而且保持身体和精神的安静。

成功的主管是如何放松及保持心境稳定的呢？他们都遵循一套固定模式。举例来说，他们“研究过去的成功”。研究过去是如何成功的，然后再看是否可以把成功的技巧运用到工作上去。这样，你就知道你是可以做到的，再凭着你的冷静及沉着，便可以成功。

成功之后要分析一下成功的原因，看看是不是可以把成功的经验运用到下一项工作中。你会明白，紧张只屈从于平静的人。成功人士还应该学习如何组织，从而消除各种给自己带来紧张的因素。大多数成功的积极思考者都是明智之士。他们知道无法同时处理许多事，明白自己只是“团队”的一部分，团队之中仍有许多人很重要，必须学着训练和鼓励别人，并且相信他们可以处理好所负责的那部分工作。

这样的人就知道勇气和安宁的真正源头。他们有足够的心智可以理解精神的重要。知道精神越重要，自己就越渺小。如果你学会了如何保持平静，那么不论情况如何紧急，你都能泰然处之。

名医师凯瑞尔说：“嫉妒、仇恨、恐惧之情，如果成了习惯，会使我的器官发生变化，产生疾病。”但是，有的思想可以使我感到健康愉快，譬如爱心、信仰与和平的思想。这些思想须经由系统的引导，慢慢融入人的思想体系之中。

而生活中遇到的紧张状况，会影响你的心情，甚至会使血压升高，进而影响心脏和脾胃，你可以运用上述的健康思想改变心情，保持心理的正常和谐。坚持一周，推行这种思维。每一则都要仔细阅读多遍，力求更深层次地理解，寻求每个字的意义，然后再一一记下。另外一种消除紧张的方法，是你自己说话的方式。你可以试试看，当你一直说着紧张的事时，你开始会变得容易紧张。嘴巴说的话正好可以反映出你的思想，这是互相影响的。当你心情紧张，说话就会不由得嗓门变大。如果你不再说话紧张，慢慢地这种讲话习惯也会影响你的思想。所以你该试着让自己降低说话音调及速度，尽量使用平静的语调及字眼，这就可以改善你的紧张心理。

放轻松说话，如同你在做其他事的时候一样，它可以让你产生宁静祥和的感觉。

当你感到紧张时，可能的话，去度个假吧！将你的手表暂时摘下来，在生活中寻找并建立和平的小岛，学着储存一些能够放松自己的能量。如果你实在抛不开紧张的生活，要学会说“请等一下”这句话，使心灵中充满安宁的思想，保持冷静。避免匆忙地完成目标，学会后退计划，安排足够的时间来完成目标。如果能切实遵行上述要点，你便能轻松去享受一种安宁祥和的生活，外来的压力已无法影响你。

经验之谈>>>>

适当放松，把紧张关在门外，管理工作才会轻松自如。

第26法 避免和下属争论

永远避免跟别人正面冲突。天底下只有一种能在争论中获胜的方式，就是避免争论。

十之八九，争论的结果会使双方比以前更相信自己是绝对正确的。你赢不了争论。要是输了，当然你就输了；如果赢了，你还是输了。

永远避免跟别人正面冲突。天底下只有一种能在争论中获胜的方式，就是避免争论。

有位很倔强的爱尔兰人，名叫欧哈瑞，受的教育不多，却很爱抬杠。他做过汽车司机，后来改为推销卡车，却很不成功，原来他总是跟顾客争辩。如果对方挑剔他的卡车，他立刻会涨红脸大声强辩。欧哈瑞承认，那时候，他在口头上赢了不少辩论："我从人家的办公室出来后常说'我总算整了那笨蛋一次'。我的确整了他一次，可是我什么都没有卖给他。"

欧哈瑞现在已是纽约怀德汽车公司的明星推销员。他是怎么成功的？这是他的说法："如果我现在走进顾客的办公室，而对方说：'什么？怀德卡车？不好！你送我我都不要，我要的是何赛的卡车。'我会说：'老兄，何赛的货色的确不错。买他们的卡车绝对错不了。何赛的车是优良公司的产品，业务员也很优秀。'"这样他就无话可说了。没有抬杠的余地。因为他说何赛的车子最好，我说没错，他只有住口了。他总不能在我同意他的看法后，还说一下午的'何赛的车子最好'。接着我们不再谈何赛，而是开始介绍怀德的优点。

"当年若是听到他那种话，我早就气得脸一阵红一阵白了。我会开始挑何赛的毛病。我愈批评别的车子不好，对方就愈说它好，愈争辩，对方就愈喜欢我的竞争对手的货品。

"现在回忆起来，真不知道过去是怎么干推销工作的。我一生中花了不少时间抬杠，而现在守口如瓶了，果然有效。"

正如睿智的本杰明·富兰克林所说的：

"如果你老是抬杠、反驳，也许偶尔能获胜，但那是空洞的胜利，因为你永远得不到对方的好感。"

因此，你自己要衡量一下：是要口头的、表面上的胜利，还是别人对你的好感？

你在争论中可能有理，但要想改变别人的主意，就必须做好一切都徒劳的准备。

美国威尔逊总统任内的财政部长威廉·麦肯多，将多年政治生涯获得的经验归结为一句话："靠辩论不可能使无知的人服气。"

比方说，所得税顾问派生，为了一笔关键性的九千块钱，跟一位政府的税务稽核员争论了一个小时。派生解释这九千块钱事实上是应收账款中的呆账，不可能收回来，所以不该征收所得税。那位稽核员反驳道："非征不可。"

"那位稽核员非常冷酷、傲慢，而且顽固，"派生在课堂上说，"任何事情和理由都没有用……我们愈争执，他愈顽固，所以我决定不再同他理论，开始改变话题捧他几句。

"我说，'比起要你处理的其他重要而困难的事情，我想这实在是不足挂齿的小事。我也研究过税务问题，但那是书上的死知识。你的知识全是来自于工作经验，有时我真想有份像你这样的工作，那样我就会学到很多。'我说得很认真。

"这下，稽核员在椅子上伸直身子，花很多时间谈论他的工作，告诉我他发现过许多税务上的鬼花样。他的口气慢慢地友善起来，接着又谈起他的孩子。临告别的时候，他说要再研究研究我的问题，过几天会通知我。

"3天后，他打电话到我办公室，通知我那笔所得税决定不征了。"

这位税务稽核员表现出了人性最常见的弱点，他要的是一种重要人物的感觉。派生愈和他争论，他愈要高声强调职务上的权威。但一旦对方承认了他的权威，争执自然偃旗息鼓，有了扩张自我的机会，他就变成一位富于宽容和拥有同情心的人了。

企业里总会发生一些事情，主管却要懂得怎样避免使不同的意见成为争论。下面有一些方法可供参考。

1. 欢迎不同的意见。记住这句话："当两个伙伴意见总是不同的时候，其中之一就不需要了。"如果有些地方你没有想到，而有人提出来的话，你就应该衷心感谢他。不同的意见是你避免重大错误的重要参考。

2. 不要相信你直觉的印象。当有人提出不同意见的时候，你第一个自然的反应是自卫。你一定要慎重，要保持平静，并且小心你的直觉反应。这可能是你最差劲的地方，而不是你最好的地方。

3. 控制你的脾气。记住，你可以根据一个人在什么情况下会发脾气的规律，测定这个人的度量和成就究竟有多大。

4. 先听为上。让你的反对者有说话的机会，让他们把话说完。不要抗争、防卫或争辩，否则，只会增加彼此沟通的障碍。努力建立了解的桥梁，不要再加深误解。

5. 寻找同意的内容。在你听完了反对者的话以后，首先去想你同意的内容。

6. 要诚实。承认你的错误，并且老实地说出来。为你的错误道歉，这样有助于解除反对者的武装和减少他们的防卫。

7. 同意仔细考虑反对者的意见。同意要出于真心，你的反对者提出的意见可能是对的。在这时，同意考虑他们的意见是比较明智的做法。如果等到反对者对你说："我们早就要告诉你了，可是你就是不听。"那你就难堪了。

8. 为反对者关心你的事情而真诚地感谢他们。任何肯花时间表达不同意见的人，必然和你一样关注这件事。把他们当做要帮助你的人，或许就可以把反对者转变为你的朋友。

9. 延缓采取行动，让双方都有时间把问题考虑清楚。建议当天稍后或第二天再举行会议，这样所有的事实才可能都考虑周到。在准备举行下一次会议的时候，要问问自己："反对者的意见可不可能是对的？还是至少有部分是对的？他们的立场或理由是不是有道理？我的反应到底是在减轻问题或只不过是在减轻一些挫折感而已？我的反应会使我的反对者远离我还是亲近我？我的反应会不会提高别人对我的评价？我将会胜利还是失败？如果我胜利了，我将要付出什么样的代价？如果我不说话，不同的意见就会消失了吗？这个难题会不会是我的一次机会？"

歌剧男高音真·皮尔士的婚姻有 50 年之久。一次他说："我太太和我在很久以前就订下了协议，不论我们对对方如何地愤怒不满，我们都一直遵守着这项协议。这项协议是：当一个人大吼的时候，另一个人就应该静听——因为当两个人都大吼的时候，就没有沟通可言了，有的只是噪音和震动。"

经验之谈>>>>

永远不要与下属争论，因为你永远无法获胜。从争论中获胜的唯一秘诀是避免争论。

第27法

直视自己的缺点

一般人都有不想让别人看出自己弱点的心理，因此很难开口说“不知道”。岂不知，有时承认不知道，反而可以增加人们对你的信任。

在现实中，假如能将自己的缺点明白地表示出来，往往更能得到别人的信赖。但这并不是说要将自己的缺点一五一十地全都说出来。

你可以透露自己的缺点，但不能太多，顶多透露一两项无关紧要的小缺点就行了。因为领导者需要给人一种高不可攀的感觉。有少许小缺点的人，反而给人的感觉是“虽然有缺点，但总体上很好”，这样的人往往更能获得别人的信赖。

有一次，一位外国人去旁听一位美国加州大学著名教授的演讲。课上他提出他做的老鼠实验的结果。此时有一位学生突然举手发问，提出了他的看法。并问这位教授假如用另一种方法来做，实验结果将会如何？所有的听众全都看着这位教授，等着看他如何回答这个他根本就不可能做过的实验。结果这位教授却不慌不忙，直截了当地说：“我没做过这个实验，我不知道。”

一般人都有不想让别人看出自己弱点的心理，因此很难开口说“不知道”。岂不知，有时承认不知道，反而可以增加人们对你的信任。因为直截了当地说不知道，会给人留下非常诚实的印象，并且敢于当众说不知道，其勇气足以让人佩服。这样，人们对你所说的其他观点会更加信任。

但总有些人会对一个众所周知的错误百般争辩，那种感觉，就像面对一个撒谎的孩子，令人感到荒唐可笑。

经验之谈>>>>

一个没有缺点的人，就是一个拒人于千里之外的人。

第28法
主动承担自己的责任

如果我们知道免不了会遭受责备，何不抢先一步，自己先认错呢？听自己谴责自己不比挨人家的批评好受得多吗？

也许你会觉得主管比部下级别高，就应该保持你的尊严，而不该轻易认错，其实就大错特错了。正确的做法应该是这样：如果你是对的，就要试着温和地、巧妙地让部下同意你；而如果你错了，就要迅速而真诚地承认。诚恳地认错会得到更多的尊敬。

下面是美国人际关系学家戴尔·卡耐基先生亲自讲的一个故事。

我住的地方，几乎是在大纽约的地理中心点上，但是从我家步行一分钟，就可到达一片森林。春天，黑草莓丛的野花白茫茫一片，松鼠在林间筑巢育子，野草长到高过马头。这块没有被破坏的林地，叫做森林公司——它的确是一片森林，也许与哥伦布发现美洲那天下午所看到的没有什么不同。我常常带雷斯到公园散步，它是我的小波士顿斗牛犬。它是一只友善而不伤人的小猎狗，因为我们在公园里很少碰到人，我常常不给雷斯系狗链或戴口罩。

有一天，我们在公园遇见一位骑马的警察，他好像迫不及待地要表现出他的权威。

“你为什么让你的狗跑来跑去，却不给它系上链子或戴上口罩，”他申斥我道，“难道你不晓得这是违法的吗？”

“是的，我晓得，”我轻柔地回答，“不过我认为它不至于在这儿咬人。”

“你认为！你认为！法律是不管你怎么认为的。它可能在这里咬死松鼠或咬伤小孩。这次我不追究，但假如下回让我看到这只狗没有系上链子或套上口罩在公园里的话，你就必须去跟法官解释啦。”

我客客气气地答应照办。

我的确照办了，而且是好几回。可是雷斯不喜欢戴口罩，我也不喜欢那样，因此我们决定碰碰运气。事情很顺利，但接着我们撞上了暗礁。一天下午雷斯和我在一座小山坡上赛跑，突然间——很不幸地——我看到那位执法大人，跨在一匹红棕色的马上。雷斯跑在前头，径直向那位警察冲去。

我这下栽定了。明白这点，我决定不等警察开口就先发制人。我说：“警官先生，这下您逮了我一个正着。我有罪，我无话可说。您上星期警告过我，若是再带小狗出来而不替它戴口罩就要罚我。”

“好说，好说，”警察回答的声调很柔和，“我知道在没有人的时候，谁都忍不住要带这么一条小狗出来溜达。”

“的确是忍不住，”我回答，“但这是违法的。”

“你这样的小狗大概不会咬伤别人吧。”警察反而为我开脱。

“不，它可能会咬死松鼠。”我说。

“哦，你大概把事情看得太严重了，”他告诉我，“我们这样办吧。你只要让它跑过小山，到我看不到的地方，事情就算了。”

那位警察，也是一个人，他要的是一种重要人物的感觉。因此当我责怪自己的时候，唯一能增强他自尊心的方法，就是以宽容的态度表现慈悲。

但如果我有意为自己辩护的话，嗯，你是否跟警察争辩过呢？

我没有和他正面交锋，我承认他绝对没错，我绝对错了，我爽快地、坦白地、热诚地承认这点。因为我站在他那边说话，他反而为我说话，整个事情就在和谐的气氛下结束了。

如果我们知道免不了会遭受责备，何不抢先一步，自己先认错呢？听自己谴责自己不比挨人家的批评好受得多吗？

费丁南·华伦，一位商业艺术家，他使用这个技巧，赢得了一位肝火很旺的艺术品顾主的好印象。

“精确，一丝不苟，是绘制商业广告和出版物的最重要的项目。”华伦先生事后说。

“有些艺术编辑要求他们所交下来的任务立刻实现，在这种情形下，难免会发生一些小错误。我知道，某一位艺术组长总是喜欢从鸡蛋里挑骨头。我离开他的办公室时，总觉得倒足了胃口，不是因为他的批评，而是因为他攻击我的方式。最近我交了一件很急的定稿给他，他打电话给我，要我立刻到他办公室去，他说出了问题。当我到办公室之后，正如我所料——麻烦来了。他满怀敌意，很高兴有了挑剔我的机会。他恶意地责备了我一大堆，这正好是我运用所学自我批评的机会，因此我说：‘某某先生，如果你的话不错，我的失误一定不可原谅。我为你工作了这么多年，实在该知道怎么画才对。我觉得惭愧。’”

“他立刻开始为我辩护起来，‘是的，你的话并没有错，不过毕竟这不是一个严重的错误。只是……’”

“我打断了他。‘任何错误，’我说，‘代价可能都很大，叫人不舒服。’”

“他开始插嘴，但我不让他插嘴。我很满意，有生以来我第一次在批评自己——我以前不喜欢这样做。”

“‘我应该更小心一点才对，’我继续说，‘你给我的工作很多，照理应该使你满意，因此我打算重新来。’”

“‘不！不！’他反对起来，‘我不想那样麻烦你。’他赞扬我的作品，告诉我他只需要稍微修改一点就行了，又说一点小错不会花他公司多少钱，毕竟，这只是小节，不值得担心。”

“我急切地批评自己，使他怒气全消。结果他邀我共进午餐，分手之前他给我一张支票，又交代我另一项工作。”

有勇气承认自己的错误，也可以获得某种程度的满足感。这不仅可能清除罪恶感和自我卫护的气氛，而且有助于解决这项错误所造成的后果。

新墨西哥州阿布库克市的布鲁士·哈威，错误地核准给一位请病假的员工全薪。在他发现这个错误之后，就告诉这位员工，并且解释说必须纠正这项错误，他要在下次薪水支票中减去多付的薪水金额。这位员工说这样做会给他带来严重的财务问题，因此请求分期扣回他多领的薪水。但这样哈威必须先获得他上级的核准。“我知道这样做，”哈威说，“一定会使老板大为不满。在我考虑如何以更好的方式来处理这种状况的时候，我了解到这一切的混乱都是我的错误，我必须在老板面前承认。”

我走进他的办公室，告诉他我犯了一个错误，然后把整个情形告诉了他。他大发脾气地说这应该是人事部门的错误，但我重复地说这是我的错误。他又大声地指责会计部门的疏忽，我又解释说这是我的错误。他又责怪办公室另外两个同事，但是我一再地说这是我的错误。最后他看着我说：“好吧，这是你的错误。现在把这个问题解决掉吧。”这项错误改正过来了，而没有给任何人带来麻烦。我觉得我很不错，因为我能够处理一个紧急的状况，并且有勇气不去寻找借口。自那以后，我的老板就更加器重我了。

即使傻瓜也会为自己的错误辩护，但能承认自己错误的人，却会凌驾于其他人之上，而有一种高贵怡然的感觉。比方说，历史上对南北战争时的李将军有一则极美好的记载，就是他把毕克德进攻盖茨堡的失败完全归咎在自己身上。

毕克德那次的进攻，无疑是西方世界最显赫、最辉煌的一场战斗。毕克德本身就很辉煌。他长发披肩，而且跟拿破仑在意大利战场上一样，几乎每天都在战场写情书。在那悲剧性的 7 月一天的午后，当他的军帽斜戴在右耳上方，勇敢地放马冲刺北军时，他那群效忠的部队不禁为他喝彩起来。他们喝着彩，跟随他向前冲刺。队伍密集，军旗翻飞，军刀闪耀，阵容威武、骁勇、壮大，北军也不禁发出喃喃的赞赏。

毕克德的队伍轻松地向前冲锋，穿过果园和玉米田，踏过草地，翻过山丘。同时，北军大炮一直没有停止向他们轰击。但他们继续挺进，毫不退缩。

突然，北军步兵从隐伏的墓地山脊后面窜出，对着毕克德那毫无防备的军队，一阵又一阵地开枪。山间硝烟四起，惨烈犹如屠场、火山爆发。几分钟之内，毕克德麾下的旅长，除了一人之外，全部阵亡，5000名士兵折损五分之四。毕克德统率其余部队拼死冲刺，奔上石墙，把军帽顶在指挥刀上挥动，高喊，“弟兄们，宰了他们!”

他们做到了。他们跳过石墙，用枪把儿、刺刀拼死肉搏，终于把南军军旗竖立在墓地山脊的北方阵线上。

军旗只在那儿飘扬了一会儿。虽然那只是短暂的一会儿，但却是南军战功的辉煌纪录。

毕克德的冲刺勇猛、光荣，然而却是结束的开始，李将军失败了。他没办法突破北方，而他也知道这点。

南方的命运决定了。

李将军大感懊丧，震惊不已，他将辞呈送交南方的戴维斯总统，请示改派“一个更年轻有为之士”。如果李将军要把毕克德的进攻所造成的惨败归咎于任何人的话，他可以找出数十个借口：有些师长失职啦，骑兵到得太晚不能支援步兵啦，这也不对，那也错了……

但是李将军太高明，不愿意责备别人。当残兵从前线退回南方战线时，李将军亲自出迎，自我谴责起来，“这是我的过失，”他承认说，“我，是我一个人，败了这场战斗。”

历史上很少有将军有这种勇气和情操，承认自己独负战争失败的责任。

艾柏·赫巴是会闹得满城风雨的最具独特风格的作家之一，他那尖酸的笔触经常惹起对手强烈的不满。但是赫巴那少见的做人处世技巧，常常将他的敌人变成朋友。

例如，当一些愤怒的读者写信给他，表示对他的某些文章不以为然，结尾又痛骂他一顿时，赫巴就如此回复：

“回想起来，我也不完全同意自己。我昨天所写的东西，今天不见得全部满意。我很高兴知道你对这件事的看法。下回你在附近时，欢迎驾临，我们可以交换意见。遥致诚意。赫巴谨上。”

面对一个这样对待你的人，你还能说什么呢。

当我们对的时候，我们就要试着温和地、技巧性地使对方同意我们的看法。而当我们错了——若是对自己诚实，这种情形十分普遍——就要迅速而热诚地承认。这种技巧不但能产生惊人的效果，而且，信不信由你，任何情形下，都要比为自己争辩还有用得多。

经验之谈>>>>

别忘了这句古语：“用争斗的方法，你绝不会得到满意的结果。但用让步的方法，收获会比预期的高出许多。”

第 29 法
耐心聆听下属的心声

始终挑剔的人，甚至最激烈的批评者，常会在一个忍耐、同情的倾听者面前软化降服。

一次成功的商业会谈的秘诀是什么？注重实际的学者以利亚说："关于成功的商业交往，没有什么神秘——把注意力集中到讲话的人身上。没有别的东西会如此使人开心。"其中的道理很明显，是不是？你无需在哈佛读上4年书才发觉这一点。但你我也知道，有的商人租用豪华的店面，陈设与橱窗华丽，为广告花费千百元钱，然后却雇用一些不会静听他人讲话的店员，中止顾客谈话、反驳他们、激怒他们，甚至几乎要将客人驱出店门。

乌顿的经验可谓是极好的一例。他在一家百货商店买了一套衣服。这套衣服令人失望：上衣褪色，把他的衬衫领子都弄黑了。

后来，他将这套衣服带回该店，找到卖给他衣服的店员，告诉他事情的情形。他想诉说此事的经过，但被店员打断了。"我们已经卖出了数千套这种衣服，"这位售货员反驳说，"你还是第一个来挑剔的人。"

正在激烈辩论的时候，另外一个售货员加入了。"所有黑色衣服起初都要褪一点颜色，"他说，"那是没有办法的，这种价钱的衣服就是如此，那是颜料的关系。"

"这时我简直气得起火，"乌顿先生讲述他的经过说，"第一个售货员怀疑我的诚实，第二个暗示我买了一件便宜货。我恼怒起来，正要骂他们，突然间经理踱了过来，他懂得他的职责。正是他使我的态度完全改变了。他将一个恼怒的人，变成了一位满意的顾客。他是如何做的？他采取了三个步骤：

第一，他静听我从头至尾讲我的经过，不说一个字。

“第二，当我说完的时候，售货员们又开始要插话发表他们的意见，他站在我的观点与他们辩论。他不但指出我的领子是明显地被衣服所染污，并且坚持说，不能使人满意的东西，就不应由店里出售。

“第三，他承认他不知道毛病的原因，并率直地对我说：‘您要我如何处理这套衣服呢？您说什么，我都可照办。’

“就在几分钟以前，我还预备要告诉他们留起那套可恶的衣服。但我现在回答说：‘我只要你的建议，我要知道这种情形是暂时的，是否有什么办法解决。’

“他建议我穿这套衣服再试一个星期。‘如果到那时仍不满意，’他应许说，‘请您拿来换一套满意的。使您这样不方便，我们非常抱歉。’

“我满意地走出了这家商店。一星期后这衣服没有毛病。我对于那家商店的信任也就完全恢复了。”

始终挑剔的人，甚至最激烈的批评者，常会在一个忍耐、同情的静听者面前软化降服，这位静听者即使在气愤的寻衅者像一条大毒蛇张开嘴巴吐出毒物一样的时候也要静听。

纽约电话公司数年前应付过一个曾咒骂接线生的最险恶的顾客。他咒骂，他发狂，他恐吓要拆毁电话，他拒绝支付他认为不合理的费用，他写信给报社，还向公众服务委员会屡屡提出申诉，并使电话公司引起数起诉讼。

最后，公司中的一位最富技巧的“调解员”被派去访问这位粗暴的顾客。这位“调解员”静静地听着，并对其表示同情，让这位好争论的老先生发泄他的大篇牢骚。

“他喋喋不休地说，我静听了差不多三个小时，”这位“调解员”叙述道，“以后我再到他那里，继续听他发牢骚，我访问他四次，在第四次访问完毕以前，我已成为他正在创办的一个组织的会员，他称之为‘电话用户保障会’。我现在仍是该组织的会员。有意思的是，就我所知，除某先生以外，我是世上唯一的会员了。

“在这几次访问中，我静听，并且同情他所说的任何一点。我从未像电话公司其他人那样同他谈话，他的态度几乎变得友善了。我要见他的事，在第一次访问时，没有提到，在第二、第三次也没有提到，但在第四次，我整个地结束了这一案件，使所有的账都付清了，并在他与电话公司为难的经过中，他第一次撤销了他向公众服务委员会提出的申诉。”

无疑地，某先生自认为公义而战，保障公众权利，不受无情剥削，但实际上他要的是自重感。他先由挑剔抱怨得到这种自重感，但在他从公司代表那里得到自重感后，他的不切实际的冤屈就消失得无影无踪了。

多年前，有一个贫苦的从荷兰移居来美的儿童，在学校下课后，为一家面包店擦窗，每星期赚半美元。他家非常贫寒，他平常每天到街上用篮子捡拾煤车送煤时落在沟渠里的碎煤块。那个孩子叫宝克，一生仅受过6年的学校教育，但最后竟使自己成为美国新闻界一个最成功的杂志编辑。他是怎么成功的？说来话长，但他如何开始，我们可以简单地叙述。因为他正是采用本章所提出的原则作为他的开端。

他13岁离开学校，在西联做童工，每星期工资6.25美元。但他从未放弃寻求教育的意念。他不坐车不吃午饭把钱省下积攒起来，直到足够买一部《美国名人传全书》。他读了名人的传记，写信给他们，请他们寄来有关他们童年时代的补充材料。他是一个善于静听的人，他鼓励名人讲述自己的故事。他写信给那时正在竞选总统的加菲大将，问他是否真的在一条运河上做过拉船童工，加菲给他写了回信。他写信给格莱德将军，询问某一战役，格莱德给了这位14岁的孩子一张地图并邀请他吃晚饭，和他谈了一整夜。

他写信给爱默生并希望爱默生讲述关于他自己的情况。这位为西联送信的小孩不久便和全美许多著名的人通过信：爱默生、勃罗克、夏姆士、浪番洛、林肯夫人、爱尔各德、秀门将军及戴维斯。

他不只与这些名人通信，并且还在他们假期的时候去拜访过他们中间的好多位，成为他们家里受欢迎的一个客人。这种经验，使他产生了一种无比的自信心。这些名人激发了他的理想与志向，改变了他的人生。而所有这一切，只是因实行了我们所讨论的这一原则而已。

马可先生大概算得上世界上最优秀的名人访问者，他说许多人不能让他人对自己产生好印象，因为他们不注意静听。“他们只关心自己下面要说什么，他们不懂得用耳朵。一些大人物曾告诉我，他们更喜欢善于静听者而非善于谈话者，但能静听的能力，好像比任何其他好性格都少见。”不只大人物要求他人善于静听，平常人也如此。《读者文摘》中曾写道：“许多人之所以请医生，他们所要的只不过是一个静听者。”

在美国内战最紧张的时候，林肯写信给在伊利诺伊的一位老朋友，请他到华盛顿来商讨一些问题。这位老朋友到白宫拜访，林肯跟他谈了数小时关于释放黑奴的宣言是否适当的问题。谈论数小时以后，林肯与他的老朋友握手道声晚安，送他回伊利诺伊，竟然没有征求他的意见。整个谈话中所有的话都是林肯说的，那好像是为了舒畅他的心境，“谈话之后他似乎稍感安适”，这位老朋友说。林肯没有要求得到建议，他只要一位友善的、同情的静听者，使他可以发泄苦闷。那是我们在困难中都需要的，那常是愤怒的顾客所需要的，一些不满意的雇员、感情受到伤害的朋友也都是这样。

如果你想让周围的人躲避你，背后笑你，甚至轻视你，这里有一个最好的办法就是决不静听别人说话，不断地谈论你自己。如果在别人谈话时，你有自己不同的意见，别等他说完，他没有你伶俐。为什么浪费你的时间去听他无谓的闲谈？即刻插嘴，在一句话当中打断他。

那些讨厌的人就是为自私心及自重感所麻醉的人。那些只谈论自己的人，只为自己设想。而只为自己设想的人，哥伦比亚大学校长巴德勒博士说："是无可救药的缺乏教育者。""他确实没有教育，"巴德勒博士说，"无论他如何受人教导。"

所以如果你希望成为一个善于谈话的人，那就先做一个注意倾听的人。要使人对你感兴趣，那就先对人感兴趣。问别人喜欢回答的问题，鼓励他谈论自己及他所取得的成就。不要忘记在与你谈话的人，对他自己、他的需要、他的问题，比对你及你的问题要感兴趣100倍。他注意他颈上的痣比注意非洲的40次地震还要多。

经验之谈>>>>

做一个善于倾听的人，鼓励部下谈论他们自己，你会有意外的收获。

第30法

多表扬少责怪

用赞扬的方式开始，就好像牙医用麻醉剂一样，病人仍然要受钻牙之苦，但麻醉却能消除苦痛。当面指责别人，这只会造成对方顽强的反抗；而巧妙地暗示对方注意自己的错误，则会受到爱戴。

通常，在我们听到别人对我们的某些长处赞扬之后，再去听一些比较令人不痛快的批评，总是好受得多。

在柯立芝总统执政期间，柯立芝对他的一位秘书说："你今天早上穿的这件衣服很漂亮，你真是一位迷人的年轻小姐。"

这可能是沉默寡言的柯立芝一生当中对一位秘书的最佳赞赏了。这来得太不寻常，太出乎意料了，因此那位女孩子满脸通红，不知所措。接着，柯立芝又说，"现在，不要太高兴了。我这么说，只是为了让你觉得舒服一点。从现在起，我希望你对标点符号能稍加留意一些。"

他的方法可能有点太过明显，但其心理策略则很高明。通常，在我们听到别人对我们的某些长处赞美之后，再去听一些比较令人不愉快的事，总是好受得多。

下面这一封信是林肯总统写的，也是他所有信件当中第二著名的（他最著名的一封信是写给比斯比夫人的，为她的5个儿子都在战争中丧生而表示难过）。林肯可能只用了5分钟就把这封信写成，然而它在1926年的一次公开拍卖中，却以12000美元的高价卖出。顺便提一下，这笔数目比林肯辛苦工作50多年的积蓄还要多。

这封信是在南北战争中最黯淡的日子中写成的。一连18个月，林肯的将领们带领北军一次又一次的悲剧性溃退。无益、愚蠢的人类屠杀使全国震惊。数千名士兵自军中开小差逃亡，甚至共和党的参议员也起而反叛，希望逼迫林肯离开白宫。“我们现在处于崩溃边缘，”林肯说，“对我来说，似乎连万能的主也跟我们过不去。我看不到一丝希望。”就是在这种黑暗的忧愁及暴乱中，出现了这一封信。

把这封信印在这儿，因为这显示林肯如何尝试改变一位胡闹的将军，当时国家的命运也许就维系在这位将军的行动上。

这可能是林肯当选总统之后亲笔所写的一封最严厉的信，不过，你可以注意到，他先赞扬胡克将军，然后再提他的严重过失。

是的，那些过失是很严重，但林肯并不那么说出来。林肯较为保守和圆滑。林肯写道：“在有些事情上，我对你相当不满意。”多机智的说法！多圆滑！

以下就是他写给胡克少将的信：

我已任命你为波托马克的陆军首长。当然，我之所以这么做，对我来说，有很充足的理由，不过，我认为最好还是让你知道，在有些事情上，我对你相当不满意。

我相信你是一名勇敢而兵法纯熟的军人，当然，我十分欣赏你。我同时相信你不会把政治和你的职业混为一谈，你这样做是对了。你很自信，如果这不是一种不可或缺的个性，也必定是极有价值的美德。

有野心，在适当范围之内，好处多于害处。但我认为，在伯恩塞将军指挥军队期间，你曾表现出你的野心，而尽可能反对他，你那样做，对国家和一位功劳最大的友军荣誉军官来说，是极大的错误。

我曾听说——由于言之凿凿使我不得不相信，你最近曾说，军队和政府两者都需要一位独裁者。当然，并不是为这个，而是由于我不予理会，我才赋予你指挥权。

只有那些有成就的将领，才可以被尊为独裁者。我现在所要求你的是军事上的胜利，我甘冒独裁的危险。

政府将尽一切力量支持你，政府在过去和将来对所有指挥官都是如此支持。我十分反感你以前带到军中来的那些精神：批评长官，不信任长官，现在可能就会报应到你头上。我将帮助你，尽我一切的力量将批评的烈焰扑灭。

当这种精神盛行于军队中的时候，不管是你或拿破仑——如果他再度复活的话，都无法指挥军队。现在你要注意，不可轻率从事。注意，不可轻率，但要以充沛的精力和不眠不休的警觉精神向前推进，把胜利带回来给我们。

这种哲学在你日常管理工作上是否也能奏效呢？让我们来看看。我们以费城华克公司的高先生为例。高先生是和你我一样的普通市民。他讲述了下面这一则故事：

华克公司承包了一件建筑工程，预定于一个特定日期之前，在费城建立一幢庞大的办公大厦，一切都照原定计划进行得很顺利，大厦接近完成阶段，突然，负责供应大厦内部装饰用的铜器的承包商宣称，他无法如期交货。什么！整幢大厦耽搁了！巨额罚金！重大损失！全因为一个人。

长途电话、争执、不愉快的会谈，全都没效果。于是高先生奉命前往纽约，到狮穴去擒他的铜狮子。

“你知道吗？在布鲁克林区，有你这个姓氏的，只有你一个人。”高先生走进那家公司董事长的办公室之后，立刻就这么说。

董事长很吃惊：“不，我并不知道。”

“哦，”高先生说，“今天早上，我下火车之后，就查阅电话簿找你的地址，在布鲁克林的电话簿上，有你这个姓的，只有你一人。”

"我一直不知道，"董事长说。他很有兴趣地查阅电话簿。"嗯，这是一个很不平常的姓，"他骄傲地说，"我这个家族从荷兰移居纽约，几乎有200年了。"一连好几分钟，他继续说到他的家族及祖先。当他说完之后，高先生就恭维他拥有一家很大的工厂，高先生说他以前也拜访过许多同一性质的工厂，但跟他这家工厂比起来就差得太远了。"我从未见过这么干净整洁的铜器工厂。"高先生说。

"我花了一生的心血建立这个事业，"董事长说，"我对它感到十分骄傲。你愿不愿意到工厂各处去参观一下？"

在这段参观活动中，高先生恭维他的组织制度健全，并告诉他为什么他的工厂看起来比其他的竞争者高级，以及优点在什么地方。高先生还对一些不寻常的机器表示赞赏，这位董事长就宣称是他发明的。他花了不少时间，向高先生说明那些机器如何操作，以及它们的工作效率如何良好。他坚持请高先生吃午餐。到这时为止，你一定注意到，高先生一句话也没有提到此次访问的真正目的。

吃完午饭后，董事长说，"现在，我们谈谈正事吧。自然，我知道你此次来的目的。我没有想到我们的相会竟会是如此愉快。你可以带着我的保证回到费城去，我保证你们所有的材料都将如期运到，即使其他的生意都会因此延误我也不在乎。"

高先生甚至未开口要求，就得到了他想要的所有的东西。那些器材及时运到，大厦就在契约期限届满的那一天完工了。

如果高先生使用大多数人在这种情况下所使用的那种大吵大闹的方法，你想这种完美的结果会发生吗？

一个联邦信用合作社的分行经理提到她如何帮助她的职员提高生产力。

最近，我们雇用了一位小姐实习出纳。她与顾客间的关系非常好。她在处理个别业务时，非常正确而且有效率，但那天结账时却出了问题。

出纳组长来找我，并强烈地建议解雇她："她把每一个人的工作都耽搁了，因为她结账实在太慢。我不知道教了她几遍，她就是不会，她一定得走人。"

隔天，我看到她迅速准确地处理了每一件日常的交易案件，而且跟顾客相处得很愉快。

但要不了多久，我就发现，她在结账时确实出了问题。

下班之后，我过去跟她谈了一会儿。她显得非常紧张不安。我夸赞她对顾客的友善和外向，还有她工作时的速度和正确。然后，我建议我们一起复习一下平衡现金的过程。她了解到我对她有信心，于是轻松地循着我的建议，很快地就熟悉了这个行业程序。从此以后，就一点问题也没有了。

用赞扬的方式开始，就好像牙医用麻醉剂一样，病人仍然要受钻牙之苦，但麻醉却能消除苦痛。

当面指责别人，这只会造成对方顽强的反抗；而巧妙地暗示对方注意自己的错误，则会受到爱戴。

查尔斯·史考伯有一次经过他的一家钢铁厂。当时是中午，他看到几个工人正在抽烟。而在他们头上正好有一块大招牌，上面写着"禁止吸烟"。史考伯是否指着那块牌子说，"你们不识字吗?"哦，不，史考伯才不会那么做。他朝那些人走过去，递给每人一根雪茄，说："诸位，如果你们能到外面去抽这些雪茄，那我真是感激不尽。"他们立刻知道自己违犯了一项规则——而且他们很敬重他，因为他对这件事不说一句话，反而给他们每人一件小礼物，并使他们自觉很重要。很难不喜欢像他这样的人，你说是不是?

约翰·华纳梅克也使用了同一技巧。华纳梅克每天都到他在费城的大商店去巡视一遍。有一次他看见一名顾客站在台前等待，没有一人对她稍加注意。那些售货员呢？哦，他们在柜台远处的另一头挤成一堆，彼此又说又笑。华纳梅克不说一句话，他默默钻到柜台后面，亲自招呼那位女顾客，然后把货品交给售货员包装，接着他就走开。

官员们常被批评不接待民众。他们非常忙碌，但有时候，是由于助理们过度保护他的主管，为了不使主管见太多的访客，造成负担。卡尔·兰福特，在狄斯耐世界所在地——佛罗里达州奥兰多市，当了许多年的市长。他时常告诫他的部属，要让民众来见他。他宣称施行"开门政策"。然而他社区的民众来拜访他时，都被他的秘书和行政官员挡在门外了。

最后，这位市长找到了解决的办法。他把办公室的大门给拆了。于是从此之后，这位市长真正做到了"行政公开"。

若要不惹火人而改变他，只要换两个字，就会产生不同的结果。

很多人在开始批评之前，都先真诚地赞美对方，然后一定接句"但是"，再开始批评。例如，要改变一个孩子不专心的态度，我们可能会这么说："约翰，我们真以你为荣，你这学期成绩进步了。'但是'假如你代数再努力点的话，就更好了。"

在这个例子里，约翰可能在听到"但是"之前，感觉很高兴。马上，他会怀疑这个赞许的可信度。对他而言，这个赞许只是批评他失败的一条设计好的引线而已。可信度遭受到曲解，我们也许或无法达到我们要改变他学习态度的目标。

这个问题只要把"但是"改为"而且"，就能轻易地解决了。"我们真的以你为荣，约翰，这学期你的成绩进步了，而且只要你下学期继续用功，你的代数成绩就会比别人高了。"

这下子，约翰会接受这份赞许，因为没有什么失败的推论在后面跟着。我们已经间接地让他知道我们要他改的行为，更有希望的是，他会尽力地去达到我们的期望。

经验之谈>>>>

先喝糖水，后下苦药。

第31法

给下属树立合适的目标

为了一个虚无缥缈的、本无意义的称呼，很多人机关算尽，甚至丢掉性命。只是到了即将结束生命时，才意识到这一点的不值。但是如果你让他有再来一次的机会，他依然会执迷不悟。没有办法，这是人的本性。

假如一个好工人变成粗制滥造的工人，你会怎么做？你可以解雇他，但这并不能解决任何问题。你可以责骂那个工人，但这只能引起怨愤。

亨利·韩克，他是印地安纳州洛威一家卡车经销商的服务经理，他公司有一个工人，工作每况愈下。但亨利·韩克没有对他吼或威胁他，而是把他叫到办公室里来，跟他坦诚地谈一谈。

他说："比尔，你是个很棒的技工。你在这条线上工作也有好几年了，你修的车子也都很令顾客满意。其实，有很多人都赞美你的技术好。可是最近，你完成一件工作所需的时间却加长了，而且你的质量也比不上你以前的水准。你以前真是个杰出的技工，我想你一定知道，我对现在这种情况不太满意。也许我们可以一起想个办法来改正这个问题。"

比尔回答说他并不知道他没有尽好职责，并且向他的上司保证，他所接的工作并未超出他的专长之外，他以后一定会改进它。

他做了没有？你可以肯定他做了。他曾经是一个快速优秀的技工。有了韩克先生给他的那个美誉，他怎么会做些比不上过去的事呢？

总之，你若要在某方面去改变一个人，就把他看成他已经有了这种杰出的特质。莎士比亚曾说："假如你没有一种德行，就假装你有吧！"更好的是，公开地假设或宣称他已有了你希望他有的那种德行，给他们一个好的名声来作为努力的方向，他们就会痛改前非、努力向上，而不愿看到你的希望破灭。

吉欧吉特·勃布朗在她的书中——《我与马依得荷灵的生活》，描述了一位比利时的灰姑娘惊人的变化。

她写道："隔壁旅馆的服务生端来了我的餐点。她的名字叫'洗盘子的玛希'，因为她刚开始时是做洗碗盘助手。她简直是个怪物，斜眼，外八字腿，既没姿色，又没头脑。

"有一天她的红手端着通心粉的盘子，我直截了当地跟她说：'玛希，你不知道你自己有什么宝藏。'

"她惯于压抑自己的情感，迟疑了一会儿，害怕有什么灾难似的，连动也不敢动。后来她才把盘子放在桌上，叹了口气，纯真地说：'我永远都不相信我有。'她一点都不怀疑，连一个问题都不问。她只是喃喃地重复着我所说的回到厨房去了，而且她深信没有人会跟她开玩笑。从那天起，大家开始尊重她了。但最奇怪的变化在谦卑的玛希身上发生了。她相信自己确实有些内在宝藏，她开始打扮起来了，她饥渴的青春似乎开始奔放了，并谦逊地隐藏着她的朴实。

"两个月后，她宣布她要和大厨师的侄子结婚了。她说：'我就要当一名淑女了。'并谢谢我。一个小小的称许，改变了她的一生。"

吉欧吉特·勃布朗给了"洗盘子的玛希"一个美誉，而这份美誉改造了她。

比尔·派克是佛罗里达州得透纳海滩一家食品公司的业务员，他对公司新系列的产品感到非常兴奋，但不幸的是，一家大食品市场的经理取消了产品陈列的机会，这令比尔很不高兴。他对这件事想了一整天，决定下午回家前再去试试。

他说："杰克，我今天早上走时，还没有让你真正了解我们最新系列的产品，假如你能给我些时间，我很愿意为你介绍我漏掉的几点。我非常敬重你有听人谈话的雅量，而且非常宽大，当事实需要你改变时你会改变你的决定。”

杰克能拒绝再听他谈话吗？在这个必须维持的美誉下，他是没办法这样做的。

有一天早晨，苏格兰都柏林的一位牙医马丁·贵兹与夫，当他的病人指出她用的漱口杯托盘不干净时，他真的震惊极了。不错，她用的是纸杯，而不是托盘，但生锈的设备，显然表示他的职业水准是不够的。

当这位病人走了之后，贵兹与夫医生关了私人诊所，写了一封信给布利基特——一位女佣，她一个礼拜来打扫二次。他是这样写的：

亲爱的布利基特：

最近很少看到你。我想我该抽点时间，为你做的清洁工作致意。顺便一提的是，每周2小时，时间并不算少。假如你愿意，请随时来工作半个小时，做些你认为应该经常做的事，像清理漱口杯托盘等。当然，我也会为这额外的服务付钱的。

第二天他走进办公室时，他的桌子和椅子，擦得几乎跟镜子一样亮，他几乎从上面滑了下去。当他进了诊疗室后，看到从未见过的非常干净、光亮的铬制杯托放在储存器里。他给了她的女佣一个美誉，而且就只为这一个小小的赞美，她使出了最卖力的一面。她用了多少额外的时间呢？对了，一点都没有。

纽约，布鲁克林的一位四年级老师鲁丝·霍普斯金太太，当她看过班上的学生名册时，在学期的第一天，她对新学期的兴奋和快乐却染上忧虑的色彩。今年，在她班上有一个全校最顽皮的“坏孩子”——汤姆。他三年级的老师，不断地向同事或是校长抱怨，只要有任何人愿意听。他不只是恶作剧而已，跟男生打架、逗女生、对老师无礼、在班上扰乱秩序，而且好像是愈来愈糟。他唯一能稍事补偿的特质是，他很快就能学会学校的功课，而且非常熟练。

霍普斯金太太决定立刻面对“汤姆问题”。当她见到她的新学生时，她讲了些话：“罗丝，你穿的衣服很漂亮。爱丽西亚，我听说你画画很不错。”当她念到汤姆时，她直视着汤姆，对他说：“汤姆，我知道你是个天生的领导人才，今年我要靠你帮我把这班变成四年级最好的一班。”在头几天她一直强调这点，夸奖汤姆所做的一切，并评论他的行为正代表他是一位很好的男生。有了值得奋斗的美名，即使一个九岁大的男孩也不会令她失望。而他真的做到了这些。

列将分侯，封妻荫子，自古都是人们的追求。我们听说过无数故事，许多人在为一点名誉勾心斗角，甚至丢掉性命。说白了，就是为了一个虚无缥缈的、本无意义的称呼，很多人只是到了即将结束生命时，才意识到这一点的不值。但是如果你让他有再来一次的机会，他依然会执迷不悟，没有办法，这是人的本性。基于这一点，我们在管理过程中，可以利用这不值一文的名誉，让下属主动地完成工作。

经验之谈>>>>

没有人会真正地不屑于荣誉，即使是声称最淡泊的人，听到赞扬也会有舒服的感觉。

第32法

找到合适的表达方法

简雍对刘备说道："这些男女都想淫乱，为何不把他们逮捕起来？"刘备问道："你是怎样知道的？"简雍回答说："他们都有可用来淫乱的器具。"刘备大笑不止。回去后便下令赦免了被搜出酿酒器具的那户人家。

下属总有想不开的时候，有些性格偏激的还会钻牛角尖，无论你苦口婆心怎么样劝导，他就是想不开、转不过弯来。遇到这种情况，不妨试试打比方的方法。所谓的比方就是托物言志，把两个看似不相关的事物联系起来，用深刻的道理催人猛醒，最后达到说服的目的。

三国的蜀汉刘备在位期间，因天旱无雨，庄稼歉收，故禁止私人酿酒。有一官吏从一户人家中搜出一些酿酒的器具，便想对其定罪处罚。简雍不以为然。一天，他和刘备一起出游，看见道路上有很多男女正在行走，他便对刘备说道："这些男女都想淫乱，为何不把他们逮捕起来？"刘备问道："你是怎样知道的？"简雍回答说："他们都有淫乱的器具。"刘备大笑不止，回去后便下令赦免了被搜出酿酒器具的那户人家。

把不十分明显的荒谬作同理推定并扩而大之，使其荒谬之处自动凸显出来，原来的立论不攻自破了。

齐国靖郭君田婴准备在薛这个地方筑城，他的门客有许多人都劝他不要这样。田婴对主管通传的官员说："不要替客人通报。"有一个想见田婴的齐国人对主管通传的官员说："我只要求说3个字罢了。超过3个字，就请把我煮死。”靖郭君因此而接见了他。

这位客人快步走进来说了句：“海大龟。”然后回头就跑。靖郭君说：“希望你能为我详细说说。”这位客人回答说：“您听说过大鱼吗？网捕不住它，生丝绳也拖不住它，但它任性乱游而离开了水，蝼蚁就可以在它身上为所欲为了。现在齐国就是您的大海，如果您能长久掌握齐国的政权，还要薛地干什么？如果您失去齐国，即使把薛城筑得像天那样高，也没有什么好处。”靖郭君说：“说得好。”于是就停止修筑薛城。

也可以把不相关的事物联系起来，用看似荒谬的比喻，来警示和说服对方。

永乐皇帝闲着无事，想到江西吉安一带游玩，就传下圣旨，要吉州知府筑路修桥接驾。

刚刚考中学士的解缙得知此事，暗暗思忖：皇上每次巡游奢侈挥霍，百姓税收加重，劳役徒增。这次一定要设法劝阻皇帝，打消其巡游念头，使吉州百姓免受灾难和荼毒。于是，他连夜赶写了奏折，次日上朝，面奏皇上。

永乐皇帝一见奏文，勃然大怒：“解缙，天子出游，乃施恩泽于民间，你竟敢阻挠？真乃狗胆包天！”

解缙不慌不忙地说：“皇上息怒，解缙上疏，实为龙体之安！皇上有所不知，吉州自古有‘吉水急水’之称，那里山高无路，唯有从水路走，水急浪大，岂不惊了圣驾。”

永乐皇帝说：“我命吉州府打造巨舟，岂有镇不住‘急水’之理！”

解缙笑道：“纵然有巨舟，却难过峡江县。江西俗话‘峡江峡江，奈断手掌’，那里江窄暗礁多，莫说巨舟，就是竹排也很难通过。”说着，解缙招了招手，下官捧来一条鳊鱼，解缙呈上说：“皇上请看，此鱼产于峡江，由于江窄，久而久之，连鱼身子也挤扁了。”永乐皇帝一看信以为真，心想还是不冒这个险吧！便取消了游吉州的打算。

解缙用自己敏变的才智，为吉州人办了件大好事。在中国历史上，有些忠贞之士敢于在皇帝做出错误决定时犯颜直谏，最后往往落得悲惨的下场。与之相比，解缙的做法聪明多了，他劝阻皇帝巡游，不提巡游扰民，仅说是为了“龙体之安”，结果成功地说服了皇帝。

打比方的时候，运用应准确和恰当，否则不但起不到说服的效果，而且还有戏谑之嫌，反而引起对方的恼怒。

经验之谈>>>>

比喻打得巧，就会不言而喻，对方自己就会醒悟。

第33法 发脾气说明你脆弱

面对下属的错误大发雷霆并不是什么好办法，有时适当地沉默一下可以起到“此时无声胜有声”的作用。

一家公司的经理脾气相当暴躁，经常在办公室大发雷霆。动辄扬言要把某某开掉，一开始大家都挺害怕，于是做事便都很小心谨慎。

但后来大家渐渐发现发脾气只不过是他的“日常工作习惯”而已，并不能产生什么实质性的变革，于是大家便继续我行我素。这位经理看到大家没把他放在眼里的情形，于是便恼羞成怒，发更大的脾气。就这样，大家渐渐地都已经习以为常了，感觉这位经理发一发脾气只不过是为了彰显他的地位，并没有实际性的意义。哪一天他不发脾气了，大家反倒感觉很奇怪。

在实际工作中，有很多管理者都喜欢自觉不自觉地在下属面前耍一些威风，以此来显示他是个领导，这些管理者认为，当领导就要对下属吆五喝六，指挥周围的人，否则做领导就失去了乐趣。随着时代的进步，这种高压式的管理方式已经逐渐被淘汰了。下属已不再是老板用来赚钱的工具，现代管理者在管理下属时更注重加入一些人性的东西。面对下属的错误大发雷霆并不是什么好办法，有时适当地沉默一下可以起到“此时无声胜有声”的作用。通常来讲，当你批评下属时，他的情绪波动是很大的。每个人都有自尊心，成年后更觉得面子是很重要的。也许你的大发雷霆只是想苦口婆心地劝导他一番，并无他意，但是无形中却伤了下属们的自尊心，让他们觉得颜面挂不住，索性产生了“破罐子破摔”的心理，那你的大发雷霆岂不是得不偿失？不要到处都充满你的斥责声，在你的适度批评之后保持一个沉默的空间，让下属有时间冷静地想想自己的所作所为，相信这更是一种对当事人的威慑。一方面，下属会因为你的“点到为止”感谢你为他们保留了颜面；另一方面也显示出了你宽广的胸怀。

你的默不作声并非是对错误的迁就，而是留给了对方一个自省的余地，这样做要比大发雷霆好得多。其实，很多高层领导人都是和蔼可亲的，但在他们慈眉善目的背后往往隐藏着超强的管理手段和不可名状的管理心机，这就像人们常说的：平静的海水往往比波澜壮阔的海水更为可怕。

寓言故事《黔之驴》中，老虎被驴一开始的声势所震慑，但渐渐地就发现这只不过是驴的“日常工作习惯”而已，于是老虎心中暗喜，内心盘算着驴“技止此尔”（就这点儿本事了），于是便来个饿虎扑食，驴便一命呜呼了。

所以，请记住：你越是暴跳如雷，下属就越不怕你；相反，你越是韬光养晦，下属就越是毕恭毕敬。

经验之谈>>>>

发火解决不了问题，说理才能服人。

第 34 法 不要忘记下属的名字

德州商业股份有限银行的董事长班顿拉夫相信，公司愈大，就愈冷酷。他认为，唯一能使它温暖一点的办法，就是记住人的名字。假如有个经理告诉我，他无法记住别人名字，就等于告诉我，他无法记住他一个很重要的工作。

你的部下或许有500人，或许有5000人，如果你能记住他们的名字，并把他叫出来，等于给他们一个很巧妙的赞美。这不需要任何成本，却能起到非常好的激励效果，部下一定乐意为你驱使。

安德鲁·卡内基被称为钢铁大王，其实他自己对钢铁的制造懂得很少。他手下有好几百个人，都比他了解钢铁。

但是他知道怎样为人处世，这就是他发大财的原因。他小时候，就表现出组织和领导的天才。当他10岁的时候，他就发现人们对自己的姓名看得惊人地重要。而他利用这项发现，去赢得别人的合作。他孩提时代在苏格兰的时候，有一次抓到一只兔子，那是一只母兔。他很快发现了一整窝的小兔子，但没有东西喂它们。可是他有一个很妙的想法，他对附近的那些孩子们说，如果他们找到足够的苜蓿和蒲公英，喂饱那些兔子，他就以他们的名字来替那些兔子命名。这个方法太灵验了，卡内基一直忘不了。

好几年之后，他在商业界利用同样的人性弱点，赚了好几百万元。例如，他希望把钢铁轨道卖给宾夕法尼亚铁路公司，而艾格·汤姆森正担任该公司的董事长。因此，安德鲁·卡内基在匹兹堡建立了一座巨大的钢铁工厂，取名为“艾格·汤姆森钢铁工厂”。

那么当宾夕法尼亚铁路公司需要铁轨的时候，你猜艾格·汤姆森会向谁买？西尔斯公司？不，不，你错了，再猜猜看。

当卡内基和乔治·普尔门为卧车生意而竞争的时候，这位钢铁大王又想起了那个兔子的经验。

卡内基控制的中央交通公司，正在跟普尔门所控制的那家公司争生意。双方都拼命想得到联合太平洋铁路公司的生意，你争我夺，大杀其价，以致毫无利润可言。卡内基和普尔门都到纽约去见联合太平洋的董事会。有一天晚上，他们在圣尼可斯饭店碰头了，卡内基说：“晚安，普尔门先生，我们岂不是在出自己的洋相吗？”

“你这句话怎么讲？”普尔门想知道。

于是卡内基把他心中的话说出来——把他们两家公司合并起来。他把合作而不互相竞争的好处说得天花乱坠。普尔门注意地倾听着，但是他并没有完全接受。最后他问，“这个新公司要叫什么呢？”卡内基立即说：“普尔门皇宫卧车公司，当然。”

普尔门的目光一亮。“到我的房间来，”他说，“我们来讨论一番。”这次讨论改写了一页工业史。

安德鲁·卡内基这种记住以及重视他朋友和商业人士名字的方式，是他领导才能的秘密之一。他以能够叫出他许多员工的名字为傲，而他很得意地说，当他亲任主管的时候，他的钢铁厂未曾发生过罢工事件。

德州商业股份有限银行的董事长班顿拉夫相信，公司愈大，就愈冷酷。他认为，唯一能使它温暖一点的办法，就是记住人的名字。假如有个经理告诉我，他无法记住别人名字，就等于告诉我，他无法记住他一个很重要的工作，而是在流沙上做着他的工作。

加州洛可派洛，魏迪斯的凯伦·柯希，是一位环球航空公司的空中小姐。她经常练习去记她机舱里旅客的名字，并在为他们服务时称呼他们。

这使得她备受赞许，有直接告诉她的，也有跟公司说的。有位旅客曾写信给航空公司说："我好久没有搭乘环球航空的飞机了，但从现在起，一定要环球航空的飞机我才搭。你们让我觉得你们的航空公司好像是专属化了，而且这对我有很重要的意义。"

派德斯基使那位普尔门列车上的黑人大厨觉得很重要，因为他总是称呼他"古柏先生"。有15次，派德斯基在美国旅行，在各地热情的听众面前演奏。每一次他都占着一节私人车厢，在音乐会之后，那位大厨就替他准备好夜宵。在所有的那些岁月中，派德斯基从来不曾以美国的传统方式称呼他为"乔治"。派德斯基总是以他那古老的正式方式，称呼他"古柏先生"，这使古柏先生高兴万分。

几世纪以来，贵族和企业家都资助着艺术家、音乐家和作家，以求他们的作品能够献给他们。

图书馆和博物馆最有价值的收藏品，都来自于那些一心一意担心他们的名字会从历史上消失的人。纽约公共图书馆拥有亚斯都氏和李诸克斯氏的藏书，大都会博物馆保存了班吉明·亚特曼和J.P.摩根的名字。几乎每一座教堂，都装上了彩色玻璃窗，以纪念捐赠者。

多数人不记得别人的名字，只因为他们不肯花必要的时间和精力去专心地、重复地、无声地将别人耕植在他们的心中。他们为自己寻找借口：他们太忙了。

但他们不可能比富兰克林·罗斯福更忙，而他却花时间去记忆，而又说得出每个人的名字，即使是他只见过一次的汽车机械师。

克莱斯勒公司为罗斯福先生特制了一部汽车。张伯伦和一位机械师把车子送到白宫。张伯伦先生说："我教罗斯福总统如何驾驶一部附带许多不寻常零件的车子，但是他教了我很多有关如何对待别人的艺术。"

"当我被召至白宫的时候，总统非常的和气愉悦。他直呼我的名字，使我觉得非常自在。给我印象最深的是，他对我展示给他和告诉他的那些东西，非常感兴趣。那部汽车经过特别的设计，可以完全靠手来操纵。一群人围在车子的四周参观，他说：‘我认为这部车子真是太棒了。你只要按一个钮，它就动了，不必费力就可以开出去。我认为不简单——我不知道它是怎么会动的。我真希望有时间把它拆下来，看看它怎么发动。’

“当罗斯福的朋友和助理在赞赏那部车子的时候，他在他们的面前说：‘张伯伦先生，我真感激你为建造这部汽车所花的时间和精力。造得太棒了。’他赞赏冷却器，特殊的后视镜和钟，特殊的前灯，那种椅套，开车者位置的坐姿，车厢里特制而带有他姓名缩写字母的行李箱。换句话说，他注意到每一个他知道我花过不少心思的细节。他还特别把各项零件指给罗斯福太太、柏金斯小姐、劳工部长和他的秘书们看。他甚至把那名年老的黑人司机叫进来，说，‘乔治，你要好好地特别照顾这些行李箱。’

“当驾驶课程结束的时候，总统转向我说：‘嗯，张伯伦先生，我已经让联邦储备委员会等待30分钟了，我想我最好还是回办公室去吧。’

“我带了一名机械师跟我到白宫。我们到那儿时，他就被介绍给罗斯福。他并没有和总统说过话，而罗斯福只听到他的名字一次。他是一个害羞的人，躲在角落里。但是，在离开我们之前，总统找到了机械师，握握他的手，叫出他的名字，谢谢他到华府来。他的谢谢一点也不造作。他说的是心里话。我可以感觉出来。

“回到纽约之后，我收到一张罗斯福总统的签名照片，以及一小段谢词，再度谢谢我的帮忙。他怎么有时间做这件事，对我来说是神秘的。”

富兰克林·罗斯福知道一个最单纯、最明显、最重要的得到好感的方法，就是记住别人的姓名，使别人觉得重要——但我们有多少人这么做了呢？

当我们被介绍给一个陌生人，聊上几分钟，说再见的时候，我们大半都已不记得对方的名字。

一名政治家所要学习的第一课是：“记住选民的名字就是政治才能，记不住就是心不在焉。”

记住他人的姓名，在商业界和社交上的重要性，几乎和在政治上一样。

法国皇帝，也是拿破仑的侄儿——拿破仑三世得意地说，即使他日理万机，仍然能够记得每一个他所认识的人。

他的技巧非常简单。如果他没有清楚地听到对方的名字，就说，“抱歉。我没有听清楚。”如果碰到一个不寻常的名字，他就说，“怎么写法?”

在谈话的时候，他会把那个名字重复说几次，试着在心中把它跟那个人的特征、表情和容貌联想在一起。

如果对方是个重要的人物，拿破仑就更进一步。一等到他旁边没有人，他就把那个人的名字写在一张纸上，仔细瞧瞧，聚精会神地深深耕植在他心里，然后把那张纸撕掉。这样做，他对那个名字就不止有眼睛的印象，还有耳朵的印象。

这一切都要花时间，但爱默生说，“礼貌是由一些小小的牺牲组成的。”

记住别人的名字并运用它，并不是国王或公司经理的特权，它对我们每一个人都是如此重要。肯恩·诺丁罕是印度通用汽车厂的一位雇员。他通常在公司的餐厅吃午餐。他发觉在柜台后工作的那位女士总是愁眉苦脸的。“她做三明治已经做了快两个小时了，我对她而言，只是另一个三明治。我说了我要什么。她在小秤上称了片火腿，然后给了我一片莴苣，几片马铃薯片。

“隔一天，我又去排队了。同样的人，同样的脸，不同的是，我看到了她的名牌。我笑着说：‘嗨！尤尼丝。’然后告诉她我要什么。她真的忘了什么称不称的，她给了我一堆火腿、三片莴苣和一大堆马铃薯片，多得都要掉出盘子来了。”

我们应该注意一个名字里所能包含的奇迹。你不要总在要安排任务的时候，才想起叫部下的名字，更不要提忘记部下的名字了。部下越多，你记得住每一个人的名字，其鼓励作用就越明显。

经验之谈>>>>

一个人的名字，对他来说，是任何语言中最甜蜜、最重要的声音。

第35法

以理服人而不是以权压人

永远不要这样开场："好，我证明给你看。"这句话大错特错了，等于是说："我比你更聪明。我要告诉你一些事，使你改变看法。"那是一种挑战。那样会挑起战端，在你尚未开始之前，对方已经准备迎战了。

承认自己也许会弄错，就能避免争论，而且，可以使对方跟你一样宽容大度，承认他也可能有错。

当西奥多·罗斯福入主白宫的时候，他承认，如果他的决策能有75％的正确率，就达到他预期的最高标准了。像罗斯福这么一位杰出人物，最高希望也只是如此，你我又如何呢？

如果你有55％的胜算把握，大可以到华尔街证券市场一天赚个100万元，如果没这个把握，你凭什么说别人错了？

不论你用什么方式指责别人——用一个眼神、一种声调、一个手势，甚至以话语那么明显的方式告诉别人他错了，你以为他会同意你吗？绝不会！因为你直接打击了他的智慧、判断力、荣耀和自尊心。这会促使他想反击，但绝不会使他改变心意。即使你搬出柏拉图或康德的逻辑，也改变不了他的固执己见，因为你伤了他的感情。

永远不要这样开场："好，我证明给你看。"这句话大错特错了，等于是说："我比你更聪明。我要告诉你一些事，使你改变看法。"

那是一种挑战。那样会挑起战端，在你尚未开始之前，对方已经准备迎战了。

即使在最温和的情况下，要改变别人的主意都不容易。又为什么要使它更不容易呢？

为什么要给你自己增加困难呢？如果你要证明什么，不要让任何人看出来。要掌握技巧和分寸，使对方察觉不出来。

“必须用若无实有的方式教导别人，提醒他不知道的好像是他忘记的。”300多年以前意大利天文学家伽利略说，“你不可能教会一个人任何事情；你只能帮助他自己学会这些事情。”

正如英国19世纪政治家查士德·斐尔爵士对他儿子所说的：

“如果可能的话，要比别人聪明，却不要告诉人家你比他聪明。”

苏格拉底在雅典一再告诫门徒：“我只知道一件事，就是我一无所知。”

我不能奢望比苏格拉底更高明，因此我不再告诉别人他们错了。我发现，这么做会有收获。

如果有人说了一句你认为错误的话——是的，即使你知道是错的——你若这么说不更好吗：“唔，是这样的！我倒另有一种想法，但也许不对。我常常会弄错，如果我弄错了，我很愿意被纠正过来。我们来看看问题的所在吧。”

用这种句子：“我也许不对。我常常会弄错。我们来看看问题的所在吧。”确实会得到神奇的效果。

无论在什么场合，没有人会反对你说：“我也许不对，我们来看看问题出在哪里。”

我们班上一位同学哈尔德·伦克是道奇汽车在蒙大拿州比林斯的代理商，他就运用了这种方法。他说，销售汽车这个行业压力很大，因此他在处理顾客的抱怨时，常常冷酷无情，于是造成了冲突，使生意减少，以及产生种种的不愉快。

他在班上说：“当了解这种做法的不利后，我就尝试另一种办法。我

会这样说：‘我们确实犯了不少错误，真是不好意思。关于你的车子，我们可能也有错，请你告诉我。’

“这个办法能够使顾客解除武装，而等到他气消了之后，他通常就会更讲道理，事情就容易解决了。很多顾客还因为我这种谅解的态度而向我致谢。其中两位还介绍他们的朋友来买车。在竞争激烈的商场，我们需要更多这一类的顾客。我相信对顾客所有的意见表示尊重，并且以灵活和礼貌的方式加以处理，就会有助于胜利。”

你承认自己也许会弄错，就绝不会惹上困扰。这样做，不但会避免所有的争执，而且可以使对方跟你一样宽宏大度，承认他也可能弄错。

如果你肯定别人弄错了，而率直地告诉他，结果会如何呢？我举一个特殊的例子来说明。施先生是一位年轻的纽约律师，最近在最高法院参加一个重要案子的辩论。案子牵涉到一大笔钱和一项重要的法律问题。

在辩论中，一位最高法院的法官对施先生说：“海事法追诉期限是6年，对吗?”

“庭内顿时静默下来，”施先生后来在作者的班上讲述他的经验时说：“似乎气温一下就降到冰点。我是对的，法官是错的。我也据实地告诉了他。但那样就使他变得友善了吗？没有。我仍然相信法律站在我这一边，我也知道我讲得比过去都精彩。但我并没有使用外交辞令，我铸成大错，当众指出一位声望卓著、学识丰富的人错了。”

没有几个人具有逻辑性的思考。我们多数人都犯有武断、偏见的毛病。我们多数人都有固执、嫉妒、猜忌、恐惧和傲慢的缺点。因此，如果你很想指出别人犯的错误时，请在每天早餐前坐下来读一读下面这段文字。这是摘自詹姆士·哈维·罗宾森教授那本很有启示性的《下决心的过程》中的一段话：

我们有时会在毫无抗拒或热情淹没的情形下改变自己的想法，但是如果有人说我们错了，反而会使我们迁怒于对方，更加固执己见。我们会毫无根据地形成自己的想法，但如果有人不同意我们的想法时，反而会全心全意维护我们的想法。显然不是那些想法对我们珍贵，而是我们的自尊心受到了威胁……“我的”这个简单的词，是做人处世的关系中最重要的，妥善运用这两个字才是智慧之源。不论说“我的”晚餐，“我的”狗，“我的”房子，“我的”父亲，“我的”国家或“我的”上帝，都具备相同的力量。我们不但不喜欢说“我的表不准”，或“我的车太破旧”，也讨厌别人纠正我们对火车的知识、水杨素的药效或亚述王沙冈一世生卒年月的错误……我们愿意继续相信以往惯于相信的事，而如果我们所相信的事遭到了怀疑，我们就会找尽借口为自己的信念辩护。结果呢，多数我们所谓的推理，变成找借口来继续相信我们早已相信的事物。

杰出的心理学家卡尔·罗吉斯在他的《为人之道》一书中写着：

当我尝试去了解别人的时候，我发现这真是太有价值了。我这样说，你或许会觉得很奇怪，我们真的有必要这样做吗？我认为这是必要的。在我们听别人说话的时候，大部分的反应是评估或判断，而不是试着了解这些话。在别人说某种感觉、态度或信念的时候，我们几乎立刻倾向于判定“说得不错”或“真是好笑”“这正常吗”“这不合道理”“这不正确”“这不太好”。我们很少让自己确实了解这些话对其他人具有什么样的意义。

有一次，我请一位室内设计师为我家布置一些窗帘。当账单送来时，我大吃一惊。

过了几天，一位朋友来看我，看到了那些窗帘。她问起价钱，而后面带得意之色说：“什么？太过分了。我看他占了你的便宜。”

真的吗？不错，她说的是实话，可是没有人肯听别人贬低自己判断力的实话。因此，身为一个凡人，我开始为自己辩护。我说贵的东西必有贵的价值，你不可能以便宜的价钱买到品质既高又有艺术品位的东西等。

第二天另一位朋友也来拜访，开始赞扬那些窗帘，表现得很热心，说她希望家里负担得起那些精美的窗帘。我的反应完全不一样了。“说句老实话，”我说，“我自己也负担不起。我付的价钱太高了，我后悔订了它们。”

当我们错的时候，也许会对自己承认。而如果对方处理得很巧妙而且和善可亲，我们也会对别人承认，甚至以自己的坦白率直而自豪。但如果有人想把难以下咽的事实硬塞进我们的食道……

美国南北战争期间，最著名的报人哈利斯·葛里莱，激烈地反对林肯的政策。他相信以论战、嘲弄、詈骂就能使林肯同意他的看法。他发起攻击，日复一日，年复一年。就在林肯遇刺的那天晚上，葛里莱还发表了一篇尖刻、粗暴、攻击林肯的文章。

那些尖厉的攻讦使林肯同意葛里莱了吗？一点也没有。嘲弄和詈骂是永远办不到的。

如果你想知道一些有关做人处世、控制自己、增进品格的理想建议，不妨看看本杰明·富兰克林的自传——最引人入胜的传记之一，也是美国的一本古典名著。

在这本自传中，富兰克林叙述他如何克服好辩的坏习惯，使他成为美国历史上最能干、最和善、最圆滑的外交家。

当富兰克林还是个毛躁的年轻人时，有一天，一位教友会的老朋友把他叫到一旁，尖刻地训斥了他一顿，情形大致如下：

“本，你真是无可救药。你已经打击了每一位和你意见不同的人，你的意见变得太尖刻了，没有人承受得起。你的朋友发觉，如果你不在场，他们会自在得多。你知道的太多了，没有人能再教你什么，没有人打算告诉你些什么，因为那样会吃力不讨好，又弄得不愉快。因此你不可能再吸收新知识了，但你的旧知识又很有限。”

富兰克林接受了那些惨痛的教训。他已经够成熟、够明智，以致能领悟也能发觉他正面临社交失败的命运。他立即改掉了傲慢、粗野的习性。

“我立下一条规矩，”富兰克林说，“决不正面反对别人的意见，也不允许自己太武断。我甚至不准许自己在文字或语言上措辞太肯定。我不说‘当然’‘无疑’等，而改用‘我想’‘我假设’或‘我想象’一件事该这样或那样，或者‘目前我看来是如此’。当别人陈述一件我不以为然的事时，我决不立刻驳斥他或立即指正他的错误。我会在回答的时候，表示在某些条件和情况下，他的意见没有错，但在目前这件事上，看来好像稍有两样等。我很快就领会到改变态度的收获，凡是我参与的谈话，气氛都融洽多了。我以谦虚的态度来表达自己的意见，不但容易被人接受，更有助于减少一些冲突。我发现自己有错时，也没有什么难堪的场面，而我碰巧是对的时候，更能使对方不固执己见，转而赞同我。

“我一开始采用这套方法时，确实觉得和我的本性相冲突，但久而久之就愈变愈容易，愈像我的习惯了，也许50年以来，没有人听我讲过太武断的话（我正直品性下的）。这个习惯，是我在提出新法案或修改旧条文时，能得到同胞的重视，并且在成为民众协会的一员后，能具有相当影响力的重要原因，因为我并不善于辞令，更谈不上雄辩，遣词用字也很迟疑，还会说错话。但一般来说，我的意见还是能得到广泛的支持。”

北卡罗莱纳州王山市的凯塞琳·亚尔弗瑞德，是一家纺纱工厂的工业工程督导。她提出了她在接受训练前后，如何处理一个敏感的问题：

“我职责的一部分，”她报告说，“是设计及保持各种激励员工的办法和标准，以使作业员能够生产出更多的纱线，而她们也能赚到更多的钱。在我们只生产两三种不同纱线的时候，我们所用的办法还很不错，但是最近我们扩大产品项目和生产能力，以便生产12种以上不同种类的纱线，原来的办法便不适用了，因此也就不能激励她们增加生产量。我已经设计出一个新的办法，使我能够根据每一个作业员在任何一段时间里所生产出来的纱线的等级，给予她适当的报酬。设计出这套新办法之后，我参加了一个会议，决心要向厂里的高级职员证明我的办法是正确的。我详细地说明他们过去用的办法是错误的，并指出他们不能给予作业员公平待遇的地方，以及我为他们所准备的解决方法。但是，我完全失败了。我太忙于为我的新办法辩护，而没有留下余地，让他们能够不失面子地承认老办法上的错误。于是我的建议也就胎死腹中。

“在参加这个训练班几次课之后，我就深深地了解到自己所犯的错误。我请求召开另一次会议，而在这一次会议之中，我请他们说出问题到底出在什么地方。我们讨论每个要点，并请他们说出最好的解决办法。在适当的时候，我以低调的建议引导他们按照我的意思把办法提出来。等到会议终止的时候，实际上也就等于我的办法被提出来了，而他们却热烈地接受这个办法。

“我现在深信，如果率直地指出某一个人不对，不仅得不到好的效果，而且还会造成很大的损害。你指责别人只能剥夺了别人的自尊，并会使自己成为不受欢迎的人。”

纽约自由街4号的麦哈尼，专门经销石油业者使用的特殊工具。他接受了长岛一位重要主顾的一批订单，蓝图呈上去，得到了批准，工具开始制造了。接着，一件不幸的事情发生了。那位买主和朋友们谈起这件事，他们都警告他，他已犯了一个大错。他被骗了，一切都错了。太宽了，太短了，太这个，太那个。他的朋友们把他说得发火了，他打了一个电话给麦哈尼先生，发誓决不接受已经开始制造的那一批器材。

“我仔细地查验过了，确知我方无误，”麦哈尼事后说，“我知道他和他的朋友们都不知所云，可是我觉得，如果这么告诉他，会很危险。我到长岛去见他，一走进他的办公室，他立刻跳起来，朝我一个箭步走过来，话说得很快，他非常激动，一面说一面挥舞着拳头。他指责我和我的器材，结束的时候他说：‘好吧，你现在要怎么办？’

“我非常心平气和地告诉他，我愿意照他的任何意思去办。‘你是出钱买东西的人，’我说，‘你当然应该得到适合你用的东西，可是总得有人负责才行。如果你认为自己是对的，请给我一幅制造蓝图，虽然旧案已经花了两千块钱，但我们愿意负担这笔损失。为了使你满意，我们宁可损失两千块钱。但是，我得先提醒你，如果我们照你坚持的做法，你必须负起这个责任。如果你放手让我们照原定计划进行——我相信原计划才是对的——那我们能向你保证绝对负责。'

"他这时平静下来了，最后说：'好吧，照计划进行，但若是错了……上天保佑你吧。'

"结果没有错，于是他答应我，本季度还要向我订两批相似的货。

"当那位主顾侮辱我，在我面前挥舞拳头、说我外行的时候，我真的需要高度的自制力才不会和他争论，以维护自己。这的确需要极度的自制，但结果很值得。要是我说他错了，开始争辩起来，很可能要打一场官司，感情破裂，损失一笔钱，失去一位重要的主顾。的确，我深信指出别人错了，是划不来的。"

我们举另一个例子。我举的这些例子，同样发生在许多人身上。克洛里是纽约泰勒木材公司的推销员。他承认，许多年来，他总是去指出那些脾气大的木材检验人员的错误，他也赢得了辩论，可是一点好处也没有。"因为那些检验员，"克洛里说，"和棒球裁判一样。一旦裁决下去，绝不肯更改。"

克洛里看出，他虽在口舌上获胜，却使公司的利益受到了损失。因此，在我班上上课的时候，他决定改变技巧，不再抬杠了。以下是他在班上的报告：

有一天早上，我办公室的电话响了。一位焦躁愤怒的主顾，在电话那头抱怨我们运去的一车木材完全不合乎他们的规格，他的公司已经下令停止卸货，请我们立刻安排把木材搬回去。在木材卸下1/4车之后，他们的木材检验员报告说，55％不合规格，在这种情况下，他们拒绝接受。

我立刻动身到对方的工厂去，途中，我一直在寻找一个解决问题的最佳办法。通常，在那种情形下，我会以我的工作经验和知识，引用木材等级规则，来说服他的检验员，那批木材超出了水准。然而，我又想，还是把课堂上学到的做人处世原则运用一番看看。

我到了工厂，发现购料主任和检验员闷闷不乐，一副等着抬杠吵架的姿态。我们走到卸货的卡车前，要求他们继续卸货，让我看看情形如何。我请检验员继续把不合规格的木料挑出来，把合格的放到另一堆。

看着他进行了一会儿，我才知道，原来他的检查太严格，而且也把检验规则弄拧了。那批木料是白松，虽然我知道那位检验员对硬木的知识很丰富，但检验白松却不够格，经验也不多。白松碰巧是我最内行的，但我对检验员评定白松等级的方式提出反对意见吗？绝对不行。我继续观看，慢慢地开始问他某些木料不合标准的理由所在。我一点也没有暗示他检查错了，我强调，我请教他，只是希望以后送货时，能确实满足他们公司的要求。

我以一种非常友好而合作的语气请教他，并且坚持要他把不满意的部分挑出来，使他高兴起来，于是我们之间剑拔弩张的情绪开始松弛消散了。偶尔我小心地提几句，让他自己觉得有些不能接受的木料可能是合乎规格的，也使他觉得他们的价格只能要求这种货色。但是，我非常小心，不让他认为我有意为难他。

渐渐地，他的整个态度改观了。最后他坦白承认，他对白松木的经验不多，并且问我从车上搬下来的白松板的问题。我就对他解释为什么那些松板都合乎检验规格，而且仍然坚持，如果他还认为不合用，我们不要他勉强。他终于到了每挑出一块不合用的木材，就有罪恶感的地步。最后他看出，错误是在他们自己没有指明他们所需要的是多高的等级。

最后的结果是，在我走了之后，他重新把卸下的木料检验一遍，全部接受，于是我们收到一张全额支票。

单以这件事来说，运用一点小技巧，以及尽量遏止自己指出别人的错误，就可以使我们公司在实质上减少一大笔现金的损失，而我们所获得的良好关系，则非金钱所能衡量。

有人问和平运动者马丁·路德·金，为何如此崇拜美国当时官阶最高的黑人军官但尼尔·詹姆士将军，金博士回答说，“我判断别人是根据他们的原则来判断，而不是根据我自己的原则。”

同样的，在美国南北战争的时候，有一次罗勃·李将军在南部联邦总统杰佛生·戴维斯面前，以极为赞誉的语气谈到他属下的一位军官。在场的另一位军官大为惊讶。“将军”，他说，“你知道吗？你刚才大力赞扬的那位军官，可是你的死敌呀。他一有机会就会恶毒地攻击你。”“是的，”李将军回答说，“但是总统问的是我对他的看法，而不是问他对我的看法。”

在这一章我并没有讲什么新观念。近两千年以前，耶稣说过：“尽快同意反对你的人。”

在耶稣出生的两千年前，埃及阿克图国王给他儿子一句精明的忠告。今天我们极为需要这句忠告。四千年前的一天下午，阿克图国王在酒宴中说：“圆滑一点，它可使你予求予取。”

换句话说，不要跟你的部下或上司争辩。别说他错了，也不要刺激他，但要运用一点外交手腕。当你养成了这样的思考习惯，会是一件非常轻松的事情。

经验之谈>>>>

即使有100个理由，也不要指责。因为没有任何人会在指责中认输。

第36法 提高自己的道德修养

做错事并不可耻，因为只要是人，就会做错事。为了面子否认自己的过错，不但是对自己人格的伤害，也是令自己无法进步的障碍。

一位成功的领导者，应该具有高尚的品德，他的人格魅力是一种伟大凝聚力，下属在这种向心力的作用下，聚拢在他周围，心甘情愿地为他马首是瞻。这种品格是在日常工作中养成的，他表现为一种抛弃个人名利的正直，一种对人生的正义与公理的执著。

著名散文学家刘墉在一篇名为《庸医与华佗》的文章里，给我们讲述了一则足以让人心灵震撼的故事：

一位行医数十年的妇科名医，在出诊时发现一名妇女的子宫里长了肿瘤，他要求病人马上动手术，以防恶化。病人十分害怕，也十分感激这个名医及早地发现了隐藏在身上的这枚“炸弹”。手术很快安排就绪了，手术室里所有的器材都是最新的，对于这位已经有过上千次手术经验的医生而言，只需切开一个小小的口，取出病人体中的瘤体，就使病人永绝后患。但是故事并没有像我们事先预想的那样顺利发展下去。

医生打开病人的腹部，向子宫深入观察，准备下刀，他有把握将肿瘤一次切除，使病人永绝后患。

但是他突然全身一震，刀子停在半空中，豆大的汗珠冒上额头。

他看到了令他难以置信的事，一件在他行医数十年之间不曾遭遇的事：

子宫里长的不是肿瘤，而是一个胎儿！

他怔住了，陷入了矛盾和挣扎中。

如果下刀，硬把胎儿拿掉，然后告诉病人，摘除的是肿瘤，病人一定会感激他恩同再造，而且可以确定，那所谓的瘤，一定不会复发，他说不定还能得个“华佗再世”的金匾呢！相反的，他可以把肚子缝上，告诉病人，看了几十年的病，他居然看走眼了。

这不过几秒钟的挣扎，已经使他浑身湿透，他小心地缝合好刀口之后，回到办公室，静待病人苏醒。

医生走到病人床前，他严肃的神情，使病人和其他在场的亲属，都手脚冰冷，等待最坏的宣判。

“对不起！太太，我居然看错了，你只是怀孕，没有长瘤。”医生不顾及自己的面子，并深深地致歉，“所幸及时发现，孩子安好，你一定能生下个可爱的宝宝！”

听了他的话，病人和家属全呆住了，隔了十几秒钟，病人的丈夫突然冲过去，抓住医生的领子，吼道：“你这个庸医，我找你算账！”

后来，孩子果然安产，而且发育正常。

但是医生被告得差点破产，名誉扫地。

有朋友笑他，为什么不将错就错，就说那是个畸形的死胎，又有谁能知道？

“老天知道！”医生淡淡一笑。

做错事并不可耻，因为只要是人，就会做错事。为了面子否认自己的过错，不但是对自己人格的伤害，也是令自己无法进步的障碍。但是，不顾冥冥中的天理，利欲熏心一意孤行，是不会有好的下场的。

有一对夫妻，下岗后开了家烧酒店，自己烧酒自己卖，也算有条活路。

丈夫是个老实人，为人真诚、热情，烧制的酒也好，人称“小茅台”，有道是“酒香不怕巷子深”，一传十，十传百，酒店生意兴隆，常常是供不应求。

看到生意如此之好，夫妻俩决定把挣来的钱投进去，再添置一台烧酒设备，扩大生产规模，增加酒的产量。这样，一可满足顾客需求，二可增加收入，早日致富。

这天，丈夫外出购买设备，临行之前，把酒店的事都交给了妻子，叮嘱妻子一定要善待每一位顾客，诚实经营，不要与顾客发生争吵……

一个月以后，丈夫外出归来。妻子一见丈夫，便按捺不住内心的激动，神秘兮兮地说："这几天，我可知道了做生意的秘诀，像你那样永远发不了财。"丈夫一脸愕然，不解地说："做生意靠的是信誉，咱家烧的酒好，卖的分量足，价钱合理，所以大伙才愿意买咱家的酒，除此还能有什么秘诀?"

妻子听后，用手指着丈夫的头，自作聪明地说："你这榆木脑袋，现在谁还像你这样做生意，你知道吗？这几天我赚的钱比过去一个月挣的还多。秘诀就是，我给酒兑了水。"

丈夫一听，肺都要气炸了，他没想到，妻子竟然会往酒里兑水，他冲着妻子就是重重的一记耳光。他知道妻子这种坑害顾客的行为，将他们苦心经营的酒店的牌子砸了，他知道这将意味着什么。

从那以后，尽管丈夫想了许多办法，竭力挽回妻子给酒店信誉所带来的损害，可"酒里兑水"这件事还是被顾客发现了，酒店的生意日渐冷清，后来就不得不关门停业了。

其实，做生意也是经营人生。给酒兑水，表面上是坏了产品，影响的是生意，但折射出的实质是低劣的人品——弄虚作假、不诚实，失去了人们的信任，失去了酒店的信誉，欺骗别人一次，影响自己一生。

经验之谈>>>>

打铁要先自家硬，没有真正的本事，依靠弄虚作假是无法长久的。

以法管人36法

“没有规矩不成方圆”。一支成功优秀的队伍，必须有铁的纪律。没有任何一支自由散漫的军队可以打胜仗。

领导者决不能幻想依靠温情主义来管好下属。趋利避害、拈轻怕重是人性的弱点，必须要有一个强有力的规则来束缚规范。一个真正合格的强势领导者，应该是外表谦恭而内心铁面无私。

36个经典故事，36种以法管人的方法，总有一个适合你。

第1法 一定要制定明确的规章制度

领导者的平易近人不能坏了必要的规章制度。因为每个人都有一种惰性，面对宽松环境不是每个人都能有很强的自觉力，这是人性的弱点，没有办法改变。

领导者与普通人的区别之一是不能完全依本性率意而为，领导形象需要威严，那就要适时地呈现出自己威严的一面——哪怕刻意去“制造”威严，这也是领导艺术的重要组成部分。

关于利用和“制造”威严，在以人治、集权为主体的中国封建社会被发挥到了极致，那些封建帝王们个个是“制造”威严的高手。

刘邦在定陶称帝时，限于当时的条件，仪式搞得非常简单。他的那些文臣武将们，多数出身于布衣，对官场上的礼仪规矩，既不了解，也不习惯。大家多年在一起征战，互相都很熟悉，彼此之间随便惯了，没有形成高低贵贱的等级观念。因此，朝廷举行宴会时，群臣互相争功，喝醉了，狂呼乱叫，甚至拔剑击柱，全不把皇帝的威严当回事，刘邦对此非常焦虑。

这时，有个叫叔孙通的人，建议刘邦制定一套礼仪，即上朝的仪式。

刘邦听了很高兴，但对这心中没数，问：“这套礼仪该不会很难吧？”叔孙通回答：“古代各个朝代都有自己的礼仪。这些礼仪都是根据需要制定出来的，又是为当时的人和事服务的。臣想博采古时各代礼仪之长，参照秦朝的制度，结合现在的实际，定出一套新的规章，由陛下审核。”刘邦点点头，叮咛他："可以试一试，但不要搞得太繁杂了。简单一点，使大家好学习，好领会。"

叔孙通在鲁地仔细筛选了30个儒生。其中有两个人坚决不愿应聘，并骂他说："你侍奉过的主子将近10个了。光知道靠拍马屁得到器重，按照古代的规矩，制礼作乐，需要积德百年以后才可考虑。如今天下初定，战死的没有埋葬，受伤的尚未痊愈，你又想出这个风头，真是异想天开，亵渎圣明。我们不愿受你愚弄，去白费力气。"叔孙通反唇相讥："不识时务的腐儒，因循守旧的老朽，没有你们的参与，事情照样办得成功。"

叔孙通组织30个鲁儒，按尊君抑臣、上宽下严的精神，拟定了详尽的礼仪规则。又在京城外找了一处僻静的地方，周围用席子严严实实地隔挡起来，中间用木棍和竹竿做成各种标记，作为排练场。他领着自己的门生和高祖皇帝派来的官员共百余人，吃住在里面，按规则紧张地操演了一个多月，个人基本熟悉了，再请高祖皇帝审阅。刘邦亲自实践了一番，高兴地说："这我完全学得会!"随即传旨：所有文武大臣都去郊外跟叔孙通认真学习。历史上把这件事叫做"绵蕞习仪"。

由丞相萧何主持修葺的长乐宫竣工后，刘邦指示：于汉七年元旦在新落成的长乐宫举行首次朝贺大典。

这一天，东方刚刚泛白，礼官就让早早恭候在殿外的文武官员按职位高低排列成序。大殿上下，五色龙凤旗迎风招展，钟鼓声起落有致。卫士执后，郎中执前，精神抖擞地站在台阶两侧。司仪发一声"趋"的命令，百官一律踏着整齐的碎步，小跑着进入大殿。列侯武将西边，面朝东；丞相以下文官站在东边，面朝西，个个诚惶诚恐，双手垂立，恭候皇帝驾临。皇帝坐着辇车，在近侍的簇拥下，从寝宫里缓缓驶来，在龙床上面向南岿然而坐。司仪官指挥群臣依次恭恭敬敬地为皇帝祝寿。酒过九巡，司仪宣布："酒宴到此结束!"群臣依序退出。整个仪式自始至终秩序井然。臣僚们目不敢乱视，头不敢仰观，甚至大气不敢吭一声。几个大臣的动作稍微有点不够规范，立即就被负责监察的御史带出殿堂。所以，这一天没有发生一件犯规越礼的事情。

刘邦的心情特别高兴，情不自禁地说道："寡人今天知道做皇帝的尊贵了!"

古代帝王对服饰、仪式的重视自有其深意，这种意义不仅仅在于如汉高祖所言"知道做皇帝的尊贵"，更在于在形式上人为地制造威严、威望，从而为其建立、使用权威铺路。

领导者的平易近人不能坏了必要的规章制度。因为每个人都有一种惰性，面对宽松环境不是每个人都能有很强的自觉力，这是人性的弱点，没有办法改变。所以要有必要的规则来约束。一些似乎是表面上的东西，其实是有深刻内涵的。

经验之谈>>>>

领导的威严不能完全靠制度来体现，但是一些必要的规章还是要有的，否则就会天下大乱。

第2法

打散下属的小圈子

对待小圈子，领导者绝不能听之任之，保留了他们的权威也就相当于削弱了自己的权威，无异于拆自己的台。因此，对于结党营私的属下，明智的领导者一定会按组织原则解决它。

在一个单位、一个部门有几个关系较好的人走动密切一些本也无可厚非，但一旦形成利益一致的小圈子，在工作中排斥异己，不服从领导，性质就严重到了危及工作大局的程度。对此，管理者要立场鲜明而坚定。

对待小圈子，领导者绝不能听之任之，保留了他们的权威也就相当于削弱了自己的权威，无异于拆自己的台。因此，对于结党营私的属下，明智的领导者一定会按组织原则解决它。

双星集团总经理汪海在创业过程中就曾遇到过类似的问题。

当时，企业的组织机构存在严重问题，27个科室中，能干实事的寥寥无几，且大多效率低下，管理不善，因此进行机构改革裁减冗员势在必行。

但改革的主张首先受到了来自安全科的挑战。安全科势力很大，一个科室就占用一层楼，科员们个个待遇优厚。其地位之所以如此，原因在于这里的20个人大多是领导的子弟亲属，后台较硬，被人称为“特殊王国”。对此，其他员工的意见一直很大。

汪海知道安全科很有背景，但如果容忍安全科我行我素，目中无人，那么自己以后的工作将很难开展，其他员工也不会服气，于是他打算拆除安全科的小圈子，彻底击垮这个“特殊王国”。

汪海下令，限安全科于第二天下午6点前将其占用的四楼腾空，搬到指定的3间房子里。他知道这道命令必然会招来安全科强力的抵制。

果然，安全科的诸位特权者连夜开会，商量对策，决定“集体上诉”，到上级部门去告汪海的状。到了第二天中午，他们仍然占住四楼，不肯搬迁，与汪海保持着僵持状态。

汪海知道这个圈子的实力，也知道自己可能会因此而得罪某些上级领导，但为了企业的利益，为了自身命令的有效性，他没有退却。

汪海马上召集党组会议，决定如果安全科再不搬迁，就罢免其领导。这一招果真灵验，谁都不愿丢了自己的乌纱帽，科长在即将宣布罢免令的最后一分钟终于屈服，开始搬迁。

从此来自安全科的阻力被彻底破除了，其他科在汪海改革之剑的寒光下也不敢再有任何抵制情绪，规规矩矩地执行汪海的命令，机构改革的速度不断加快，为企业的生产创造了良好的条件。

领导者在打破小圈子，清除内部团伙势力时，必然会遇到来自外部和团体自身的抵制和压力，这时领导者不能手软，要一打到底，不给其留有生存机会，否则复苏后的小圈子势力将更加膨胀。汪海在机构改革中面对“特殊小王国”安全科的抵制并没有退却，而是采取更加有力的措施将其逐渐击破，维护了企业的利益，也树立了自身的权威。

小圈子于组织就好像肿瘤和人体，一旦肿瘤恶性膨胀，就有吞噬整个机体的危险，就会威胁人的生命，所以领导者千万不要容忍和忽视小圈子的存在和扩张。

经验之谈>>>>

对待营造小圈子的人，决不能手软。

第3法
该黑脸时要黑脸

在管理过程中，很多结果都不能达到主管们的理想，其实际上的原因不是我们缺少对结果的评定标准，而是下属们的执行力的缺失。所谓“慈不掌兵”，一个团队如果没有铁的纪律，毕竟是一盘散沙。

无论哪朝哪代，对于现状的任何改变都会引起保守者的反对、阻拦，但是势在必行的变革会对社会带来巨大的收益，这个时候是维持暂时的局面而退避三舍，还是从局面的长治久安出发以强力推行变革，是每一管人者都面临的难题。

战国秦孝公时，商鞅在秦国推行变法。一天，孝公主持高层会议，听取大臣们对改革这件事的看法。

大臣甘龙驳斥商鞅：“圣人不改变习俗而引导人民，不改变法令而能治好国家。从习惯上引导人民，水到渠成，会取得好的效果；驾轻就熟，更加务实。”

商鞅答辩道：“凡夫俗子依赖习俗，学者只满足于知识，这两种人只知道在官吏的统治下遵守旧有法律，而不知道向前迈出一步。而自古至今，礼与法不是一成不变的。夏殷商三代礼各不同，而终成帝业；春秋五霸方法各异，而均成霸主。任何时候都是智者制定法律，愚者遵循；贤者修正礼节，愚者受它束缚。”

大臣杜挚也坚决反对改革，以为照已有的方法去做，才不会出差错，如果别出心裁，则有亡国之虞。

商鞅激烈地抨击道："汤王、武王没有依从古法而成王者，夏桀、殷纣没有改变古礼而导致亡国。不跟古人学，才当汤、武；墨守成规，必成桀、纣。不能以为违反了习惯就遭到责难，也不能以为遵守了旧礼就能得到称誉。"

这次辩论，终于使反对派理屈词穷，使左右为难的孝公下定了改革的决心。公元前359年，商鞅起草了第一步变法方案，秦孝公命令颁布全国施行。

从此，贵族领主失去了特权，秦国成为地主制度的国家。极力反对变法的大夫甘龙、杜挚等人被削职为民，一批反对新法的人被处以腰斩、抽筋、下油锅、车裂分尸等酷刑。几年以后，粮食增加了，生活富裕了，人民的思想意识也发生了很大的变化。前354年，秦发兵攻魏，占领了魏国少梁（今陕西韩城县南），打了一个大胜仗，后又夺回西河，逼得魏国求和。魏惠王非常后悔，没听信公孙痤杀了商鞅。商鞅也因其赫赫大功，被封为列侯，称为商君。

商鞅仍用严厉手段推行这次改革，据说有一天竟杀了七百多人，将渭河的水都染红了。

这时作为太子的驷也批评起新法来了。商鞅也知道自己终究要在他手下称臣，但他更知道，这是对改革的严峻考验。他以为，国家法令必须人人遵守，才有威望；太子犯法，师傅担当责任。于是，将太子驷的两个老师，一个割了鼻子，一个脸上刺了字。

据说，在变法之初，商鞅为了取信于民，曾将一根柱子竖在南门上，然后发出命令："谁要把这根柱子扛到北门，赏银十两。"围观的人根本不相信，以为是开玩笑。商鞅一看，没一个去扛的，又加到五十两。人们怂恿一个傻乎乎的人去扛，果然，他得到了赏银。从这件事的反面，我们也看出商鞅变法的力度和严刑峻法之烈。

实行变法十多年后，秦国国力大为增强，内政清明，生活安定，逢战必胜。为以后秦国一统天下创造了雄厚的物质和政治基础。

大到一个国家，小到一个单位，去旧立新是一个永恒的主题，也是每一位领导者面临的最复杂、最艰巨的任务。所以领导者进行的哪怕是小范围、小幅度的变革，都必须以十二分的决心，以强有力的手段去展开，否则，来自四面八方的阻力和打击会让你寸步难行。

经验之谈>>>>

在我们周围，肯定有一些身份特殊的人，是很多人惹不起或不敢惹的主儿，制度到了他们的面前，简直成了一纸白条。对此，主管一定要黑下脸来，只认制度不认人，这样才能镇住局面，才不致让一条鱼腥了一锅汤。

第4法

重视老员工和中层干部

在中国历史上，每个做大事的人，在起家的时候，都有一个起家的资本，那就是“老班底”。这个老班底中的人，大多数扮演着一个中坚的角色，他们起着承上启下、必不可少的作用。他们的稳定与质量，往往决定着整个团队的凝聚力。

无论是在军队还是在企业，我们都应该注重老班底。所谓的老班底，就是我们团队的最初组成部分，那是我们的精华所在。他们在工作上经验丰富、熟悉业务，做起事来轻车熟路；在人品上，他们大多忠诚可靠、吃苦耐劳。虽然说随着时光的流逝，他们或许体力不佳，或许有着这样或那样的职业病，但总体上来说，廉颇虽老，却尚能用。领导者在企业达到一定高度时，进行大换血，其成功者历历可数。

在太阳神集团，1990 年，在怀汉新的毅然决策下，两年前跟他一起创办太阳神的 9 位元老级高层人物被“杯酒释兵权”，让出了自己的位置。

怀汉新“杯酒释兵权”之后，便开始大量招募天下英才，让这些青年才俊分管太阳神的企管部、办公室、人力资源部、财务部、市场部、科技部、事业发展部等要害部门。这些青年才俊大多是一些大学毕业没有多久的高才生，他们雄心万丈却缺乏必要的市场经验。在太阳神，他们各自试验着各自的理想，把公司当成了一块试验田，以至于太阳神的管理模式、经营理念、营销政策一年数变。他们的这种一步三计、坐而论道的作风，在一定程度上也造成了战机的贻误。

与此同时，太阳神的开放式的人才培训体制也的确培养出了一大批营销能人，可这些人在成熟之后又因种种的原因在随后的几年先后离开太阳神，或自立山头，或以高昂身份投靠同行企业，最终在市场上开始了对太阳神的围剿。因此又有人将太阳神那句著名的广告词稍加修改，来描述这一现象："当太阳升起的时候，我们的兄弟都成了对手。"这样的反叛，成了一道颇引人关注的风景。

在这里，作者并没有排斥年轻人的意思，企业人才的年轻化是一件好事，但是这样做要循序渐进，像怀汉新那样，一夜之间全部换掉，不是做企业的好方法。

在中国历史上，每个做大事的人，在起家的时候，都有一个起家的资本，那就是"老班底"。这个老班底中的人，大多数扮演着一个中坚的角色，他们起着承上启下、必不可少的作用。他们的质量，往往决定着整个团队的命运。

曾国藩（1811—1872）的最大成绩就是帮清朝镇压了轰轰烈烈的太平天国运动，这在中国历史上是很少见的。中国朝代的更替，主要是两种模式，一是农民起义对统治集团的沉重打击，其中有人就乘机而起，建立新王朝。另一种就是权贵与军阀拥兵自立，或者取而代之，建立新王朝。太平天国运动是中国历史上规模最大、范围最广、持续时间最长的农民起义，竟被曾国藩集团彻底镇压，让清朝多活 50 年。唐朝的李光弼、郭子仪荡平安史之乱，使唐朝延续，但安史之乱的广度和深度都不及太平天国，而且属军阀割据作乱。

曾国藩是如何做到的呢？这里只讲其中一点。

八旗兵之后，清朝有绿营兵，本是镇压各地叛乱和打击外来侵略者的军事力量。当太平天国运动发起于广西时，绿营兵已经腐败不可用，根本不是洪秀全的对手，都不敢与之交战。因此洪秀全迅速攻占了南京。

曾国藩知道绿营兵不可用，就决心亲手建立一支军队，即所谓的湘军。但是，湘军第一次作战，也是一触即溃。

在湖南编练成军之后，他带着1.7万人的大部队，浩浩荡荡出发了，要与太平军交手，结果还没走出湖南，就在岳州吃了败仗。原来，太平军前锋跟湘军接触后，担心自己孤军深入，就赶紧往后撤，退向湖北。曾国藩以为有机可乘，就继续向湖北进军，水陆齐发，他本人亦随水军行动。太平军会合之后，卷土重来，顺势包围了岳州城。曾国藩本来跟岳州守将不合，又看太平军声势浩大，担心自己也被包围，就想撤退。在部下的三次劝说下，才把战船开到岳州城外，远远发炮，而不敢靠近。城里3000人马，缒城而出者900多，其余被太平军消灭。除了塔齐布一营，其余湘军都逃回长沙。

当初咸丰帝三次要他出兵，他都拒绝，坚持要船、炮、兵勇三者备齐再出征，指望着打个大胜仗，报答皇上的讽刺——咸丰帝在他的奏章上朱批道："你想数省军务一肩挑，试问你有那个能力么?"现在还没跟太平军交手，就退缩回来，这面子可丢大了。长沙官绅大发议论，有的骂他饭桶，有的建议解散湘军，都把他当仇人看。

十几年后，曾国藩还说，当时他的坐船停在江边，有一次湖南巡抚会客，明明就在旁边，却装作没看见，不肯过来问候一声。

跟着的靖港之败，是曾国藩第一次跟太平军正面交锋。

民团来报，说驻扎靖港的太平军人数少，曾国藩大概想捡个便宜，就率队去偷袭，结果遭到反击，湘军大溃，掉头就跑。曾国藩急了，临时竖起一杆大旗，上面写着"过旗者斩"，并站在大旗下，手执长剑，亲自督阵。湘军却绕过大旗，狂奔不止。

回撤路上，曾国藩又羞又愤，想不过来，只身跳入江中，幸好被部下救起。前后相隔不过22天，连吃两个败仗，长沙群情激奋，满城骂声，纷纷要求解散湘军。曾国藩悲观到了极点，衣服也不换，东西也不吃，整夜不睡，并写好遗嘱，买回棺木，准备再次自杀，以谢天下。

黎明时分，湘潭那边却传来捷报，塔齐布率领一支湘军打败了太平军，犹如一阵春风，吹散了他的满腹愁绪。捷报传到北京，咸丰帝也大为高兴，命令嘉奖，曾国藩终于翻了身。

从这次失败中，曾国藩总结出一个重要经验，就是他的部队严重缺乏中下层干部。

他编练的湘军，水师5000人，陆军5000人，各分10营，共有20名营官，却只有塔齐布、杨载福、彭玉麟三营敢于冲锋陷阵，其他各营都一触即败。溃散的兵勇营官统统被他裁掉，他的弟弟曾国葆也在其中。据说曾国葆回老家之后，羞于见人，几年都不怎么出门。

曾国藩又跟咸丰帝报告说，现在急需一二百人作为下级军官，层层管带兵勇，仅靠一两个营官，难以严肃军纪，军心也不稳固，因此一战即溃。

然后他又重新招募兵勇，把罗泽南也调到麾下。经过这次整顿，湘军不仅大大充实了中下层干部，而且出现了塔齐布、罗泽南、杨载福、彭玉麟等4员大将，战斗力得到极大提高，逐渐成为镇压太平天国运动的中坚力量，也成为大清朝唯一可以依靠的军队。

一个组织要发展，必须有一批高素质的、值得充分信赖的中层干部。发展速度越快，对中层干部的要求越高。中层干部不稳定，整个组织的使命就无法彻底执行。红军长征的一大胜利，就是为后来的发展壮大保存了一支干部队伍，活下来的红军战士，大都成为八路军、解放军的中层干部，而且是一群政治上可靠、军事上过硬的中层干部。

经验之谈>>>>

“老班底”与中层干部，是企业的中坚力量。

第5法 善于发现员工中的人才

一些名不见经传的普通科研人员，他们凭借热情、耐心、专注，还有敢于献身的勇气，取得了惊人的突破。社会有今天的财富和繁荣，大多是像他们那样的普通人物的贡献。

唯有天才人物能把企业做大吗？答案似乎如此。比尔·盖茨是活着的典型。

11岁时，考虑到儿子的过人天赋和未来前程，父母把比尔·盖茨转到西雅图的湖滨中学。那的确改变了比尔·盖茨，他在那里迷上了计算机。那里还有保罗·艾伦，比尔·盖茨将来的重要伙伴。他对计算机的热爱超过了一切，以致在哈佛大学的两年，没有人见过比尔·盖茨与哪个女生约会。

高中期间，比尔·盖茨和保罗·艾伦创办的计算机公司就有收获。在哈佛念大二时，比尔·盖茨做了影响一生的决定。他和保罗·艾伦经过无数次深入而广泛地讨论，一致认为，计算机一定会进入每一个家庭，他们正处在革命的时刻。两人的分歧在于，保罗·艾伦更喜欢硬件，比尔·盖茨则认为软件才是计算机的灵魂，而且，他们的技术长项也在软件上。

是顺应潮流做领导者，还是输掉一辈子？比尔·盖茨做了决定：再不干，就会失去历史性的机会，退学吧。他退学了，19岁，从世界一流大学退学。托尔斯泰从大学退学是21岁，还长他2岁呢。

也许，有很多师生会认为：那不是一般学生的选择。这个结论似乎对，却因此而加重“社会的大多数意见”对天才和创造力的扼杀。比尔·盖茨退学时说：“我到哈佛来，是为了向比我更聪明更有才华的人学习，可是，很快我就失望了。”

困难的是，如何才能正确地预见那些像黎明破晓一样即将到来的发展。事实上，汽车和个人电脑在其初始阶段预言它们“死亡命运”的，大有人在。

摄影会有什么商业价值?!

——爱迪生谈自己的发明，1880 年

在长途客运上，汽车会取代铁路？简直是做梦！

——美国道路协会，1913 年

我想，全世界对电脑的需求也就是 5 台吧。

——IBM 第一任总裁，托马斯·华森，1943 年

个人在家里拥有电脑，这是没有道理的。

——肯·奥尔森，数字设备集团总裁，1977 年

同样，晶体管收音机和传真机都是美国人发明的，而预见到它们的商业前景、完成由科技创新向市场价值转变的，却是日本人。

企业要获得巨大成功，大概至少需具备两个长项：

①对新生事物的预见能力；②带着莫大的信心、勇气和热情投入，还要有献身精神。亨利·福特和比尔·盖茨的成功，都是充分发挥上述两个长项的结果。

是不是只有所谓的天才人物才具备这两个长项？

录像机最初是 SONY 的 BaTa 系统的天下，因为在最初的录像机发展史上，经历了 4 个磁头、庞大机身，到 2 个磁头（即 U 制式）、机身缩小的演进。这个贡献是由 SONY 提供的，因此 SONY 的 BaTa 系统占据了大半市场。

但是，机器仍然太大、太重、太昂贵（2500美元一台），一般消费者是买不起的，只有向一些大机构（比如大企业和政府的宣传部门、学校等）推销。SONY公司在这方面做得相当好，利润还可以；另外两家，日本松下和日本胜利（JVC）则是赔钱。

VHS系统的出现，突破了SONY的BaTa系统的太大、太重、太昂贵的弊病，使录像机真正走入一般家庭。按理说，这样的产品应该出自SONY或松下这样的大公司才对，因为20年来，他们一直是家电行业革新的领头人。就规模、名气与开发经验来讲，家用普及型录像机是不可能由其他小公司来完成的。

但是，小公司JVC却完成了这一重大使命。他们一直在努力，在像发明家那样思考问题。

他们坚信，录像机要走入一般家庭才有真正的前途，而SONY的BaTa系统，录像带宽3/4英寸，长度1小时，重21千克，售价2500美元，这不可能进入普通家庭。因此，JVC的基本目标是：制造简单；带子能用2小时，以满足家庭观看的需要。而SONY在这两点上停滞不前。单凭直觉，小公司JVC就看到了一条对手没有看到的成功途径。

他们引鉴大发明家爱迪生的信条："系统的每一个部分，必须和所有其他现存的东西搭上关系……当某一部分不能与其他部分合作时，整个系统就可能瓦解，原定目标则无法达成。"由此，出于果断、耐心和对细节的专注，他们列出了12项目标：

录像机应该——

1. 接在普通电视机上；
2. 能录制电视机的画面和声音，效果良好；
3. 录像时间不短于2小时；
4. 与其他厂商的录像机相容，可以共用录像带；
5. 提供多种功能，可带摄像机，包括录制电视上的电影长片。

家用录像机的设计应该——

1. 不能太贵；

2. 易于操作；

3. 消耗成本低（包括录像带的耗损、价格等）。

从制造商来看，录像机应该——

1. 生产非常容易；

2. 零件可在多种机型里使用；

3. 便于提供售后服务；

社会用途方面，录像机应该——

担任资讯和文化的传播工具。

研究小组的压力很大，因为强大的SONY产品随处可见，而且，在先于SONY产品之前，研究小组的成果在SONY产品面前彻底失败了。研究小组对自己的计划始终保持低姿态，经费遭削减，不与管理层抗争；被派遣去当推销员、故障维修员，也不抱怨。再大的侮辱，都挡不住小组的决心。

小组负责人回忆说："这不仅让我备感压力，小组每一个成员也感受威胁。要用自己的产品与巨头抗争，这是需要勇气和莫大决心的。"

"有一天，我把部门的所有经理叫到房间来，问他们的感想，准不准备和我一起自杀。我说，我们可能不会成功，但是，只要大家都赞成继续做下去，我们就做；如果有谁觉得不妥，请讲明，可以离开。结果有一人脱队，其他人都留下来，准备'同归于尽'。"

经过前后长达26年的奋斗，JVC的VHS规格终于突破SONY产品的封杀，成为行业的标准。在消费者的选择面前，SONY第一次当了追随者。

研究小组的成员，都是名不见经传的普通科研人员，但他们凭借热情、耐心、专注，还有敢于献身的勇气（都做好"同归于尽"的准备了，日本民族的某些精神确实值得研究），取得了惊人的突破。社会有今天的财富和繁荣，大多是像他们那样的普通人物的贡献。

对企业提出的挑战是，如何挖掘一般员工的生产能力，而不是埋怨、批评，或者动不动就说缺人。

经验之谈>>>>

员工的创造力是无限的，却缺少发现的眼睛。

第 6 法

清楚明白地下达自己的决策

在下达命令时，一定要有下命令的对象，要针对每一个人的不同情况下达你的命令，并且采用多种多样的方式把命令下达到位。

一个主管是通过下达命令来进行管理的，命令的内容和形式固然非常重要，但是，更为重要的是不能忽视这桩任务要由谁来负责。

一个公司的总经理对他的 3 个下属下了这样的命令："去拿那个样本过来。"但是，他的 3 个下属只是相互看了一眼，并没有做任何反应。此时，若你置之不理，结局是谁也不会去做。这就是下达命令者的错误，你应指明："林某，拜托你啰！"

我们在办公室里，经常听到这样的指示："谁把这份原稿打好？那项资料，谁帮我拿过来？谁来帮一下忙吧！"

上司中的"谁"到底在哪儿呢？手下经常是一头雾水。

上司在下达命令之后，还必须说明自己说的"谁"在哪里，若没适当人选，不论自己多么忙碌也必须成为这个"谁"。所以切勿用模棱两可的词句命令下属。

如何下一道有魄力的命令，并且能使下属心悦诚服地依照自己的期望来完成自己所交代的任务？如站在被命令者的角度来考虑，就可以得到很清楚的答案。当一位性格温和、待人诚恳的经理命令你："请你做这项工作。"然后你又被一个表情严肃的科长叫去："一点钟以前完成它。"你该怎么办呢？

你会先完成慈祥的经理所交代的工作呢？还是先完成严肃的科长所下达的任务？由此可以了解，利用个性来下达命令的重要性。

以下我们提供了3种下达命令的方法：

1. 大声地下达命令。若你的声音太小，有可能被部属误以为你是在说一件并不重要的事。因此，你必须明确地表示：这是上司在向部属下达命令。

2. 在众人面前下达命令。如此属下才能拒绝其他的任务，并集中精力先完成你交代的任务。

3. 表情严肃，并且威严地下达命令。这并不代表逞威风，你必须让部属感受到你的斗志："对于这项工作我是很认真的，即使拼了命也要完成它。我绝对不会原谅那些企图违抗命令或者浑水摸鱼的家伙。"

若能如此这般大刀阔斧地下达命令，相信一切事情皆能如你所愿。

在下达命令时，一定要有下命令的对象，要针对每一个人的不同情况下达你的命令，并且采用多种多样的方式把命令下达到位。如果命令已下达到你所要求的对象后，那么，接下来就要让他毫不犹豫地去执行。

经验之谈>>>>

不仅要注意命令的内容与形式，还要明确任务的执行者。

第7法 适当分散自己的权力

> 精英的权力过多，往往会阻碍别人的行事机会。精英分子身兼数职，往往会使领导者忽视自身接班人的培养，并会使公司的领导层出现断层。

任何公司企业里都有一些不可或缺的精英分子，他们是公司的灵魂，没有了他们，公司的负责人就像是没了主心骨，不知道该如何是好。

精英人物能在公司里安心工作自然是好事，他们能吸引更多的人才，也是事业发展的中坚，我们强调这些因素，也是由于人才因素的重要性。

殊不知，这里蕴藏着一种危机。

精英的权力过多，往往会阻碍别人的行事机会。精英分子身兼数职，往往会使领导者忽视自身接班人的培养，并会使公司的领导层出现断层。

适时地调整职位是必要的，尽管我们认为用人要有任期，但更要强调任何职位都不是终身的，它并不专属于某个人。要防止一些员工出现骄傲心理，否则在关键时刻他很有可能会要挟领导者。

哈赫特是全世界公认的“连锁商”之父，他的用人哲学很值得借鉴。哈赫特在他上任之初就先问自己，他应该做哪些别人未做、同时又是对公司有长期贡献的事。经过一番深思熟虑之后，他想为公司培养明天所需要的人才，为公司建立一个长期的班子。这位总经理的做法是：当有人告诉他，某位主管离不了某人时，哈赫特就立即将某人调开。他说，主管少不了某人，这不是主管不行，就是某人不行，甚至是两个人都不行。因此，他要挖掘出真正的问题，调走其中的一人，对全盘性的用人大有益处。

如果是主管不行的话，他可以重新任命人选，如果两个人都不行，就一起换掉。只有这样，才能在内部形成竞争机制，防止庸人占据重要位置，也防止少数精英人物的垄断，使有才能的员工无法获得机会。

首先，要熟悉下属的情况，了解下属之间的关系。要及时发现有无这类不可或缺者，一旦发现，立即调开，以对公司用人做全盘考虑。

有意识地培养明天的管理人才，防止一人独当万任，成为不可或缺者，这样也给其他人提供了发挥才能的机会，使其有意识地训练自己、磨炼自己。同时主管也要有意识地多为下属创造机会，机会均等是一个公司用人成熟的表现，这样就可为明天塑造出一批值得信赖的中层管理人才创造了条件。

将不可或缺的精英人物调开，看似是一个比较愚蠢的举动，实际上包含着领导者管人的大智慧。

经验之谈>>>>

不要让公司在某个方面过分地依赖于某个精英。不要让某个精英的存在抑制了其他人才的合理发展。

第 8 法
让下属有追求的荣誉

几乎所有的英雄都是为他们的敌人而活着的。当进攻者失去了对手时，他们的眼中就会失去神采。如果你是一个富有进取心的人，请先确立你的对手。

尊重员工的自尊心，让他们觉得自己很重要，并且在他们表现突出时给予奖励，这些都是很重要的。同时，要注意公开地给予奖励，让公司的员工都知道，并让他们了解其中的重要性，鼓励他们继续为公司奋斗。

虽然你应该夸奖表现突出的职工，但同时又绝不能让职工沉醉于荣耀之中，也绝不能让他们觉得只要这一次表现得很好，就可以不必在乎以后的工作成绩了。

有些时候，单单只从激励的方面鼓励职工是行不通的，还要从反面进行。你可以专门找出职工的一些小缺点，并要求他们达到更高的水准，借此机会可以激励他们更好地表现，这种做法可以称为反面的鼓励。

根据人的特点，凡是工作态度认真而又积极的人，包括管理人员和一线的职员，在情绪上都往往有高潮和低潮的时候，这也同样会反映在工作上。为了维持工作及下属行为的一致性，必须在低潮的时候鼓励职工，让其鼓足干劲；而在他处于高潮时泼泼冷水，让其冷静下来，这在具体工作中是十分必要的。

对于没有干劲的下属，可以告诉他：“你和 A 先生两个人，成功是指日可待的。”就等于暗示了他竞争对手的存在。

有一家铸造厂，该厂的老板经营了好几个工厂，但其中有一个工厂的效益并不是太好，从业人员也没有太大的干劲，不是缺席，就是迟到早退，交货总是延误。该厂的产品质量低劣，消费者抱怨不迭。虽然这个老板已经指责过该厂管理人员，也用过很多办法激发该厂的从业人员的士气，但始终都没有起到什么效果。

有一天，这个老板发现，他交代给现场管理员办的事，一直没有解决，于是他就亲自出马了。这个工厂实行的是昼夜两班轮流制，他在下夜班的时候，拦住了一个工厂的从业人员，并问道：“你们的铸造流程一天可以做几次?”作业员答道：“6次!”老板听完后什么也没说，只在地板上用粉笔写了一个“6”。紧接着，早班的工作人员进入工厂上班，他们在工厂门口看到了用粉笔写在地上的“6”字，随后他们竟然改变了“6”的标准，做7次铸造流程，并在地板上重新写了一个“7”字；到了晚上，夜班的作业人员为了刷新纪录，做了10多次铸造流程，而且在地面上写了一个“10”字。过了一个月，这个工厂变成了这个老板所经营的几个工厂之中成绩最好的一个了。

这个老板仅仅用了一支粉笔，就重振了工厂的士气。而员工们为何突然产生了士气呢？这是因为有了竞争对手。作业员做事一向都是拖拖拉拉、无精打采，可是在有了竞争对手之后，便激发了他们的士气。

每个人都有自尊心和自信心，潜在的心理都希望“站在比别人更有优势的地位上”，或“自己被当成重要的人物”。从心理学角度讲，这种潜在心理就是自我优越的欲望。有了这种欲望之后，人类才会努力成长，也就是说这种欲望是构成人类干劲的基本因素。

一个朋友养了一只德国种的牧羊犬，平时无事的时候这只牧羊犬无精打采地躺在地板上睡眼惺忪地打瞌睡，懒得就像一团泥。但一旦它感觉到威胁降临或它认为敌人来临时，就会两眼炯炯有神，耳朵竖起，毛发也好像有了精神。只有这个时候，我们才真正能够体会到这是一只优秀的牧羊犬。

几乎所有的英雄都是为他们的敌人而活着的。独孤求败在雨夜里歇斯底里地狂叫“谁敢杀我!”他的内心因为没有对手而无依无助；当李元霸举锤打天的时候，是多么的痛苦与无奈！诸葛亮病死之时，司马懿曾感到无比的落寞。当进攻者失去了对手时，他们的眼中就会失去神采。如果你是一个富有进取心的人，请先确立你的对手。

只要能够正确地利用这种心理，并设定一个竞争对象，让对方知道这个竞争对象的存在，就一定能成功地激发一个人的干劲，但是如果我们以直接的方式告诉对方，说：“他就是你的竞争敌人。”效果则较差，因为这样好像是给了对方一个强制性的压力，使对方有了警戒的心理，反而会在心中产生一定程度的反抗。

经验之谈>>>>

武林中当你打遍江湖无对手时，自己的武功实际上也废了。因为你没有用武之地，没有证明自己的机会。领导者要根据具体情况巧妙地引入内部竞争，以激发下属的斗志。

第 9 法

不放过小问题

"千里之堤，溃于蚁穴"，许多看上去很小的问题，往往就是致命的隐患。

我们领导者在企业当中，由于职权原因，在对某些财物的处理上有许多方便之处，但绝不要因此而坏了纪律。如果你认为拿公司的一张纸、一支笔是无关痛痒的话，那么离你拔个插座、摘根灯管、截段电话线也就不远了。

在公司里，我们是员工的众目所瞩，贪图小便宜总会使我们声名狼藉。

某外贸公司的老张工作经验丰富，也表现得兢兢业业，很快便被公司委以重任，成了老总的私人助理。但也有个"毛病"，就是总爱拿公司的一些小东西回家，今天拿几支笔给儿子写字，明天拿一沓复印纸给女儿做算术。公司老总虽然知晓这些，但老张工作细致，任何事都能安排得井井有条，也就"睁一只眼，闭一只眼"算了。

一次，公司在A市的一个办事处业务绩效突然直线下滑，老总不明原因，于是派老张去了解情况。

A市办事处的负责人知道"钦差大臣"要来，自然做足了准备。老张一到，负责人早已在当地给老张定了最好的酒店，并安排工作人员拉着老张在A市逛了个遍，当地的名酒名烟、土特产给老李带回了一大摞。第二天，工作人员才领着老张去了办事处所在地，并将早已准备好的材料一一给老张过目。

总喜欢贪点小便宜的老张，见这次“收获”不小，材料中也没看出什么漏洞，并且负责人答应老张一定会将业绩搞上去，所以也就放心了。公差已毕，老张美滋滋地扛着大包小包回了家。当老张第二天回公司报告此次调查结果时，“如实”地按照“A”市负责人的“交待”报告给了老总。老张说，A 市的业绩下滑主要是因为给业务员的提成太低，使业务员心里不平，从而导致工作没有积极性，所以业务量也就下降了。

公司老总依据老张的报告，立即给 A 市的业务员增加了提成。但两个月过去后，A 市的业绩不但没有提升，而且下滑得更加厉害。然而，无巧不成书的是，老总接到了 A 市一个业务员的匿名电话，举报了 A 市负责人私自降低他们的提成，中饱私囊，导致他们很多人辞职，并且还顺带说了老张上次出差有“受贿”嫌疑的事实。

老总听了这个电话，大怒，找来老张质问其是否“受贿”。老张听了大惑不解，自己只是拿了点土特产回家，怎么能说是“受贿”呢？后来，A 市的负责人为了推脱责任，居然倒打一耙，说给了老张达万元的物品。老总并没有把那位负责人的话当真，并立即开除了他。但老张知道此事后，依然羞愧难当，最终自己辞职回家了事。

“千里之堤，溃于蚁穴”，许多看上去很小的问题，往往就是致命的隐患。

经验之谈>>>>

在公司里，我们是员工的众目所瞩，贪图小便宜总会使我们声名狼藉。

第10法

规矩外讲些人情

光有软的或硬的似乎都不妥，最高明的则是软中有硬。我们可以把领导者的发威视为“硬话”，而把领导者的“施恩”视为“软话”。软硬兼施，双管齐下，因人因事而采取相应的措施。

人的身体的构造，有坚硬的部分——骨骼等，也有柔软的部分——肌肉、软组织等，只有将二者有机结合，人才能灵活自由地从事多种活动。领导下属时，应该软中有硬，宽严相济，从而达到最佳效果。

南越王赵佗，原本是秦朝派到广东、广西管理南方的地方官，秦朝灭亡之后，他自立为王。汉高祖平定天下以后，不愿再动用刀兵，对他实行了安抚政策，仍任命他管理南方，并给予赏赐。这种怀柔政策使得汉朝的南疆和偏远的地区得以安宁。可是吕后当政时，却将南方视为蛮夷，并制定一些民族歧视和压制政策，最终激起了赵佗等人的反抗。

汉文帝即位以后，重新恢复了汉高祖刘邦推行的安抚政策，除了给赵佗许多的赏赐以外，还给他的亲属加封官职。这一切使赵佗深受感动，自动废除了王号，并上书请罚，发誓永远向汉朝称臣。

从这个例子中，我们可以看到，在管理下属的过程中，光有软的或硬的似乎都不妥，最高明的则是软中有硬。我们可以把领导者的发威视为“硬话”，而把领导者的“施恩”视为“软话”。软硬兼施，双管齐下，因人因事而采取相应的措施。

领导者用“硬话”发威以后，给下属一段时间检讨自己的行为，反思自己的过失，然后领导者可以有计划地逐步做收服人心的工作。可以把自己认为有影响的下属先找来，进行深入地长谈，用词也不妨恳切些，态度要真诚自然，让他感觉到你确实是器重他。这就可以在一种“软”性气氛中真正感动下属。

领导者只需通过这些中间人的传播作用稳定大局，而不需直接出面。由有影响的下属把领导者的意思传达给其他下属，每个下属都会反应过来：“原来上司也不是冷酷无情的。”他们也许会想到，只要好好干，上司还是会欣赏的，升职加薪的机会就一定还会有。

可见，领导者的“硬话”发威是强硬的一手，镇住了局面；再通过“软话”把意图缓缓地传递下来，浸润到各个下属的心中。

善于发威的领导者应该深知，“威”虽然是对众人而发，但对个别人而言，应该有不同的做法。“软”和“硬”是相对而言的，不可千篇一律。

这里要注意“过犹不及”，有的人用高压的办法是根本无法解决的。好胜心特别强的下属对此极为敏感，这时就需要“软话”那一套。他们一旦体会到领导的恩惠，就会以“士为知己者死”的态度来回报你。这种情况也是在发威，只不过这里是施威于无形之中罢了。

有威慑力的领导者通常决断力强，办事爽快果断，常常是一字千金，以此可以使下属折服，部下也会因为佩服他而自觉地向他靠拢，全心全意地接受他的领导。

更有人指出，用恩不如用仁，用威不如用礼。管人的方法需要深入体会摸索才更好。

经验之谈>>>>

管理下属时，要学会两条腿走路，应该法中有情，软中有硬，宽严相济。

第 11 法

用职位晋升来鼓励下属

在一个有机会升迁的公司里工作，总是让员工们兴奋不已。

一个领导者，有了优秀的下属，也给予了下属们一片奋斗的天地，好像一切都万事大吉了，而公司正在逐渐变得强大，收入也在不断地增加。与此同时，一个新的问题也就产生了：怎样把人才留在技术岗位上和产品组里，以便利用他们所积累的专业知识对公司已付出的投资（包括公司对他们培训的投资和公司技术改造的投资等）实现更好的效益回报？下面我们看一下微软是怎么做的。

微软做了一些在鄙视官僚主义的高科技公司里相对普遍的事情：他们在技术部门建立了正规的升迁制度，以满足优秀人才的升迁需要。

事实上，早在很久以前，微软公司就认识到利用升迁这一办法对于留住熟练的技术人员是很重要的。正如微软公司的高级管理人员普尔斯说："我们非常清楚地意识到双重职业的概念，当一个家伙不想做经理时，他也能像一个愿意当经理、当头头的人那样发展并升迁。"

微软既想让人们在部门内部升迁以产生激励作用，还想在不同的职能部门之间建立某种联系。它通过在每个专业里设立"技术级别"来达到这个目的。这个级别用数字表示不同的职能部门。起始时总是大学生刚毕业时的 9 级或 10 级，一直到 13 级、14 级、15 级。这些级别既反映了人们在公司的表现和基本技能，也反映了经验阅历。升迁要通过高级管理者的层层审批，并且与报酬直接挂钩。1983 年到 1984 年，微软还建立起晋级制度，这种制度能帮助经理们招聘开发员工并建立与之相匹配的工资方案。当微软建立起其他的专业部门时，每一个领域都建立起了类似的晋级制度。

级别对雇员最直接的影响就是他们的报酬。通常，盖茨的政策是低工资，包括行政人员在内，但以股权和奖金的形式给予较高的激励性收入补偿。行政雇员和高级雇员的基本工资比公司的平均工资高不了多少。盖茨在1994年仅拿了27.5万美元的工资和18万美元的奖金，但他还拥有公司25%的股票，其他的高级经理人员拿的和他差不多或者更少，像史蒂夫·鲍尔，他拥有公司5%的股票，是公司的第三个亿万富翁，仅排在盖茨和保罗·艾伦之后（保罗·艾伦作为成员拥有微软10%的股票)。1994年他的工资收入为24万美元，奖金也只有19万美元。麦克·梅普尔斯的工资额是24万美元，奖金有25万美元。在微软实行这种制度之后，刚从大学毕业的新雇员（10级）工资大约为3.5万美元左右，拥有硕士学位的新雇员的工资大约在4.5万美元上下。对于资深或者非常出众的开发员或研究员，盖茨将给予两倍于这个数目或更多的工资，这还不包括奖金在内。程序经理和产品经理与开发员的工资几乎一样多，测试员的工资开始的时候要少一些，刚开始时为3万美元左右，但对于高级的管理人员，其工资亦可达到8万美元左右。但由于拥有股票，微软的17800雇员之中大约7000人是百万富翁——大概算是类似规模公司之中百万富翁比例最高的。

正是由于这种制度，技术级别或管理职务上升得很快，产品组和专业部门也得益于有不同背景和视野的人员的加入，而且在产品组之间保持了某些人员的流动性，所有的员工都在为实现他们的理想而工作。

通过以上微软的事例，我们看到，作为一个领导者，首先要考虑下属的利益追求，并努力通过一些制度把下属的利益纳入到公司的整体利益当中来，这是走向成功的重要因素。如何利用有效的升迁机制，从而带动下属的利益激励，发挥出下属的能力，这是领导者在统御下属的过程中要不断探索的问题。

经验之谈>>>>

运用升迁机制满足下属的利益需求，从而实现激励下属的目的。

第12法 不要吝啬员工的薪水

让下属的利益与公司紧密结合，你就会获取员工们的热情和努力的工作。无论是薪水还是各种福利待遇，总之职工最关心的事情——那些实实在在的东西，要想企业壮大，留住人才，这些不是最根本的，却是最必需的。

在企业经营中，明确了责任目标，战略就能自动实现吗？结果就会自动出现吗？常识性回答肯定是不能。

但是，企业常常犯这样的错误：目标、标准定得都很清楚，可就是不配备资源，或者是配备不了资源，但就是要结果，就是“又要马儿跑，又要马儿不吃草”。结果呢，目标自然难以实现，绩效结果肯定是很差。因此怨战略无用，怨绩效管理不行，怨人员无能，怨命运不好。这便是企业绩效管理、执行的第二大问题。有效解决办法就是“资源配置”，就是“既要马儿跑，也要马儿吃到草”，就要“兵马未动，粮草先行”。

没有资源配置，“又要马儿跑，又要马儿不吃草”，既要别人忠心，自己又没有诚心、诚信，这样一来战略管理、绩效管理就成了无源之水、无本之木。

在青岛市东海西路17号海信大厦的很多办公室中，挂着这样的标语：

- 感情留人
- 待遇留人

· 事业留人

这就是海信的“留人”哲学。事实上，海信最希望以“感情留人”，因为这是企业文化的感染力，也最具有感召力。周厚健曾经说：“关心员工，照顾员工，我认为这是目前我们海信的干部最重要的工作。”

但是，对于一家现代企业来说，仅仅靠感情维系显然比较脆弱，那么，给员工戴上一副“金色手铐”吧，用事业和待遇将他们固定在这里，继续为海信服务，继续发挥他们的潜能。

在跨国公司中，股票或期权的激励被喻为“金色手铐”。戴上这副“金色手铐”，那些骨干力量就被公司锁定了。

1996年发生的海信实业“改制事件”，也是股份制改造的实验，集团将海信实业60％资产售予内部职工，其内部职工股在青岛上市交易。

一副“金色手铐”，锁定无数人心，激励他们向着一个方向前进，这就是资本的力量。

三菱集团号称日本“第一财阀”，企业至今已有120多年的历史。为保证员工后顾无忧，不为失业烦恼，三菱集团实行终身雇佣制。

三菱集团认为：“既然是终身雇佣，就应一直照顾员工到死。”这种厚恤退休员工的做法，使得在职员工也感到安心。

厚待之下，必有忠诚。战后日本大企业或多或少都出现过一些劳资双方的争议，有的还特别激烈。但三菱集团却是例外，从1945年至今未发生一例大的劳资争议。

在美国，微软公司拥有雇员27055名，人均创收535354美元，80％的员工拥有认股权。正是由于这样，在微软公司，更具有挑战性，也更吸引人。因此有评论说，在这里的人，无论精力、才干还是热情，都是从未见过的。

爱立信中国公司的薪酬制度有许多特色：

1. 来爱立信之前的工龄也算数；

2. 部分员工有股份；

3. 给员工发体育补助；

4. 工资围着市场转，奖金与业务目标“接轨”；

5. 爱立信没有降薪。

物质是最基本的东西，忠诚与勇敢都是建立在物质基础上的，如果离开物质去谈其他，那就是在缘木求鱼。无论是谁，薪水的多少肯定是是否被重用的一个标志。当年的韦尔奇也是如此。

1961年，杰克·韦尔奇已经以工程师的身份在GE公司工作了一年，年薪是10500美元。看他表现还不错，他的第一位老板给他涨了1000美元。韦尔奇自我感觉也挺好。不久，韦尔奇发现他们办公室中的4个人薪水是完全一样的。他感到非常恼火。他认为应该得到比“标准”加薪更多的东西。这次早已预先确定好的标准工资浮动使韦尔奇看到了这个GE公司并不像传说的那样好。

他有些恼怒。

他去和老板谈了谈，但是讨论没有任何结果。

他萌生了换工作的想法。不久，他找到了一份体面的工作，单位是一家设在芝加哥的国际矿物及化学公司，离他岳母的住所不远。

这可急坏了韦尔奇的直接上司——当时年轻的经理鲁本·古托夫。

“不行，我得想方设法把他留住。”古托夫当晚就邀请韦尔奇夫妇共进晚餐，苦口婆心地劝说韦尔奇一定得留下。

他对韦尔奇说：“我给你涨一点工资，在科普兰给你涨1000美元的基础上，再涨2000美元……我知道，钱不是主要原因。”

黎明后的几个小时里，韦尔奇出席了为他举行的欢送会。但他决定留在GE公司。

在一些劳资纠纷当中，也许大多数人都会说：这不是钱的问题。你可千万别相信，如果不是钱的问题，又会是什么问题呢？是重视？是信任？如果没有一定量的薪水，那么重视与信任又从何来呢？

“钱不是万能的，但没有钱却是万万不能的。”这句客观而又精辟的话，说明钱是多么重要。管理者要激励员工努力工作，就要让员工在薪酬上感到满意。

福特公司首创的流水线生产方式使得福特汽车公司的生产效率急速提高，也使得员工的劳动强度加剧，为了完成订单，工人们有时周末也得加班，而工人们的工资并没有任何提高。

一次，亨利·福特的独生子埃德赛陪同父亲巡视厂房后，对父亲说：“工人们看您的眼神有点怪。”并解释可能的原因是：福特公司在流水线生产方式创立之后，只注重了机械设备和生产管理方面的重要性。在一定程度上，它将员工看成了一种机器，而员工是实实在在的人。机器不知道劳动的辛苦，劳动强度的增长并不会导致机器的反感，而增大工人们的劳动强度但不增加报酬就会使得工人们产生怨恨情绪，而这种情绪的存在始终是公司发展的一大隐患。听完儿子的解释，亨利·福特恍然大悟，他随即对此进行了十分深入而详细的调查。

调查结果表明，由于福特汽车公司采用了新的生产方式，工人们的劳动强度，根据工种的不同是其他工厂工人劳动强度的1.5倍或数倍。在快速移动的流水线旁，工人们神经高度紧张，手像机器式的运动，常常要经过4个小时，才能得到短暂的休息。每周工作6天，每天将近工作10个小时，而且经常要加班加点，而工人们的工资水平却仅相当于整个底特律的平均水平，每天仅有2美元左右。这样严重挫伤了工人们的劳动积极性，大批工人们纷纷离开福特公司，从事和福特工资接近，但劳动强度较低的工作。到1931年时，工厂里工人们的变更率已达38%。

劳资矛盾的突出表现使得亨利·福特猛醒：大批量的生产方式不仅是改变机械作业的方式问题，它的效率能否充分得到发挥，还取决于工人们的劳动积极性。亨利·福特立即召开紧急会议，商讨增加工人报酬问题。福特果断地做出决定，工人们的工资从每天2美元提高到每天5美元。福特公司的工资变动引起了轩然大波，成为人们激烈争论的焦点。有人说福特发了疯，这样搞下去，福特汽车公司迟早要破产。

福特顶住了压力。高工资的效果显示，全国成千上万的工人们来到福特公司应聘工作岗位。福特公司一方面提高工人们的积极性，一方面大力强调工作的纪律性，以保障大批量流水线生产的顺利进行。5 美元工资虽然使得福特汽车公司每年支出 1000 多万美元，但公司利润却得到成倍增长，1914 年利润为 2000 万美元，到 1916 年已达到 6000 万美元。

与薪水相近的就是福利待遇，它往往起着同样的作用。

在 IBM，老沃森在恩地科特北大街上买下了一片荒地，建立了一片装有空调设备的白色现代化工厂，以及一座宏伟的研究和发展中心，这个中心的正面建筑是古希腊柱头式的。所有在建筑物前走过的人，都会不由自主地感到“一股巨大的公司的精神和生命力”。在工作的车间里，机器一尘不染，硬木地板擦得很亮。老沃森还在工厂后面的小山上，买下了一家古老的酒店，把它改造成一个乡村俱乐部，饮料全部免费。俱乐部内附设两个高尔夫球场和一个射击场。任何 IBM 职工都可加入俱乐部，每年仅须交纳一美元。为了“减轻一下职工妻子的厨房劳动”，俱乐部每星期还提供三顿晚饭。此外，IBM 还提供免费的音乐会和图书馆，开设夜校以提高职工的素质。

无论是薪水还是各种福利待遇，总之职工最关心的事情是那些实实在在的东西，要想企业壮大，留住人才，这些不是最根本的，却是最必需的。

只要员工的利益是与公司的兴旺发达紧密相关的，员工就会把公司当做自己的生命，充分地调动其积极性，最大限度地使公司壮大。

在美国，一个周末的晚上，可恶的恐怖分子在斯宾塞公司的橱窗里偷偷放置了几枚定时炸弹。爆炸后，不仅斯宾塞公司受到了巨大的损失，相邻的几家商店也在爆炸中遭到了破坏。

爆炸声引起了恐慌，更惊动了斯宾塞公司的所有员工。第二天正是休息日，按照惯例正是商店营业的大好机会。该店员工在没有任何人号召的情况下，不约而同地早早来到了店里，清理一片狼藉的现场。在其他相邻的商店刚刚开始清扫现场时，斯宾塞公司已经开始接待顾客，正式营业了。

人们不禁想问这样一个问题，这家公司的员工为什么会这样做呢？其实，只要我们了解了该公司领导的管理方法，就不难找到正确答案了。这就是公司下属的切实利益与公司整体的利益紧密相关，一损俱损，一荣俱荣，再没有比这更能刺激公司员工的干劲了。

斯宾塞公司是英国销售服装和食品的大零售商之一，也是英国最注重福利的公司之一。然而，公司的福利并不是慈善机构的面包，是硬塞给你的，公司的福利是为了激励员工去积极工作。

斯宾塞公司一贯关心和重视自己员工的福利待遇。管理层把每个员工都看做是有个性的人，每个人事经理都要对他所领导的员工的福利待遇、技能培训等负责，这样就使公司的每个员工都能受到关注，真真正正地做到以人为本。

为了调动职工的工作积极性，公司修建了高质量的职工餐厅，并且工作时间中有多次的休息、放松和喝茶的机会，这样可以保证职工有充足的精力投入到工作当中去。公司每年都要拨巨款用于提高职工的奖金和福利，这是一笔相当大的数额，但经营者并不认为这些慷慨的付出只会使下属看到公司对他们的关怀和体贴，而是让他们觉得只有把公司经营好，做好自己的工作，才能获得丰厚利益。正是在这一经营理念的指导之下，斯宾塞公司成功地实现了其业务的蒸蒸日上。

这就是把公司的收益与员工的利益紧密相连的工作方法。这些措施大大增强了公司的凝聚力。不论职务高低和工作轻重，公司上上下下都以在斯宾塞公司工作而自豪，这是一笔丰厚的精神财富。

对于公司的经营者来说，这是一个很浅显的道理，如果员工的生活来源大多为公司所创，员工们必然把公司视为生命。所以，让下属的利益与公司紧密结合，你就会获取员工们的热情和努力的工作。

经验之谈>>>>

在一些劳资纠纷当中，也许大多数人都会说：这不是钱的问题。你可千万别相信，如果不是钱的问题，又会是什么问题呢？是重视？是信任？如果没有一定量的薪水，那么重视与信任又从何来呢？

第13法
和副手搞好关系

有的正职领导者不善于使用自己的左右手，孤军奋战，这是不正常的表现。正副职之间只有推心置腹，心心相印，情同手足，班子才会团结，事业才会兴旺。

春秋战国时期的宓子贱，担任地方长官。据说他每天只弹琴而不办事，但辖区内的治安良好，工作卓有成效。

后来，有个叫巫马期的人接替了宓子贱，此人非常勤劳，每天从清晨工作到晚上，但辖区内并不平静。

巫马期不知该如何是好，于是他前来拜访前任长官宓子贱。

他向宓子贱请教说："听说你每天都在弹琴游玩，但辖区内部治理得很好。而我每天专心工作，忙得不可开交，反而还做不好，其中到底有什么诀窍没有？"

宓子贱回答说："我凡事都信赖副手，交给我的部下去做。但你却什么都亲手去做，人的能力总有个限度，不可能事必躬亲，这样只能把自己弄得很累，还会挫伤下属的积极性，造成他们的依赖、埋怨或抵抗情绪，使他们没有主见和责任感，恐怕差别就在这里。"

宓子贱可能每天只弹琴却不办事，但他把辖区治理得很好却是事实。恐怕他是真正懂得管理的高手，突出地表现在重用副手上，不属于自己职权范围内的事不直接去管。可以看出宓子贱是一个清醒的正职领导者。清醒才能超脱，超脱能使人更加清醒。作为正职领导者，只有保持清醒，才能抓住工作中的大事，管住全局，不至于陷入繁重的事务堆中。正职领导者如果拥有得力的助手，就会如虎添翼、事半功倍，否则的话，就会奔波忙碌，到处忙于“应急”“救险”，而失去了工作的主动权。那么正职领导如何发挥副职、参谋的先锋作用呢？

第一，要放权。正职领导者要像宓子贱那样分给副职应有的权力，真正使副职有职、有责、有权、有威，使他对其下级能够说了算，让他觉得手中的权不是假的，不是虚的，位子不是多余的，不是空的。正职领导者要使自己的副手们说话理直气壮，办事敢作敢为。

如果正职领导者把权力都搂在自己的手里，紧紧地握住不放，什么都要自己说了算，那么副职领导者就迈不开步，走不动路，欲干而不能，欲罢而不忍。到头来，正职领导者就会成为孤家寡人，什么事情都办不好。

也有些副职领导者，不怕权力小，只怕权力大，怕工作做不好，错了承担不起责任，于是事无巨细地请示汇报，怕用权多了有揽权之嫌等，这也是不对的。对于副职的这种担心，正职领导者需要做好他们的思想工作。

第二，要放心。有些正职领导者对副手总是放心不下。副手真的认真负责、大胆工作、敢作敢为时，正职“叶公好龙”，怕惹是非、“帮倒忙”，于是，想方设法泼冷水，这样使副手左右为难，那可真是进亦忧、退亦忧。

正职领导者不要事无巨细，样样不撒手。放手让副职独立思考、独立工作、独立解决矛盾，不要把一些无足轻重的事看得太重要，不要怕副手失败。人不经历失败就不可能真正认识生活的真谛，失败可带来宝贵的经验。所以正职领导要做到真正的不插手、不干预，充分信任和信赖副职。

第三，要交代、依靠。在具体工作中，正职领导者在副职领导有了困难时要鼓励和帮助；遇到紧急情况或重大问题来不及请示报告要谅解；若有人要打副职的小报告，不要听风就是雨，随声附和，要为副手撑腰，对副职决定的问题，处理的事情，只要不违反原则，不要轻易否定；需要修改的也要引导其自己做出修改决定。

正职领导者必须明白，副职在为正职负责，在为正职行使权力，正职应该维持副职的威信，树立副职的权威。所以正职领导要有宽广的胸怀、成人之美的品格，创造条件使副职的才干发挥出来，并为此感到高兴，而不是嫉妒。

副职是正职领导者的左膀右臂、亲密战友，正职领导者要依靠副职领导者出主意、想办法、出成果、出经验，依靠副手克服困难，共渡难关，开拓前进，弘扬事业。这样，副职也会认为自己在正职心目中的位置十分重要，而愿意为之出谋划策。有的正职领导者不善于使用自己的左右手，孤军奋战，这是不正常、不知心的表现。正副职之间只有推心置腹，心心相印，情同手足，班子才会团结，事业才会兴旺。

第四，要揽过。智者千虑，必有一失。任何人在工作中都会有这样那样的失误。正职领导者既然能放手放心让副职工作，就应允许他们出错，并为其承担责任，一起总结经验和教训。人有了过失时，心情最不好，这时就特别需要正职领导者的关心、体贴、理解、谅解和安慰，而不是责备、训斥、抱怨，甚至是降职不再启用，如果这样，会使其他副手有兔死狗烹之感。这时正职领导者要能适当地揽过，这样不仅可给副手以信心和宽慰，还可以让下级看出正副职之间的紧密团结，从而增强整个群体克服困难的信心，防止别有用心的人寻找缝隙。

此外，正职领导者还要协调副手之间的关系。对副职们要一视同仁，不要亲此疏彼，不要孤立地看谁的作用大，谁的作用小，从而厚此薄彼。要及时解决他们之间的矛盾，协调好他们之间的关系，使他们心往一处想，劲往一处使，像群星拱月一般凝聚在正职领导者的周围，正所谓“智者尽其谋，勇者竭其力，仁者播其惠，信者效其忠”。

愿所有的正职领导者都能像宓子贱那样治理自己的单位，也愿那些像巫马期的领导者及时总结经验，纠正不足，使正副职各司其职，各尽其力，团结一致，共创新业。

经验之谈>>>>

对副职的行为要予以足够的信任，对副职的失误要予以谅解和鼓励。

第14法
不要怕起用新人

领导者想要冲破“马太效应”对人才的阻隔，就要坚持“唯才是举”。俗话说：“有名皆从无名来。”鲁迅曾风趣地说：“即使是天才，刚生下来的第一声啼哭，也不是美妙的音乐。”

宋朝的宰相晏殊，有着很多过人之处。《待人玉屑》中载有他的一件趣事：有一次，他路过扬州大明寺，让随员念壁上的诗，但不许事先念出作者的姓名、籍贯等背景，而是在听出是好诗之后，再询问作者的情况。晏殊正是用这种方法，发现了诗才出众的王琪，即将他由县主簿推荐到集贤院。

晏殊的这种特殊做法，现在看来仍有现实意义。他叫人念诗而“戒其勿言爵里姓名”，这对于革除那种看名气地位、讲人情面子，任人唯亲、唯资历、唯门第的做法，不失为是一个好办法。从实践效果去发现和识别人才，才能做到选贤任能。是诗人，就要看他的诗作；是科学家，就要看他的科研成果；是干部，就要看他的政绩……这实在是客观、公正的选人标准。历史上，尧选舜、刘备选孔明等，凭的就是其“贤”与“能”。

发现人才，不是让领导者发现“显人才”，而是指发现“潜人才”。这就需要研究人才由“潜”到“显”的规律，而要探讨此规律，就需要战胜“马太效应”。

“马太效应”一词，来源于美国科学家、史学家罗维特·默顿。他用这样一个名词来概括一种社会现象——对已有相当声誉的科学家做出的特殊科学贡献给予越来越多的荣誉，而对那些还未出名的科学家则不肯定他们做出的成绩。

默顿为什么用“马太效应”4个字来为这种现象命名呢？原来“马太”指的是《圣经》中“马太福音”的故事。

主人要到国外去，把3个仆人叫来，按照其才干把银子分给他们。第一个得了5000两，第二个得了2000两，第三个得了1000两。

主人走后，第一个仆人用5000两两银子做买卖，又赚了5000两；第二个人照样赚了2000两；第三个仆人把1000两银子埋在地下。

过了好久，主人回来了，与仆人算账。

第一个仆人汇报赚了5000两银子，主人说：“好，我要把许多事情派给你去管理，可以让你享受主人的快乐。”

第二个人仆人汇报赚了2000两银子，主人说：“好，我要派你去管理很多的事情，让你也享受主人的快乐。”

第三个仆人说：“我把您分给的银子埋在了地下，一个也没少。”主人骂了这个仆人一顿，决定收回他这1000两银子，分给已拥有10000两银子的人。

故事以几行诗做结尾：“凡有的，还要加给他，叫他有余；没有的，连他所有的也要夺过来。”这便是“马太效应”一词的由来。

联系到目前社会上纷杂的人才现象，可以说“马太效应”是一种社会的惯性。已经成名的“显人才”，社会加给他们的荣誉、待遇、职位会越来越多，以至于忙应酬，影响工作；而尚未成名的“潜人才”经过千辛万苦创造的成果却无人问津。马克思经典作品曾多次讲到这个问题：“在我们国家有成百成千的有才能的年轻人，他们竭尽全力要从下面冲上来，以求把自己的微薄贡献投入到我们建设事业的总宝库。但他们的努力往往是劳而无效的，因为他们常常被文坛‘名人’的自负、我们某些组织的官僚主义和冷酷无情，以及同辈的嫉妒压抑下去。我们的任务之一就是要打穿这堵死墙，使不可胜数的年轻力量得到出路。”斯大林在20世纪40年代就讲到要支持“小人物”，支持未出名者，帮助他们减少阻碍人才成长的“死墙”，目的也是为了减弱“马太效应”，促进人才选拔机构以能够早日发现人才，启用人才。“马太效应”的副作用是比较明显的，几乎所有的人才在从“潜”到“显”过程中，都遇到过这种效应的阻力：

达尔文发现了进化论，被人骂了祖宗；

米丘林为人类提供了香蕉梨，反遭攻击，说他“把上帝的果园变成了妓院”；

贝尔纳的《气球上的五星期》写出后，无人赏识，难以出版，气得他差点把书稿扔进了火炉；

就是众人皆知的郭沫若、侯外庐等一代文人，在他们初出茅庐之际，“不扎实”的评语讥言也曾流行一时！

不难看出，人才总是要多多少少经历一番“马太效应”的考验，才以自己顽强的毅力、优异的成果显露于世，古今中外，无一例外。既然社会上存在着“马太效应”这种对潜人才的抑制，这就给人才的发现者提出了一个责任：要学会用人才于未名时，支持人才于逆境时。

领导者想要冲破“马太效应”对人才的阻隔，就要坚持“唯才是举”。俗话说：“有名皆从无名来。”鲁迅曾风趣地说：“即使是天才，刚生下来的第一声啼哭，也不是美妙的音乐。”打开人类的史册，古今中外有哪一名发明家、科学家、鼎鼎有名的大人物，一开始不是默默无闻的“小辈”呢？爱迪生卖过报，高尔基打过杂，瓦特发明蒸汽机时是个机器修理匠。我国古代的毕昇、鲁班、李时珍大都出身“布衣”之家。闻名于世的赵州桥的设计者李春，是我国隋代的一个普通石匠。你能说他们不是人才吗？其实，我国古代许多有作为的政治家，以及有识之士在用人问题上都是强调不计家世、不计名位的。春秋战国时期的墨子，曾提出“官无常贵”；韩非子在其《说疑》篇中指出，不论被选拔者出身如何低微卑贱，或是出生在山林沼泽的地方，或是被捆绑着关在牢房里，或是做厨师、养牲口、喂耕牛，只要他们是人才，那些开明的君主都会加以举用的。

南宋词人辛弃疾有句诗叫做“花不知名分外娇”，是指有些榜上无名的“野花”反而要比花苑里那些名贵花卉开得娇艳。在人才问题上有句名诗叫做“更有无名胜有名”。现实生活中往往那些名不见经传的小人物反做出了那些士家名流所不能做出的事。翻开科学史，在科学上标新立异、有重大突破的人，几乎都是当时的非名家。伽利略 17 岁时发现钟摆原理；牛顿 23 岁时创立微积分；华罗庚发表《苏家驹之代数的五次方程解法不能成立之理由》，首先向名家挑战时，他当时也只不过是小县城里一名二十几岁的小店员。

借古鉴今，晏殊的方法我们还是要学习的。应对那些默默无闻而又“名不见经传”的“小人物”给予足够的关注与重视，从大脑的深处彻底根除“马太效应”的痼疾。

经验之谈>>>>

用人才于未名时，支持人才于逆境时。

第15法
多让下属学习案例

> 李世民把尉迟敬德召进宫中，说："朕要和你们这些死里逃生的大臣同享富贵，然而你却仰仗有功而傲气十足，并且多次犯法。你可知道古时韩信、彭越二人为何被杀？他们俩又何尝不是立下了汗马功劳？正因为他们不把汉高祖刘邦放在眼里，最后被刘邦处死，那可并不是汉高祖刘邦的罪过啊！"

尉迟敬德是唐太宗李世民手下几员虎将之一，跟随李世民打天下，立下了无数的汗马功劳。

唐太宗即位以后，尉迟敬德仰仗着自己打天下有功而骄傲放纵，盛气凌人。因此，招来了不少同僚的不满。曾经有人向唐太宗李世民说尉迟敬德想谋反。李世民知道后，便问他："有人告发你，说你要谋反，你告诉我，可有此事？"

尉迟敬德道："为臣跟随陛下讨伐四方，身经百战，牺牲了那么多兄弟，而如今有幸存活下来的只有那些从刀箭底下逃出来的人。现在天下已经平定了，你反而怀疑起臣下要谋反？"

说着他就把衣服脱了扔在地上，露出身上的累累伤痕。李世民一看满身的伤痕，感动得老泪纵横，用好言好语安慰了他一番。但是，尉迟敬德的骄纵一点也未改。

有一天，尉迟敬德在太宗举行的宴会上，与别人争论谁是长者，一时火起，殴打了任城王李道宗，并弄瞎了道宗的一只眼睛。皇上见敬德如此放肆，十分不高兴，就下令结束了这次宴会。

后来，李世民把尉迟敬德召进宫中，跟他说："朕要和你们这些死里逃生的大臣同享富贵，然而你却仰仗有功而傲气十足，并且多次犯法。你可知道古时韩信、彭越二人为何被杀？他们俩又何尝不是立下了汗马功劳？正因为他们不把汉高祖刘邦放在眼里，最后被刘邦处死，那可并不是汉高祖刘邦的罪过啊！"

敬德这才有点害怕，有所收敛。

在这个故事里，尉迟敬德仰仗自己是有功之臣，便傲气十足，屡次犯法。太宗为了劝他，就向他举了汉高祖杀掉韩信、彭越的例子，说明他们恃功自傲的后果，终于达到了说服他的目的。

杜坦是西晋著名将领杜预的后代。西晋末年，中原战乱不断。杜家为了避免战乱，逃到河西，屈身于张轨政权。后来，前凉被苻坚大军所灭，杜氏一家又辗转至关中。公元417年，宋武帝刘裕灭了后秦，杜坦兄弟便随宋武帝大军渡江来到南方。

当时，南方实行士族制度，渡江较早的封的品位便高，渡江越晚封的品位就越低。晚来的士族，有些人的祖先在北方都是名门世家，但由于渡江晚，封的品位就变得很低，朝廷因此也不给他们优厚的待遇。

一天，宋武帝与杜坦在一起闲谈，宋武帝说："可惜现在没有像金日磾（一位才华横溢的大臣）那样的人才了。"

杜坦说："即使金日磾生于当今世上，也只不过是个养马的下等人，怎么能被委以重任呢？"

宋武帝一听，马上变了脸色，说："爱卿为什么把朝廷看得如此之薄呢？"

杜坦说："那就以我为例吧。我家是中原的名门望族，世代相承。只不过是因南渡的时候较晚，便受到如此冷遇，更何况金日磾是一位胡人，而且在朝时只不过是一个养马的人呢？"

宋武帝一听，顿时无话可说了。

杜坦拿自己南渡较晚、品位较低的事例趁机向宋武帝说明，当时朝廷所采取的“渡江越早，品位越高”的评定官级品位的方法是不正确的，这样远离了贤人，而且把有能有才之人摒弃了。

小到立身，大到治国，历史都是一面镜子。作为一个单位而言，历史也是一面镜子，通过镜子可以观察得失。因此，在你与下属的交往过程中，可以通过一些历史实例，来教导下属，向他们阐述你所想说明的道理。将历史上成功的经验和失败的教训作为论据向下属们传播一些信息，以此说服他们汲取历史的教训和经验，来发展自身。

经验之谈>>>>

法立，事顺，情顺。

第 16 法
不要耍权术

权术与阴谋的得逞，只能是一时，决不会长久。

所谓“巧诈不如拙诚”，领导者一味地使用谋略，在短期内可能有一定的效果，可是长此以往，人们就会像洪水猛兽唯恐避之而不及。

从前有一位贤明而受人爱戴的国王，把国家治理得井井有条。国王年纪渐渐大了，但膝下并无子女。最后他决定，在全国范围内挑选一个孩子收为义子，培养成未来的国王。

国王选子的标准很独特，他给孩子们每人发一粒花种，宣布谁如果用这些种子培育出最美丽的花朵，那么谁就成为他的义子。

孩子们领回种子后，开始精心培育，从早到晚，浇水、施肥、松土，谁都希望自己能够成为幸运者。

有个叫雄日的男孩，也整天精心培育花种。但是，10 天过去了，半个月过去了，花盆里的种子连芽都没冒出来，更别说开花了。

国王决定观花的日子到了。无数个穿着漂亮的孩子涌上街头，他们各自捧着开满鲜花的花盆，用期盼的目光看着缓缓巡视的国王。国王环视着争奇斗艳的花朵与漂亮的孩子们，并没有像大家想象中的那样高兴。

忽然，国王看见了端着空花盆的雄日，他无精打采地站在那里，国王把他叫到跟前，问他：“你为什么端着空花盆呢？”

雄日懊丧地把自己如何精心侍弄，但花怎么也不发芽的经过说了一遍。没想到国王的脸上却露出了最开心的笑容，把雄日抱了起来，高声说："孩子，我找的就是你！"

"为什么是这样？"大家不解地问国王。

国王说："我发下的花种全部是煮过的，根本就不可能发芽开花。"

捧着鲜花的孩子们都低下了头，他们全部另播下了种子。

唐太宗李世民曾经对众大臣说过："国家的灭亡，多数是由于奸佞之人一手造成的。"

于是就有人上书，请求铲除那些奸佞之人。

唐太宗问裴矩说："谁是奸臣？"

裴矩答道："等陛下与众位大臣议事的时候，您可以假装发怒，试探一下。据理力争、毫不屈从的便是刚直的人；而那些惧怕陛下的威严而曲意顺从的就是奸臣。"

李世民说："不要这样做。按理说，君为水的源头，而臣是水的支流。如果弄脏了水的源头，却想求得清洁的水流，世上哪里会有这种事情呢？如果君主他自己就是个奸诈的人，怎么能去指责臣子不正直呢？我如今要以至诚来对待天下的人。"

在这个故事里，李世民耻于做那些通过要弄权术来欺骗下属的事情，而是要求自己竭诚对待下属。防备那些不忠诚的人，不宜用权术，可以用眼睛、用事实。

康熙末年，有一个江南总督叫噶礼，这个总督不但贪婪，而且骄横跋扈，尤其喜欢整治他人，自己则幸灾乐祸。

当时，苏州知府陈鹏年，清廉刚正，对噶礼的言行不满，经常与他的意见不同。噶礼就怀恨在心，为了报复陷害陈鹏年，便寻找机会弹劾他，要将陈鹏年充军到黑龙江去。康熙没有同意这件事，因为他觉得陈鹏年很有才学，就调他到京城编修图书，来避免二人的纷争。

但是噶礼还是不善罢甘休，又密奏说陈鹏年写过一首"游虎丘"的诗，诗中有怨恨不满情绪，是对朝廷的不尊重，应当治他的罪，并将原诗附在奏章之上。

康熙当时虽说是年事已高，但仍然十分清醒。他仔细读了陈鹏年的诗，并不觉得有什么“怨恨悖谬之心”，再一看噶礼的密奏，他便明白噶礼是挟嫌整人。于是，他召集众位大臣，当众向大家宣布：噶礼总是喜欢惹是生非，陈鹏年稍有声誉，噶礼便寻机陷害他，并将噶礼的密奏和陈鹏年的虎丘诗公之于众。噶礼自讨没趣，窘困至极。

在这个故事里，噶礼想陷害陈鹏年，但由于康熙竭诚对待下属，最终发现了这些都是噶礼无中生有。因此，他批评了噶礼，而同时也令陈鹏年及其他各位大臣对自己更加信服。

春秋末年，晋国有个卿大夫叫赵简子，他有两头心爱的白骡。

一天夜里，住在广门县的小官阳城胥渠的仆人来到赵简子的门前，敲门告诉说：“家臣胥渠生病了，医生说：‘如果弄到白骡的肝吃了，病就能治好；如果弄不到的话，那就必死无疑。’”

负责通报的人进去禀告赵简子。在一旁侍奉赵简子的家臣董安于听到这件事，恼怒地说：“胥渠这家伙，竟然算计起主君的白骡来了。请允许我把他杀掉！”

赵简子说：“杀人为的是使牲畜活命，不是太不仁义了吗？而杀掉牲畜去救人活命，却是仁爱的表现。”

于是喊厨师杀掉白骡，取出骡肝，送给阳城胥渠。

人们听说后非常感动。后来，赵简子攻打狄城。广门县的胥渠带领军队参战，左队 700 人，右队 700 人，都争先登上了城头，赵简子大胜敌军。

在这个故事里，赵简子家臣听说阳城胥渠想用白骡的肝来治病，就想把他给杀掉。而此时赵简子却竭诚对待下属，毅然杀掉自己心爱的白骡。正是他这种竭诚待下的精神，令百姓、将士深为信服。因此，在攻打狄城的时候，胥渠为他奋勇杀敌。

竭尽诚心去对待下属，可以使原来不服你的下属也会团结在你的周围；若要用傲慢的态度对待下属，那么就是骨肉至亲也会变成陌生人。

经验之谈>>>>

耍弄权术有一个很大的副作用，那就是它有一种习惯性，它会像毒品一样让你上瘾。也就是你无论遇到谁，都会不由自主地玩弄一些伎俩，也由此让你远离社会接纳，远离人群的信任。

第 17 法

正确的制度要执行到底

真理往往就在少数人手里。

现代社会讲究民主，因此，少数服从多数就成为了理所当然、天经地义的事。但是，如果这个多数是由知识、水准很高的人组成的，当然没有一点问题；如果这个“多数”的组成分子都平庸无知，那么多数人的意见就不一定是正确的。

这不能不让我们吸取一点教训：要听取少数人的意见，或许他们的意见就代表着真理。

有“麦当劳之父”之称的克罗克，在最初创立公司时，有一个工人盗窃了公司的一些东西，数量不是很大，但是其性质是恶劣的。因为这个人人缘相当不错，大部分人都与他有或多或少的交情。于是，大家都出来为他求情，而克罗克却坚持要依法处罚。

这时有人就说：“少数服从多数嘛。既然多数人认为不该处罚，那就算了吧。”

克罗克理直气壮地说：“公司的规章是公司内大多数人通过的，要服从，就服从这个多数吧。”

一时间，克罗克似乎有点孤立，被认为是“冷血动物”。但时间一长，理解和赞成他的人便越来越多了，而公司里偷盗东西的情况再也没有发生过。

有的领导认为，只有照多数人的意见办事才对，其实不然，不讲原则，一味迁就多数，势必会后患无穷。如果克罗克听了大多数人的意见，不加处罚，或从轻处罚，不仅公司的偷盗之风会愈演愈烈，而且公司的规章制度也会成为一纸空文。届时，克罗克威信扫地，这才是真正的孤立呢。

处理问题是如此，实施新规定也是如此。

新的规定一经提出，必定会有不理解者和反对者。

一片反对声中，领导者不仅要学会孤军奋战，还要学会不怕被孤立起来。

对于不理解的人，要热忱耐心地向他说明道理，使反对者变成赞成者；对于反对的人，任你怎么说，怎么解释，恐怕他们也是不会接受的，那么就干脆不寄希望于他的赞同。

有一家商店，店面虽不大，地理位置却相当好，由于经营不善，连年亏本。新经理一上任，便决意整顿。

他制定了一系列规章制度，这一来就结束了下属们逍遥自在的日子，因此遭到下属们的反对，新领导被孤立了。但他坚持原则，说到做到。

不到两年，小店转亏为盈。当年终颁发奖金的时候，一个平时最爱在店里织毛衣的女士说："还是现在好，能发奖金了。"

新领导不怕被孤立，最后才没有孤立。假若他当时不搞改革，弄到工资也发不出的地步，他还能不孤立吗？

真理掌握在你的手中，反对者越多，自信心就要越强，就要越发坚决地为贯彻目标而努力。

经验之谈>>>>

不讲原则，一味迁就多数，势必会后患无穷。

第18法

管理上多放开一些干涉

主管用人只给职不给权，事无巨细都由自己定调、拍板，实际上是对下属的不尊重、不信任。这样，不仅使下属失去独立负责的责任心，还会严重挫伤他们的积极性。

网罗人才是一件很辛苦又费力的事，得到真正的人才不易。一旦得到贤良而忠心的人才辅佐，国家就会兴旺安泰。要放手让人才去发挥自己的才干，身为领导者，就不要随便插手干预。

《吕氏春秋》记载，孔子的弟子子齐，奉鲁国君主之命要到亶父去做地方官。但是，子齐担心鲁君听信小人谗言，从上面干预，使自己难以放开手脚工作、充分行使职权、发挥才干。于是，在临行前，主动要求鲁君派两个身边近臣随他一起去亶父上任。

到任后，子齐命令那两个近臣写报告，他自己却在旁边不时去摇动二人的胳膊肘，捣他们的乱，使得整篇字体写得不工整。于是，子齐就对他们发火，二人又恼又怕，请求回去。

二人回去之后，向鲁君抱怨无法为子齐做事。鲁君问为什么，二人说："他叫我们写字，又不停地摇晃我们的胳膊。字写坏了，他却怪罪我们，大发雷霆。我们没法再干下去了，只好回来。"

鲁君听后长叹道："这是子齐劝诫我不要扰乱他的正常工作，使他无法施展聪明才干呀！"于是，鲁君就派他最信任的人到亶父对子齐传达他的旨意：

从今以后，凡是有利于亶父的事，你就自决自为吧。5年以后，再向我报告要点。

子齐郑重受命，从此得以正常行使职权，发挥才干，亶父得到了良好的治理。

这就是著名的“掣肘”典故。

后来，孔子听说此事，赞许道：“此鲁君之贤也。”

古今道理一样。主管在用人时，要做到既然给了下属职务，就应该同时给予与其职务相称的权力，不能大搞“扶上马，不撒缰”，处处干预，只给职位不给权力。

在这方面做得最出色的是齐桓公的“凡事问管仲”。

有一次，晋国派使者晋见齐桓公，负责接待的官员向齐桓公请示接待的规格。

齐桓公只说了一句话：“问管仲。”

接着，又来一位官员向齐桓公请示政务，他还是那句话：“问管仲。”

在一旁侍候的人看到这种情形，笑着说：“凡事都去问管仲，照这么看来，当君主蛮轻松的嘛！”

齐桓公说：“像你这样的小人物懂什么呢？当君主的辛辛苦苦网罗人才，就是为了运用人才。如果忘了这一点，凡事都由君主一个人亲自去做，一则不可能做得了，再则就糟蹋了苦心找来的人才了。我花那么多的心血寻找人才，”齐桓公接着说，“才让管仲当我的臣下。既然交付给他处理，齐国安泰，我就不应该随便插手。”

正是因为齐桓公的贤明，再加上管仲的大力辅佐，不久之后，齐国就跃居春秋五霸之首。

无论是鲁君，还是齐桓公，他们的话都很值得细细品味，主管用人只给职不给权，事无巨细都由自己定调、拍板，实际上是对下属的不尊重、不信任。这样，不仅使下属失去独立负责的责任心，还会严重挫伤他们的积极性，难以使其尽职尽力，到头来工作搞不好的责任还得由领导来承担。

所以，放手让你的下属去施展才华吧，只有当他确实违背了工作的主旨之时，你再出手干预，将他引上正轨。只有将下属的积极性全部调动起来，你的事业才能迅速地获得成功。

经验之谈>>>>

对下属多一些方便，少一些羁绊。

第19法

用人要克服对人才的嫉妒

一些管理者确有爱才之心，但是有一个上限，就是所用之人不能超过自己，一旦发现所用之才在某些方面比自己高明，特别是当他与自己的意见不一致，而事实证明自己错了的时候，嫉妒之心便油然而生。

奥格威在一次董事会上，事先在每位与会者面前放了一个玩具娃娃。那是有名的玩具——俄罗斯套娃。

“大家都打开看看吧，这里面就代表着你们自己！”奥格威说。

董事们很吃惊，疑惑地打开了玩具，发现里面还有一个小一号的玩具娃娃；打开它，里面还有一个更小的，接下来还是如此。当他们打开最后一层时，发现娃娃身上有张纸条，那是奥格威写的留言：你要是永远都只任用比自己水平差的人，那么我们的公司将沦为侏儒；你要是敢于启用比自己水平高的人，我们就会成长为巨人公司！这就是有名的“套娃定律”，也就是“奥格威法则”。

现实中，我们常常可以看到这样一种现象：一些管理者确有爱才之心，但是有一个上限，就是所用之人不能超过自己，一旦发现所用之才在某些方面比自己高明，特别是当他与自己的意见不一致，而事实证明自己错了的时候，嫉妒之心便油然而生。比自己强的下属往往恃才傲物，令上司大伤脑筋。同时，能人又往往锋芒毕露，令上司对自身的安全产生危机感。

其实这些担心是不必要的。任用强过自己的人，是一种健康心态的表现，而且，与比自己强的人共事，也是提高自身的一条捷径。

评价一个经理人的表现，不仅要看他个人本身的才能，还要看他的下属是否精英辈出。公司应将经理人能否带领优秀的下属，发挥出最佳的团队精神作为评价经理人管理能力的重要指标。管理者不可能是全才，下属在某一方面超过自己也是很正常的事。实践证明，一个管理者使用比自己强的人愈多，其事业成功的概率也就愈大。

建安五年春，袁绍厉兵秣马，准备率10万大军攻伐曹操。

袁绍的谋臣田丰认为此举不足取，便对袁绍说："现在徐州已破，曹操军队锐气大增，不可轻敌，不如以久持之，待其有隙而后可动也。"

袁绍头脑发昏，哪里肯听！

田丰再谏，袁绍发怒了："汝等弄文轻武，使我失大义！"

田丰仍在劝诫袁绍："若不听臣良言相劝，出师不利。"

袁绍大怒，将田丰投入大狱，率军出征。结果，官渡一战，袁绍被曹操杀得人仰马翻，大败而归。

这时，狱吏来见田丰说："与君贺喜！"

田丰说："何喜可贺？"

狱吏说："袁将军大败而回，君必见重矣。"

田丰很了解袁绍的为人，他笑着说："吾今死矣。"

狱吏很吃惊："人皆为君喜，君何言死也？"

田丰说："袁将军外宽而内忌，不念忠诚。若胜而喜，犹能赦我；今战败则羞，吾不望生矣。"

袁绍回来，果然以妖言惑众的罪名将田丰杀了。

英国有个政治学家叫帕金森。他写了一本名叫《官场病》的书。其中谈到，官场上有一种通病："自上而下奉行的是'能级递减'，一流的找二流的当部属，二流的找三流的做下级，愚蠢的下属多多益善，精明的往往被拒之门外。"后来，这种病就被叫做"帕金森病"。为什么要找比自己差的人呢？因为这样的下属往往有一大优点，那就是“听话”。当然，也有不患这种病的领导。

汉高祖刘邦平定天下之后，在洛阳的庆功宴上就曾说过这样的话：“夫运筹帷幄之中，决胜千里之外，吾不如子房；镇国家，抚百姓，给馈饷，不绝粮道，吾不如萧何；连百万之军，战必胜，攻必取，吾不如韩信。此三者，皆大杰也。吾能用之，此所以取天下也。项羽有一范增而不能用，此所以为我擒也。”

刘邦还是很有自知之明的，他知道自己不是全才，在很多方面不如自己的下级。他之所以能打败不可一世的楚霸王项羽，一统天下，是因为重用了一些在某些方面比自己能力更强的人。而恰恰是在这一点上，刘邦表现出了一个统帅最值得称道的品格和能力。

打天下如此，搞其他事业也莫不如此。

被誉为美国钢铁工业之王的卡内基说过：“你可以将我所有的工厂、设备、市场、资金全部夺去。但只要保留我的组织和人员，几年后，我仍将是钢铁大王。”

卡内基的话反映了西方资产阶级企业家在管理思想上的一种反省，即他们认识到，人的因素是最重要的。

卡内基死后，人们在他的墓碑上刻下了这样一首短诗：

这里安葬着一个人，他最擅长的能力是，把那些强过自己的人，组织到为他服务的管理机构之中。

作为一名主管，要想做到乐于用比自己强的人，就必须克服嫉贤妒能的心理。有些领导人之所以不乐意用比自己强的人，除了怕这些人难以驾驭、担心彼此之间容易发生意见分歧、工作会受到影响外，主要还是嫉贤妒能的心理在作怪，总以为自己是领导，自然应该是佼佼者，各方面都应该比别人高上一筹。因此，遇上比自己能力强、本领大的人时，就萌生妒意，采取种种办法压制他们。

嫉贤妒能，是抑制和扼杀人才的一种腐朽落后的意识，对于你的事业妨碍极大。

因此，如果你真心希望你的下属能够各尽其才，各尽其能，为你的事业而奋斗，就必须敢于启用他们，让他们的才华，铸就你事业的辉煌。

经验之谈>>>>

评价一个经理人的表现，不仅要看他个人本身的才能，还要看他的下属是否精英辈出。

第 20 法

广开言路，不轻信谗言

信任是人与人之间一种最可贵的感情，用人就要信任人，就要尊重下属的人格。否则不可能使其在工作中发挥积极性、主动性、创造性。

秦武王命将军甘茂攻打韩国的宜阳。甘茂在息壤时对武王说：“宜阳是大城，加上途中有若干险阻之地，距离又在千里之外，攻打起来恐怕很费事。我实在担心当我不在时会有人借此机会来诽谤我。”

为了让武王明白，他讲了一些古时候的故事给武王听。

甘茂说：“从前，有个跟孔子的弟子曾参同名同姓的人杀了人。听到的人以讹传讹，就去报告曾参的母亲。曾母相信儿子的德行，所以丝毫不为所动。但是，一连有 3 个人报告同一件事，曾母就不得不相信了，为了避免连累而潜逃了。”

“我的品行不及曾参，”甘茂接着说，“大王对我的信任也不及曾母对曾参，而且，怀疑我的人也不止 3 个。所以，我很担心大王不知不觉就相信了。”

武王听了甘茂所说的话后，斩钉截铁地安慰道：“我是不会听信谗言的，我愿意与你订下盟誓。”

甘茂于是便放心地进军宜阳。开战后，用了 5 个月的时间，尚未成功，就像甘茂所担忧的那样，有人开始谣言中伤他了，武王也很快听信了，召回甘茂。

甘茂于是质问武王："大王难道忘了在息壤的承诺了吗?"

武王恍然大悟，马上改变态度，动员全部军队支持甘茂。最终，甘茂没让武王失望，终于攻下了宜阳。

武王能够很快地纠正自己的错误，还是值得称道的。试想，如果武王不改变态度，那么甘茂为进攻宜阳所做的一切努力都会付之东流，武王再想攻占宜阳恐怕就没有那么容易了。

《贞观政要》中记载了齐桓公与管仲的一段对话。齐桓公有志于称霸天下，向管仲请教如何防止有害于霸业的行为。

管仲回答："不能知人，害霸也；知而不能任，害霸也；任而不能信，害霸也；既信又使小人参之，害霸也。"

可见，在大政治家管仲看来，对人才的使用和信任是同等重要的。

战国初年，魏文侯派将军乐羊出兵讨伐中山国，正巧乐羊之子乐舒在中山国做官。两国交战，中山国利用乐羊之子，想迫使魏国退兵。为争取民心，乐羊对中山国采取了围而不攻的策略。

消息传到魏国，一些官员纷纷向魏文侯告状，称乐羊之所以围而不攻，是为了保护儿子。魏文侯听了之后，并没有相信，当即决定做两件事：

1. 派人到前线慰问部队；

2. 为乐羊将军修建新的住宅。

被围困已久的中山国国君眼看已无破敌之计，便杀死了乐舒，煮成肉羹，送给乐羊。乐羊说；"乐舒帮昏君做事，死如粪土。"随即下令攻城，中山国灭，国君自杀。

乐羊得胜回朝后，沾沾自喜。文侯命人拿来了两只箱子，让乐羊看。乐羊打开之后，发现全是揭发他围城不攻的奏章。乐羊什么都明白了，他激动地对文侯说："没有大王的明察和气度，不但破不了中山国，我乐羊早就成为刀下之鬼了。攻下中山国并非我的功劳，大王排除各种杂音，彻底相信我，所以这份功劳，应该算在大王您的头上啊。"

魏文侯高兴地对乐羊说："既然我派你去攻打中山国，我就必须支持你、相信你，不管怎么说，这次攻下中山国你的功劳无人能比。"

随后，魏文侯重赏了乐羊。

我们不谈乐羊的大义灭亲，但看魏文侯用人不疑的气魄，就足以让我们的领导们从中有所借鉴。如果领导对所用的下属疑神疑鬼，不放手大胆使用，被任用的下属的积极性和创造性就难以发挥。这样不要说开创新局面，就是维护现有的局面，也是很困难的。

信任是人与人之间一种最可贵的感情，用人就要信任人，就要尊重下属的人格。否则不可能使其在工作中发挥积极性、主动性、创造性。

愿领导者们都能慎重地对待其他声音，在你用人之时毫不犹豫地信任他、支持他。

经验之谈>>>>

多疑之人难成大事。

第21法

该出手时就出手

佛家有一句话叫："不施霹雳手段，难显菩萨心肠。"所谓"霹雳手段"，就是对存在的违规行为，依法治理，绝不手软；所谓"菩萨心肠"，就是在严格管理之中，体现对员工根本利益的尊重和维护，该严则严，该宽则宽，该帮的则一定要帮。

一般人都喜欢温暖而厌恶寒冷，喜欢凉爽而厌恶炎热。然而如果冬天不冷，夏季不热，那么不仅万物无法生长，人们也容易患上各种疾病。如果在执行规章制度的过程中过分仁慈，实际上是诱导员工违章受罚。以过分宽大开始，往往会以十分严厉结束；追求少用处罚的人，将来必然导致频繁处罚。

佛家有一句话叫："不施霹雳手段，难显菩萨心肠。"所谓"霹雳手段"，就是对存在的违规行为，依法治理，绝不手软；所谓"菩萨心肠"，就是在严格管理之中，体现对员工根本利益的尊重和维护，该严则严，该宽则宽，该帮的则一定要帮。只有如此，领导者才能与员工形成根本利益上的一致性，使可能出现的矛盾在这个基础上得到化解。

孙子的行动可以说是上述观念的体现。如果他心慈手软，对各种违反军中规定的行为不加以惩罚，特别是对皇帝宠姬的犯规行为加以纵容甚至刻意讨好，那么必然会军纪废弛，军心涣散。这样一支军队上了战场，必然会溃不成军，损失惨重，不知有多少士兵要因此而丢掉性命。

这样的话，本来想讨下属喜欢的领导者，反而会落得天怒人怨的下场。一个对员工滥施“妇人之仁”的领导者，并不是真正地关心和爱护员工，而是在拿企业和员工的前途做代价，维持一时的绥靖。

清朝时太监安德海奉慈禧之命外出京城结纳外臣。当时慈禧、慈安两宫垂帘听政，明争暗斗。慈禧吩咐安德海悄悄出去，暗暗回来。

哪知这安德海骄横惯了，出京没几天，他就命人在船上升起大旗，大肆张扬，让沿途官吏纷纷接驾、送贿，所到之处，鸡犬不宁。船入山东德州境内，德州知府前去拜接，送上银子200两，安德海嫌少，限他3天之内交足5000两银子。

上哪去弄这么多的银子呢？德州知府一时没了主意。忽然想到他的上司山东巡抚丁宝桢，此人为官清廉，且颇有胆略，便连夜奔赴济南向丁巡抚哭诉。丁巡抚问知府见到圣旨没有，知府说没看到。

“好!”丁巡抚一拍巴掌，命德州知府立即回去将安德海一行人捉来。知府一听吓了一跳：

“大人，这不是太岁头上动土吗?”

“一切由老夫承担。”丁宝桢哈哈大笑。

德州知府遵命而行。

原来，清宫历来有条祖训：内监不许私离京城40里，违者由地方官就地正法。丁宝桢正是抓住了这一条，要治一治这不可一世的大宦官。

他想，这安德海虽然没奉明诏，但一定得了西太后的暗许；西太后不降明旨，说明两位太后之间有矛盾；安德海是西太后的人，我何不向东宫请旨发落!

主意打定，丁宝桢立刻派亲信飞马入京送奏章。不久，东太后的懿旨降下来了：着令丁宝桢将安德海推出斩首。

而此时，忽听一声：西太后懿旨到!

这下安德海不由得大喜，他从地上蹦起来，得意地对丁宝桢说：

“姓丁的，这回看你小子怎么收场!”

不料，丁宝桢却大声吩咐：

"前门接旨，后门斩首！"

果然，西太后命丁宝桢火速将安德海押解回京。不过这时，安德海早已身首分家了。

唐高祖李渊的皇后窦氏生四子。长子建成为太子，次子世民为秦王，三子元霸早死，四子元吉为齐王。

李世民在唐朝建立和统一战争中，屡立大功，权势很大，太子建成感到李世民威胁他的地位，就想与元吉勾结除掉李世民。

当时，李世民手下大将李靖等多次对他说："大王因功高被怀疑，靖等愿效犬马之力。"劝李世民早想办法。

武德九年，突厥入侵，唐高祖命元吉率兵抵抗。元吉乘机召集军队，准备与建成约定时间举事，除掉李世民。长孙无忌、房玄龄、杜如晦、尉迟敬德等日夜劝李世民说："事情已非常危急了，如果不采取应变行动，国家必定有灭亡的危险。周公是圣人，难道没有兄弟骨肉之情？为保存国家，大义灭亲。现在大王临危不断，坐等受屠戮，怎么成就道义？如果不采纳我们的意见，我们将逃身沼泽，不能够在大王身边。"李世民最终听从了他们。

于是，李世民密奏建成、元吉扰乱后宫，并说：

"臣没有丝毫对不起弟兄之处，今天他们想杀我，好像为王世充、窦建德报仇。如果我今天冤枉而死，与父王永别，九泉之下，见到王世充等贼也感到羞耻。"

唐高祖听了以后，惊讶地说："明天一定查问这件事，你应该早点告诉我。"

第二天，李世民率他的心腹九人到玄武门埋伏，建成、元吉刚到临湖殿，发现情况有变，马上折回，准备回宫府。李世民的伏兵出击，杀死建成、元吉，扫除建成、元吉的残余势力。不久，李渊被迫退位，李世民即位，即唐太宗。

先发制人，是说先动手就能制伏对方，后动手则会被对手制伏。其实，先发制人在各个方面都适用。尤其是作为领导如果能恰当地先发制人，将会使自己的工作得以顺利进行。

经验之谈>>>>

用霹雳手段，显菩萨心肠。一个对员工滥施“妇人之仁”的领导者，并不是真正地关心和爱护员工。

第22法

懂得惩一儆百

在意见纷纭、工作受到许多阻挠的时候，为使步骤统一，利于法令贯彻执行，必须以严厉手段来应对。

汉朝的韩信，出身寒微，自被刘邦筑坛拜将后，一班老臣武将更是不服，背后议论纷纷。这些韩信心里十分清楚，他决定杀鸡儆猴，树立自己的权威。

一天，韩信下令集合操演，限五更时分全体集合。点名完毕，只有监军殷盖未到，韩信也不多说，下令演习开始。

中午时分，殷盖才从营外姗姗而来。到了辕门，被守卫的军士拦住："元帅已经演习半天了，没有命令，不敢放行！"

殷盖一听，大发脾气：

"什么元帅不元帅？韩信他算什么东西，好，你去通报！"

过了一会儿，守门军士传令"请"。

殷盖大模大样地进去，见了韩信，两手一拱，尚有余怒。

韩信问："军有禁令，汉王亦有手谕，你身为监军为何迟到？"转身问司晨官："现在是什么时候？"

"已过中午了！"司晨官答。

"早已三令五申，限卯时齐集，你却过了几个时辰才来，如此蔑视军令，依法当斩！"韩信很严肃地对殷盖说。

殷盖不以为然，强词夺理，仍不把韩信放在眼里。

韩信大怒，喝令左右将殷盖绑了，然后说："你身为大将，岂不闻受命之日，则忘其家；临军约束，则忘其亲；临阵杀敌，则忘其身！你以身许国，还念及父子亲属？"

然后，召军政司问："殷盖违令，罪在哪一条？"

曾参道："与军约会，期而后至，犯得慢军之罪，当斩！"

殷盖这时才知闯了祸，吓得魂不附体，急以目视樊哙，想求他说情，但樊哙既出不得声，又离不得营，只是干着急。辕门外有人知道了这个消息，飞马报了刘邦。刘邦也大吃了一惊，急忙让郦生持手谕前去求情。

郦生飞马赶到，正见殷盖跪在地上，等候行刑，便高叫："有汉王手谕，刀下留人！"骑马闯入军营，被守门军士拦住，解见韩信。

韩信说："军中不准驰马，郦大夫素熟兵法，为何故犯军令？"

郦生说："是奉汉王之命来的！"

"虽奉命而来，于法亦有抵触！"

韩信说完，问军政司："郦大夫该当何罪？"

"有驰马军中者，犯轻军之罪，当斩首以示三军！"

韩信说："既然有王旨在身，故免本身之死，但要斩马夫，以彰军令！"

不一会儿，殷盖和马夫被处斩了。从此，各将士凛然不敢再犯军令，死心塌地听从韩信指挥。

姜子牙灭了商纣，周朝立基之后，想网罗天下贤才为国效力。

齐国有一位贤人狂矞，颇受当地人敬仰。姜太公慕名而来，请他为周王效力，没想到拜访了3次，都吃了闭门羹。

于是，姜太公毫不犹豫地把他杀了，周公旦想救也来不及，便问："狂矞是一位贤人，不求富贵显达，自己掘井而饮，耕田而食，正所谓隐者无累于世，为什么把他杀了？"

姜太公回答道：

"四海之内，莫非王土；率土之滨，莫非王臣。在天下大定之时，人人应为国家出力。只有两个立场，不是拥护，就是反对，绝不容允有犹豫或中立的思想存在。以狂矞这种不合作态度，如果人人学他那样，那还有什么可用之民，可纳之饷呢？所以，把他杀了，目的在于以儆效尤！”

果然，此后那些贤才再也不敢自恃清高了。

所以，在意见纷纭、工作受到许多阻挠的时候，为使步骤划一，法令贯彻执行，必须以严厉的手段来应对。

社会愈复杂，愈见机巧奸诈，人是神秘的，每个人都各有主张，各行其是，如果领导者不能树立权威，则工作很难进行下去。所以，必要时必须杀鸡骇猴，以儆效尤。

经验之谈>>>>

杀一儆百，方法虽好，不宜滥用。

第23法

不要滥用自己的权力

有位著名的校长介绍学校的管理经验时说，那是因为他用一条鞭子来惩治那些不听话不上进的学生，并且奖罚严明。又说，如果给他一把手枪，他会把学校管理得更好。

国外某著名大学有一位校长，治校有方，培养出很多名满天下的学生，有人问他为何能把学校经营得这样好。这位著名的校长告诉问他的人，那是因为他用一条鞭子来惩治那些不听话不上进的学生，并且奖罚严明，又说，如果给他一把手枪，他会把学校管理得更好，培养出更多的好学生。故事的深刻现实寓意是不用怀疑的。这里的“一条鞭子”就是能够严格执行的合理制度的代名词了。但是，如果校长将手中的“一条鞭子”换成手枪呢，那结果就会产生变化。其结果可能就是校长滥用权力，将权力扩大化了。

滥权是对权力价值的破坏，切忌滥权，已经成为现代企业领导警醒的口号。那些死抓着权力不肯放的领导，因权力太多的缘故，往往滥用权力，这是一个颠扑不破的事实。

美国某知名企业领导人迈克在几十年企业生涯中历经沧桑，他以他那全才的素质，屡屡赢得成功。作为公司的产权人，迈克掌握公司所有大权，能左右员工的命运，但他不滥用私权，在实际工作中，既坚持制度的严肃性，又不伤员工的感情。

有一个老员工违反工作制度，酗酒闹事，迟到早退，按照公司管理制度的有关条款，他应当受到开除的处分。管理人员作了这一决定，迈克表示赞同。决定一公布，这个老员工立刻火冒三丈，很委屈地对迈克说："当年公司债务累累时，我与您共患难。3个月不拿工资也毫无怨言，现在因为这点错误就把我开除，真是一点情分也不讲!"听完老员工的叙说，迈克平静地说："你知道不知道这是公司，是个有规矩的地方……这不是你我两个人的私事，我只能按规定办事，不能有一点例外。"后来，迈克了解到这个老员工的妻子去世了，留下两个孩子，一个跌断了一条腿，一个因吃不到妈妈的奶水而啼哭，老员工是在工作与生活极度冲突的情况下才误了上班的时间。迈克闻此非常震惊，就立即安慰老员工先回家安心照顾孩子，料理老婆的后事，不必担心工作。老员工转悲为喜问迈克："你是想撤销开除我的命令吗?"迈克亲切地说："你希望我这样做吗?"老员工立刻说："不，我不希望你为我破坏了规矩。"事后，迈克安排这个老员工到他的一家牧场当管家。

迈克之所以能够将企业做大，做成功，这也与其不滥用权力有关，还与其能够将权力严格按照制度使用有关。这种对权力的正确使用是当今企业管理者值得借鉴和学习的。

经验之谈>>>>

滥权是对权力价值的破坏，切忌滥权，已经成为现代企业领导值得警醒的口号。

第24法

定下的规矩要严格执行

我们要想让企业在发展的道路上走得远一些，没有制度，我们要定制度，有了制度，就要遵守。

中国历史上的开国皇帝大都把重要的制度刻在石碑上，以警醒世人。宋太祖就曾在大殿上立有这样的石碑："此殿不得以南人为相。"明太祖则在宫门立有铁碑，上书："内臣不得干预政事，预者斩。"按理说，有开国皇帝立下的石碑制度，继位者只有严格遵循的份，这样的制度应当是能靠得住的。

可实际情况全非如此，就宋朝的情况看，南人为相不止一位，政声较好的也不都是北人。或许可以说宋太祖这个制度本身就有极大的缺陷，为后来的掌权者所废是情理中的事，但明太祖的"后宫内臣不得干预政事"则是对皇家政治得失的总结，这项制度应该说是抓住了封建王朝灭亡的重要原因。这项制度如能得到切实贯彻，明朝当不会那样黑暗。明朝灭亡的原因固然可以列出很多，但宦官干政则是明朝灭亡的一个极重要的原因。中国历代均有宦官乱政的事例，只有明朝最为酷烈。明朝不仅出了许多著名的宦官，而且还出了"阉圣"魏忠贤。那时各地巡抚纷纷为魏忠贤建立生祠，有的还建在西湖、虎丘、五台山等风景名胜区。一祠之费多者数十万，少者数万，剥民财、侵公帑、伐木无数。这种无聊的举动不仅加速了明朝的灭亡，也严重破坏了生态环境。大臣们像煞有介事地在魏忠贤的生祠中将其称为"尧天帝德，至圣至神"，可以说对魏忠贤的赞颂到了无以复加的地步。这样一位毒鞭天下的恶阉，出行相随达万人，士大夫遮道拜伏，至呼千岁。明太祖立下的“内臣不得干预政事，预者斩”的制度如同一张废纸。

立石刻碑的制度也靠不住，这表明制度只是制度，定制度靠权，无权者绝没资格定制度，而制度的作废也是靠权，只要权力能够超越制度，在权力面前，制度必然疲软并最终成为废纸。

这个道理在企业中也是一样的，所以我们要想让企业在发展的道路上走得远一些，没有制度，我们要定制度，有了制度，就要遵守。

纪律既然定了，那么就要有斩马谡的勇气。在这方面，海尔的张瑞敏做了一个好的榜样。1985 年，一位海尔用户来信反映，近期工厂生产的冰箱有质量问题。张瑞敏突击检查了仓库，发现库存中不合格的冰箱还有 76 台。当时研究处理办法时干部提出两种意见：一是作为福利处理给本厂有贡献的员工；二是作为“公关武器”处理给经常来厂检查工作的工商局、电业局、自来水公司的人，让他们能够与海尔心往一处使。可张瑞敏却作出了一个有悖常理的决定：76 台冰箱全部砸掉。

张瑞敏召开全厂各部门人员参加的现场会，确认了每台冰箱的生产人员后，提出一把重磅大锤，由事故责任人当着全厂职工的面，用大锤将 76 台冰箱全部砸毁。张瑞敏和总工程师杨绵绵承担责任，扣了自己的工资。全厂员工亲眼目睹那些人流着泪水砸冰箱的情景，开始明白厂长的意图——没有严格控制的立厂之道，哪有海尔的前途。

对于当初的情形，一位老工人如此回忆：“工厂还在负债，当时冰箱也很贵，并且这些冰箱也没有多少毛病，也许只是外观上的一道划痕，但张总说它们不能出厂。因为如果把它们卖出去，导致工厂资不抵债的错误就会继续下去。”

从此，在家电行业，张瑞敏以“挥大锤的企业家”著称。

在联想，柳传志说：“说到做到，要从规章制度上体现出来。联想以前有一个天条，就是不许谋取额外利益，为此我们进行了坚决斗争，使得公司保持了一个良好的风气。从1990年到现在共有5个年轻人被送到了检察院。几万块钱算什么？但在联想就是不行，发现了就要往检察院送。送去之后的第二件事就是尽力帮他减刑，因为法律规定贪污几万就是好几年，我们也可惜。”

联想还有一个小规定，就是开会迟到要罚站。你迟到了，就站一分钟，所有人把会停下来，像默哀一样，非常难受。不管什么原因，请假除外。难度在于怎么把这个规定保持了这么多年。柳传志说：“这是1989年制定的，头一次罚站的是我的一个老上级，但还是让他站了一分钟。我自己也被罚了3次，才3次，是很了不起了，我参加了那么多会议，天灾人祸的事情很多。”

制定一个制度容易，难的就是把它多年如一日地保持下来。人都是情感动物，总有这样那样借口，有时这种借口也是蛮符合人意的，但是我们既然定了，就要做，无论是多么微不足道的一件事，有制度就要按制度办。

经验之谈>>>>

无论事大小，只要有制度，就要按制度办。如果小事上我们不清楚，在大事上，我们也会犯糊涂。

第 25 法

找到下属的把柄

让下属知道自己握有他的劣迹，同时答应替他保密。下属自然心存恐惧和感恩双重心理，从而老老实实地干好本职工作。

在工作中，对付那些不听话或是不服管的下属，上司不妨先抓住下属的“小辫子”，然后让下属知道自己握有他的劣迹，同时答应替他保密。下属自然心存恐惧和感恩双重心理，从而老老实实地干好本职工作。

汉代的朱博是习武出身，后来调任左冯翊，他到任后，便了解了这样一件事。

在长陵一带，有个大户人家出身的名叫尚方禁的人，年轻时曾强奸别人家的妻子，被人用刀砍伤了面颊。如此恶棍，本应重重惩治，只因他贿赂了官府管理此事的功曹，而没有被革职查办，最后还被调升为守尉。

朱博上任后，有人向他告发了此事。朱博计上心来，就召见尚方禁。尚方禁心中七上八下，硬着头皮来见朱博。朱博仔细看尚方禁的脸，果然发现有疤痕。就让左右退下，假装十分关心地询问究竟。

尚方禁做贼心虚，知道朱博已经了解了他的情况，“扑通”一声跪在地上，就像小鸡啄米似的接连给朱博叩头，如实地讲了事情的经过。头也不敢抬，只是一个劲地哀求道：“请大人饶命，小人今后再也不干那种伤天害理的事了。”

“哈哈哈……”朱博突然大笑道，“本官想给你个立功的机会，你能干好吗?”尚方禁立刻拍胸脯答应下来。

于是，朱博命令尚方禁，不得向任何人泄露今天的谈话情况，要他有机会就记录一些其他官员的言论，及时向朱博报告。尚方禁连声答应。

自从被朱博宽释重用之后，尚方禁对朱博的大恩大德时刻铭记在心，所以干起事来特别卖命，不久，就破获了许多起案件，工作十分见效，使地方治安情况大为改观。朱博遂提升他为连守县县令。而且，朱博也掌握了大量的情报。

许多老谋深算的上司都知道，抓刀要抓刀柄，制人要拿把柄。

经验之谈>>>>

任何人都有不愿让人知道的隐秘，任何人都怕自己的隐秘暴露在光天化日之下。特别是不怎么光彩的事，更是害怕他人知道。因此，制伏对手的最好方法，莫过于“以黑制黑”，揪住对手的把柄。

第 26 法
树立自己的威望

彭玉麟勇于负责，有功不贪。常轻舟小艇，往来倏忽，不独将佐畏之如神，即地方官也望风震慑，民间不轨之徒及作奸犯科者辄互相惊吓曰：“彭宫保来!”立即奔逃不敢出。威声震动数千里。

领导者位子坐得越高，领导的人越多，主动权越大，手下存在害群之马的可能性越大。所谓害群之马也就是特立独行或者善于耍奸使黑，为达目的不顾道义和法度的人。但这样的人因为活动能量大，在一定范围内有不小的势力，一般奈何不了他。领导者如能举起杀威棒，以铁腕做到除恶必尽，就会一方面为自己剜去一个管理上的毒瘤，另一方面也可为自己树立起敢动真格有魄力的领导形象。

在清末的湘军中，以治军严明著称的当数彭玉麟，他可以说是得了曾国藩峻法之真传，以至民间有“彭打铁”之雅号。

彭玉麟归隐后，查江旧居已坏，在郡城东岸买小楼自居，题名曰“退省庵”。常住母亲墓地及查江家庙，布衣青鞋，不设侍从。种树灌园，有终老之志。但自从彭玉麟归隐，长江水师规制渐坏，弁勇横行抢掠，朝野有人认为水师可废。清廷下诏彭玉麟再出视师。彭玉麟出山后即劾罢营哨官百八十人，于是江湖肃然。尤其是不顾情面，劾退了名将黄翼升。彭玉麟勇于负责，有功不贪。常轻舟小艇，往来倏忽，不独将佐畏之如神即，地方官也望风震慑，民间不轨之徒及作奸犯科者辄互相惊吓曰：“彭宫保来!”立即奔逃不敢出。威声震动数千里。朝廷对他倚任更重，凡有大事交他处置，如两广总督左宗棠、刘坤一，湖广总督涂宗瀛、两广总督张树声，皆朝廷倚重大臣，由于地方官劾奏，皆命彭玉麟查核。

江宁有个秀才，妻有美姿，当时李鸿章督两江，他的远亲弟弟称“四大人”者喜爱她，假传太夫人命，诱入署中，逾月不令归。秀才侦知其情，请之不能得，上控到县也不理，控到府也不理。秀才知无诉，于是得痴病，终日喃喃不绝口，讲的就是妻子被人霸占的事。彭玉麟一日停舟水西门，在茶馆遇见秀才，问他原因，并说：“你没有听到老彭来了吗，何不告诉他?”秀才问老彭在哪里，彭玉麟指示停舟的地方，并代他写告状词。第二天，秀才果真前去呼冤，彭玉麟令侍人召秀才入见，秀才抬头仰视，见彭玉麟是昨日茶馆中的饮客，大喜过望，彭玉麟见状也笑，把他的诉状拿过来，并安慰他说：“明天在家等候你的妻子回来吧。”秀才言谢而去。

彭玉麟立即拿着呈状词拜见李鸿章，纵论巡江大事，言谈之间，好像不懂法律的样子。故意问：“假使有人诱奸百姓的妻子，应当如何处置?”李鸿章说：“当杀!”彭玉麟又问：“假使有官吏诱占百姓的妻子，法律应当如何处置?”李鸿章也说：“当杀。”彭玉麟又问：“今天假如有封疆大吏的子弟诱占百姓的妻子，法律又如何裁处?”李鸿章似有所悟，勉强答应：“当斩。”这时彭玉麟从怀中拿出诉状，呈给李鸿章，并说：“公能执行法律，今天的事就算罢了，否则当上奏朝廷。”李鸿章看完诉词，脸色大变，走下案桌来对彭玉麟说：“这件事我确实不知，但劣弟为母亲宠爱，请用私人的礼节，稍微宽大处理可否?”彭玉麟说：“你刚刚说完当斩，如果不上奏朝廷，是不是私情太重了?”李鸿章又说：“虽然，请用家法如何?”彭玉麟说：“可以。”李鸿章说：“缓其死可以吗?”彭玉麟答道：“其他都遵命，这件事不敢答应。”李鸿章不得已，招呼他的弟弟出来，将呈状扔给他，他的弟弟读完呈状，异常害怕，叩头请求不要处死。李鸿章勃然大怒道：“已经为你求情了，不能活，立即自裁吧。”他的弟弟说：“请拜别老母可以吗?”李鸿章转请彭玉麟，彭玉麟应允，但在庭中等待。过了好久，也不见李鸿章的弟弟出来，彭玉麟逼迫李鸿章立即处死他的弟弟。李鸿章对身旁的人说：“去见四大人，让他把我的箱子揭开，摘取朝珠上的东西（即鹤顶红，沾舌即死，凡一二品则有之），舐之即可，不要想活下去。”侍从进到内室，不久里面哭声大作，四大人已经死了。彭玉麟于是谢罪而去。第二天，秘密前往秀才的宅院，他的妻子已经归来，秀才的痴病也痊愈了。

领导者手中高举杀威棒，不仅是打向作奸犯科的奸佞之徒，更是举给大多数人看的：这就是敢于越雷池的下场。在对付此类人时，一丝的犹豫和私情都是对领导形象的伤害。

经验之谈>>>>

“法”字以严为先。

第27法 让人才在合适的岗位发挥力量

世上有三种人，一种人很聪明，你说什么，他一点就通；一种是要聪明不聪明，说他不懂，又明明知道一些，说他懂，又不彻底；第三种是笨，笨到你说去搬一块砖，他决不多带一块泥。

企业经营更容易碰到这个问题。计划本来很好，却因为选派了没有能力完成工作的人，结果导致失败。在我们选择人才的时候，很容易碰到这个雷区。一个雷区就是有明显缺点但有能力的人才与完美的人才之间的抉择。

美国南北战争的前3年，即1861年到1864年，北军一直处于下风，步步退却。而北军其实在兵力、装备、资源等方面，都是超过南军的。林肯总统为此忧心忡忡了3年，更换了一个又一个将军，就是无法打胜仗。最后他力排众议，决定起用格兰特将军，立刻就有人跟他报告说，格兰特将军有贪杯的毛病。

林肯当然知道喝酒误事的道理，但他也知道，前面选派的那些将领，他们的突出特点就是没有什么重大缺点，而格兰特将军确实具备打胜仗的指挥才能，他决定发挥他的长处，而忽略其缺点。

事实也证明，任命格兰特将军成为南北战争的转折点。

而南军方面，李将军却懂得这个道理，他没有选择那些看起来完美无缺的将领，他所任命的将领大都有这样那样的缺点，但是他清楚，他需要他们的“一技之长”。正是那些有缺点但有一技之长的人，一次又一次打败了林肯的那些完美无缺的将军。

还有一个雷区就是决策要照顾到人员的执行能力，如果他不能胜任，也无法解决问题。

由于外汇管制的问题，一家国际公司发现，他们在非洲两个国家的资金无法收回，只能存在该国银行里头。他们不想让资金闲置，就决定利用这两笔钱在当地开设两家工厂。他们排列了确保工厂经营成功的若干要素，最后一条就是，一旦该国的外汇管制解除，可以将工厂卖给当地，再将钱汇出。

事实上，这两个厂子都很成功。

过了几年，两个国家都先后解除了外汇管制，资金可以汇出境外。公司按照最初的设想，决定把两个厂子都卖掉。一个厂子很容易就卖掉了，另一个厂子却没有人买。问题出在哪里呢？

经过调查发现，两个厂子的经营流程基本相似，没有本质的区别。唯一不同的是，在最初建成厂子时，一个厂子的当地经理把企业标准制定得很高，唯有技术高超的、受过西方技术训练的管理班子才能经营，而那样的人才在当地很难找到；而另一个厂子的当地经理，在一开始就考虑了接管企业的人的实际能力，所以尽量简化企业流程，简化管理层次，并且从上到下都尽量雇佣当地人。

你该知道哪一个厂子更容易卖掉了吧？

最后的结果是，第二个厂子吸引了很多当地的投资者，不仅顺利卖掉，而且还赚了一笔。第一个厂子因为无人买，最后清盘了事，自然损失了一些钱。

在作决策的时候，在有奇思妙想的时候，应该同时考虑执行者的实际能力才对。我有一个好朋友，经常跟我提出一些很好的创意，但几乎都没有实现，究其原因，除了我的愚笨之外，另一个明显的障碍就是，除非我的朋友亲自出马，我的公司无人能做好它。他的想法确实很好，就是没有照顾到执行者的实际能力。我也一直想跟他说明这一点，他倒很爽快：

"我只是告诉你我有这个想法，至于你能不能做，跟我无关。"所以我感谢他，说不定哪天就有一个我能做的呢。

但是，也有一种情况，明明知道他的能力不够，还是派他去做，结果失败。这是无可奈何的事。

如果要做一个全球古今人物财富榜的话，范蠡当是第一人，吕不韦第二。在协助勾践完成中国最为著名的复仇计划之后，范蠡跟勾践说："主忧臣劳，主辱臣死。先前您困在会稽山，我应以死相报，为了复仇雪恨，才活到今天。现在是该实践那诺言的时候了。"勾践说："我与你共享富贵，不然就杀。"范蠡悄悄走了，并留言文种："勾践长颈鸟喙，可与患难，不可共乐，你不走干吗呢?"文种没有走，后被勾践赐死。

范蠡住在齐国海边，耕商并举，没过几年，家产数十万。齐国知道了，送去相印，要拜为国相。范蠡散尽家产，走了。居于陶，自谓陶朱公。父子耕畜，不几年，有财巨万。

然后发生了一件事，他的二儿子杀人，关押在楚国。范蠡让小儿子带千金搭救。大儿子却不干了，说自己是长男，不去不肖，并以自杀相胁。

范蠡不得已，同意他去，还写一信，叮嘱大儿子说："钱和信都给庄生，一切听他的，莫争辩。"

大儿子入楚见庄生，庄生说："你快回，莫停留。你弟很快就出狱，也莫问为什么。"

大儿子告辞，却偷偷留在楚国，打探消息。

庄生家贫，有清廉耿直美名，楚国上下尊为师长。收千金时，他对妻说："这是陶朱公的钱，先收下来，以后要还他的，莫用。"大儿子却以为那是说面子话。

庄生入告楚王说："有祸患悬在楚国，惟有以德除之。"

楚王相信他，下令大赦。

大儿子探得消息，以为托天之福，弟弟性命无恙，就见庄生。

庄生惊问他为何不回，说："本来就没走。现在弟弟平安无事，所以来辞您。”庄生听懂了他的意思，让他自去屋内拿钱。

大儿子欢天喜地走了，庄生这边却因受骗而恼怒，入告楚王说：“大王以德赦天下，路人却纷纷议论，说陶朱公儿子杀人，拿钱贿赂大王左右，因此大王不是为楚国有难而赦天下，而是为陶朱公的儿子。”

楚王怒，下令立即杀陶朱公小儿，明天大赦。

母子皆哭，独范蠡笑，说：“我本知你去，弟必亡。你从小跟着我，过了很多苦日子，所以爱惜钱财。你弟弟出生时，我们已经很富足，让他去，就是因为他不惜钱。”

范蠡知道大儿子不是合适的人选，却没有强行阻止，做何理解？归之于“五十而知天命”吗？大儿子更能给我们启发：他有责任感，主动请缨去救弟弟，而且态度坚决；其错误在于，既不明主次轻重，也没听从范蠡的命令。因为早年家贫，舍不得花钱，这可以理解，现在是花钱买命，哪里还能计较？他的错误并不容易避免，因为他看不清大赦令背后的含义。世上有三种人，一种人很聪明，你说什么，他一点就通；一种是要聪明不聪明，说他不懂，又明明知道一些，说他懂，又不彻底；第三种是笨，笨到你说去搬一块砖，他决不多带一块泥。最好跟第一种人和第三种人打交道，尽量避开第二种人，你不知道他会在什么时候给你惹麻烦。

经验之谈>>>>

管人首先要看准人，之后才能做到因材而用、对症下药。

第28法
善于培养下属的忠诚

对国家忠诚，是义气，是民族气节，较之兄弟义气，更值得推崇。即使在今天，那也绝不是中国文化的糟粕。

中国是一个讲义气的国度，经过《三国演义》《水浒传》等小说的宣扬，忠君报国、讲求义气这些概念早已深入人心。尽管这些传统价值观念已经遭到现实利益的狠狠打击，但今天的管人工作，还是会面对感情、义气与责任的冲突。

今天的义气观念，应该与利益观和责任心相结合才对。只有义气，没有责任，不仅无益，而且有害。刘备、关羽、张飞，他们桃园三结义，是中国最著名最经典的拜把子兄弟。

兄弟三个被曹操、吕布联军打散以后，关羽保护着刘备的两个夫人，在一个小山坡上被曹操包围。曹操爱才，要收降关羽，使用了很多拉拢手段。盛情既然难却，又考虑到嫂嫂的安危，关羽接受了招抚，同时强调了坚决寻找兄长的意愿：只要刘备还在人世，就一定要去投奔——那是他的义气。

曹操想，时间长了，关羽的义气或许会消减，就赏赐宅院女佣车马财物，其中有著名的赤兔马。还故意安排关羽与两嫂嫂同居一院，如果他们乱搞，曹操就达成了目的。但关羽并不上他的当，对两嫂嫂以礼相待，曹操叹服。

关羽帮曹操做了两件大事，算是对曹操的感谢。当时，袁绍远比曹操强大，他们在白马坡交战。关羽骑赤兔马，斩颜良，诛文丑，一气呵成。二人是袁绍的得力助手，也是河北名将。白马一役，袁绍开始走下坡路。至于官渡之战，曹操以少胜多，大败袁绍，那是后话。

探得刘备的消息之后，关羽保着两位嫂嫂上路了。曹操赏赐的物件财宝，他封存于宅院，还给曹操。他过五关斩六将，千里走单骑，终于与刘备团聚，写成大英雄大义气的圆满结局。

赤壁之战后，刘备带着庞统、张飞等去取西川，留诸葛亮和关羽守荆州。荆州是他的后路，所以安排了最智慧的诸葛亮与最勇敢的关羽。不幸庞统死于落凤坡，刘备不得不调诸葛亮入川，荆州就交给关羽一个人驻守了。

荆州是蜀汉东面门户，也是北出中原的战略重地，当时也是刘备的巢穴。刘备让关羽镇守，是因为他信任关羽更甚于诸葛亮，可见他对诸葛亮还是有所保留。

诸葛亮走之前，问关羽："关将军打算如何守荆州？"

关羽一脸忠义，诚恳地说："自当以死相守。"

听到"死"字，诸葛亮心中不安，又问："如果曹操来，将军怎么办？"

关羽回答说："以力拒之。"

诸葛亮再问："如果曹操、孙权一起来，将军如何应对？"

关羽说："分兵拒之。"

诸葛亮只好对关羽说："我送将军8个字'北拒曹操，东和孙权'。"

关羽记得兄弟义气，却没有牢记守荆州的八字诀。

孙权是一直想夺回荆州的。荆州在他上游，如悬在头上的剑，使他坐卧难安。他使用了一个试探性手段，想与关羽联姻，娶关羽的女儿做儿媳。这是东和孙权的好机会，关羽却公然骂曰："虎女焉得嫁犬子！"

这把孙权给激怒了，他决心联合曹操，杀死关羽，夺取荆州。荆州处于两面受敌的危险中。

关羽在与曹魏抗战，水淹七军，威震华夏，直逼许昌（曹操都巢），搞得曹操竟然想要迁都；却不知道，孙权正悄悄安排着攻取荆州。关羽最盛时，也是他的败亡时。孙权轻易夺得荆州，关羽无路可退，败走麦城，被擒杀。

如果说关羽忘记自己的责任，输掉荆州，是值得批评的话，刘备为兄弟义气，而忘记家国责任，更应该受到批评。他举全国之力，顺长江而下，东伐孙权，要给关羽报仇。

他是一国之君，仍然牢记兄弟义气，那是值得称道的。但是，他的责任首先当在蜀汉安危百姓存亡，其次当在北伐曹魏，统一中国。现在，他为兄弟私谊，置蜀吴百姓于战乱，置蜀吴两国于危亡，而让曹魏渔翁得利，那可是大大的错了。

他的战船塞满江面，初期也战果赫赫。当时，周瑜、鲁肃、吕蒙相继逝去，似乎东吴人才凋零。刚到任的东吴大将陆逊，是一个书生，卑词微言，向刘备示弱。刘备麻痹大意起来。酷暑来临时，他将军营扎在山林中，连接70余里。那正是陆逊等待的时刻。他调兵遣将，一把火，烧掉连营，刘备大败，逃到白帝城，病死。蜀汉力量开始衰落。他儿刘禅是昏君，平庸无能，亲信小人。诸葛亮死于五丈原后数年，蜀汉为曹魏攻灭。

作为个人，当然要讲义气。在集体利益面前，个人义气就当退居其次。因此，做人必须考虑责任。个人责任与组织的兴衰是密不可分的，当责任重于个人义气时，首先当把义气收藏起来。如关羽，如果他牢记荆州的责任，蜀汉衰落未必那么早。或者说，如果刘备换诸葛亮或赵云守荆州，蜀汉也未必衰落得那么早。

蜀汉衰落，原因很多，但肯定是从火烧连营开始的。刘备担全部责任，却始自关羽。

个人义气高于责任时，怎么选择，那完全看你怎么做人了。

隋末之际，李密是瓦岗寨的首领，最后归降唐朝李渊。隋末有“十八子做天子”的谶言，“十八子”就是“李”字。李密归降唐朝，李渊对他很亲热，称为“兄弟”，他手下的人却轻视李密，更有勒索钱财的。

寄人篱下的日子不好过，李密就想叛逃。瓦岗寨的兄弟中，有一条好汉，叫王伯当，降唐后，做了左武卫将军，从三品，大致相当于今天的副军长，也是高官了。他说：“义士立志，不以存亡易心。我受您恩，当以死相报。我的劝告，您肯定是不会听的，我就跟你同去，但恐怕终究没有作为。”他跟随李密逃亡，也跟着李密死了。瓦岗寨的其他人没有跟李密走，不好用义气来简单评价，但王伯当的行为，却给我们很多启发。

尉迟敬德是唐太宗手下的著名猛将，最初却不是唐太宗的人。

隋炀帝末年，他加入政府军，捉拿各地反贼，因为勇武封官，名曰朝散大夫，却是文官，从五品下，放在今天，大概是副局（司）级中最低的一个官阶。那也没关系，他才刚刚入伍。

刘武周反隋，尉迟敬德做了他的偏将。唐朝建立后，刘武周被李世民打败，跑到突厥去了，尉迟敬德归降李世民。那个时候，李世民不是皇太子，皇太子是他哥哥李建成。

不久，刘武周手下那些归降的将领又反叛。李世民的部下怀疑尉迟敬德也会反叛，就把他关押起来。

屈突通（后面会谈到他）、殷开山等说：“这个人很勇猛，非同一般，也关押好久了，又不被信任，肯定很有怨气，留着是个祸患，请把他杀了吧。”

李世民说：“我的看法跟你们不同。他若真有反心，会落在那些人的后面吗?”就派人把尉迟敬德叫来，赐给金宝，安慰说：“我与大丈夫意气相投，不以小事介心。我不会听信谗言，杀害忠良，希望你也能体谅。如果你要走，这点金宝就算我的心意，不枉咱们相处之情。”

也就在那一天，李世民带众将领，还有尉迟敬德去打猎，遇到王世充引数万来战。王世充的骁将单雄信领骑兵直奔李世民。尉迟敬德跃马大呼，一矛把单雄信刺于马下。敌兵被尉迟敬德的气势镇住了，往后退。尉迟敬德就保护着李世民逃出了敌人的包围。

李世民说："大家都说你要反叛的时候，那是上天在考验我啊，我相信你不会。福善相报，来得真快啊。"说完，又赐给尉迟敬德一筐金宝。他跟随李世民征战，功劳很多，被任命为护卫将领。

李世民功劳多，未必就不想当皇帝，看李建成因为长子而得皇权，未必就心服口服。太子李建成也不愿意有人来跟他争权。矛盾公开化以后，太子李建成首先行动了。

他借皇帝的手，把勇将程知节（在一些小说里，他叫"程咬金"）、秦叔宝，谋士房玄龄、杜如晦等调离秦王府（李世民当时封秦王）。又赠给尉迟敬德一车珍宝，想收买他。

尉迟敬德说："我本来是逆将，罪不容诛，幸得李世民留我性命，唯有以身报恩。我于殿下无功，哪里敢接受赏赐？如果私许殿下，便是二心。见利忘义，舍弃忠诚，对殿下也没有用啊。"

李世民知道了，说："你的心如山岳，哪里移得动呢！以后再有送礼，只管取，否则于你不利。"

因为忌惮尉迟敬德的勇武，李建成派壮士刺杀他。尉迟敬德大开房门，安然睡卧，刺客频频窜动，终不敢入。又进谗言，诬陷他，唐高祖李渊下令杀他。李世民极力争辩，才免一死。

李世民却把李建成手下的将领常何等，成功地拉拢过来。

李建成准备剥夺李世民兵权，谋杀李世民，玄武门事变开始了。史书说，李世民不想骨肉相残，尉迟敬德曰："处事有疑非智，临难不决非勇。800甲士全副武装，都已进宫来了，没有退路。"

李世民密召房玄龄、杜如晦回来，当听说二人不来时，大怒："敬德，你拿我刀去，若还不肯来，就砍了他们！"

玄武门事变中，李建成被李世民射杀。尉迟敬德射杀齐王李元吉，并持着两人首级，驱散他们的部属，迅速稳定局面。又领兵来到李渊住所。

李渊大惊，问："今天谁在作乱？你来干什么？"

尉迟敬德答道："太子李建成、齐王李元吉作乱，秦王已把他们诛灭。

特命令我来保卫皇上。”

李渊这才安心。

事毕，有人建议，李建成的家属和亲信等百余人，都应该惩治或流放。

尉迟敬德力争之，说：“元凶是李建成和李元吉，都已伏诛。若还要牵连其他人，恐怕人心不安啊。”

百余人因此不罪。论功，尉迟敬德和长孙无忌为第一，后赐爵吴国公。

尉迟敬德性耿直，自负功高，常与长孙无忌（他妹妹是李世民的皇后）、房玄龄、杜如晦争执。在一次宫廷宴会上，有人位在他前头，尉迟敬德发怒曰：“你有什么功劳，敢坐在我前头？”唐太宗的弟弟，任城王李道宗来劝解。尉迟敬德竟然挥拳头打伤了他的眼睛。

唐太宗说：“以前看《汉书》，见刘邦诛杀功臣，我认为很不对。现在你们动则犯法，我才体会到，汉高祖杀韩信、彭越、英布，不全是他的错啊。国家大事，要靠赏罚分明。望你约束自己，不要将来后悔啊。”

尉迟敬德终年 74 岁。唐高宗废朝 3 日，命京城五品以上官吏，都去悼念。

屈突通，历隋文帝、隋炀帝、唐高祖、唐太宗四朝，禀性刚毅，忠直清正，喜武略，善骑射。他有一个弟弟叫屈突盖，是严正清廉的县令。当时有一句话：“宁食三斗艾，不见屈突盖；宁服三斗葱，不逢屈突通。”可见当时的人对他兄弟俩有多么忌惮。

隋文帝曾派他去西北检查军马的放养情况，竟查出有两万匹马被隐瞒了。

对应今天的情形，大概就是：中央派他去西北检查军车，竟查出有两万台车被隐瞒，假设每台车价值 10 万元，两万台车总值就是 20 亿元。这个渎职罪可是犯大了，主管军车的官员无论如何是脱不了干系的。

隋文帝大怒，要把中央掌管车马的太仆卿（正三品，相当于今天的部长）和地方监管牧马的大小官吏1500人，全部斩首。

屈突通站出来说："皇上是至仁至圣的，德育四海，哪能因为马匹牲畜，就要杀戮1500人呢?"

隋文帝怒目呵斥。屈突通磕着头说："我愿一死，只求皇上放了他们。"

隋文帝终于醒悟，说："我怎么这么糊涂了。现在接受你的建议，放了他们。"

因此屈突通得到隋文帝信任。

隋炀帝弑父登基后，他的弟弟杨谅在并州，有重兵，还不知道隋文帝已经死了。隋炀帝为防止他叛乱，就派屈突通假拿隋文帝圣旨，去召他回京。先前，隋文帝与杨谅（隋文帝很喜欢杨谅的英武）曾有过秘密约定："如果是我召你回来，敕字旁边当别加一点，并与玉麟合，那才是我的诏书，你才能来。"屈突通到并州，杨谅看不对，立刻质问。屈突通应对巧妙，语气坚定，杨谅找不出破绽，只好让他回去。

隋炀帝末年，叛乱纷起。政府军将领去征剿杨谅，很多都被打败，甚至丧命。屈突通因为谨慎持重，尽管没有大的胜利，也没吃什么败仗。

唐高祖起义兵，派刘文静等与屈突通战于潼关。几个回合下来，屈突通越来越艰难。有人劝屈突通投降，顺应大势。屈突通说："我蒙国家厚恩，历事二主，怎么可以投降呢？有死而已。"他常摸自己的脖子说："应当为国家挨一刀啊。"每次训励士兵，他都流泪，所以尽管形势艰难，还是人人奋勇。唐高祖派家童去招降，屈突通竟把来人给杀了。

李渊攻占长安，屈突通的家属都归了唐朝。屈突通带领将士退往洛阳。唐朝军队就带了他的儿子去招降他。屈突通大声说："以前我们是父子，现在却是仇人。"命令部属射箭。唐朝将士呼喊说："京城已被我们占领，你们的家属都在那里，跑到洛阳去做什么呢?"士兵都放下了武器。屈突通看大势已去，下得马来，向着东南方，拜两拜，哭号着说："臣力屈兵败，不负陛下。"

遂被擒，押解往长安。李渊慰劳说："相见恨晚啊!"屈突通流泪说："我不能尽人臣之节（指自杀殉国)，所以到了这里，这是侮辱朝廷（指隋朝）啊，惭愧。"李渊说："这是隋朝的忠臣!"就放了他，任命为兵部尚书。

唐朝讨平各地叛乱，其他将领都争抢珍宝，唯独屈突通无所取。李渊知道了，赞叹说："人们说你清正奉国，果然名不虚传。"

王世充控制着东都洛阳，李世民带兵讨伐。恰屈突通的两个儿子也在洛阳。李渊问："你的两个儿子，你看怎么办好?"屈突通说："此身既然已经许给国家，定当心口如一。讨伐洛阳，我愿意做先驱，两儿如果死了，那是命，我不能以私害义。"李渊感叹："你的忠义，竟然是这样的啊。"讨平王世充，屈突通功列第一。

屈突通贞观二年卒，终年72岁。

对国家忠诚，是义气，是民族气节，较之兄弟义气，更值得推崇。即使在今天，那也绝不是中国文化的糟粕。美国西点军校有校训——国家，荣誉，责任。含义就是对国家的忠诚和个人的责任。义气、忠诚、责任，三者紧密结合，就是今天的有价值的做人做事观念。

经验之谈>>>>

应该用制度来规范义气和忠诚。

第 29 法

不给手下可乘之机

《孙子兵法》曰："多算胜，少算不胜，况于无算乎?"以曾国藩一贯的做法，如果他真的想当皇帝，必须对外部情况有一个准确判断之后，才会下决心。

曾国藩为什么不做皇帝呢？大概有两个原因，一是他没有那个野心，二是慈禧太后早就留了一手，对他有所管束、有所防范。

曾国藩成就大事，运气之说姑且不论，见识高明却表现在至少五个方面：第一，表现在努力建立新军队，并对军队进行政治教育；第二，表现镇压太平天国时，首先从思想上争取多数、孤立少数，不走单纯的军事路线；第三，表现在力主安庆之围，把安庆作为主战场，与太平军作战略决战；第四，表现在对功高震主有清醒认识，在大功告成之际，就给自己找好退路；第五，表现在不拥兵自立，不采纳部下的"劝进"主张。

湘军攻克南京之后，有种种传言，说曾国藩一度想拥兵自立，自己做皇帝。他究竟有没有想过自己做皇帝呢?

关于"劝进"一事，萧一山先生整理了一些笔记小说资料，大致得出这样一条线索。

早在湘军攻克安庆之后，胡林翼、左宗棠等人就找到曾国藩，要他拥兵自立。据说湘军进驻安庆之后，部将要求大摆宴席，好好庆贺一番，曾国藩不许，只要部将各做对联，表达喜悦就行了。

李元度最早写成，拿过来一看，竟然说："王侯无种，帝王有真。"显然是要曾国藩自立为王，也属一种造反。曾国藩抓起来，一把就撕掉了，还痛斥一番。曾国藩死后，那个冒失鬼又作诗曰：“雷霆与雨露，一例是春风。”在哭泣与怀念中，暗指当年的劝进。

号称曾门四子的张裕钊（1823—1894），也做了一副对联：“天子预开麟阁待，相公新破蔡州还。”

曾国藩看了，颇为欣赏，传阅诸将。有人说，麟对蔡对不上，不工整。曾国藩勃然大怒，骂曰：“你们就知道拉我上草窠树，好取功名，图富贵，却整天不读书。麟是灵兽，蔡是灵龟，哪里对不上了？”

原来，草窠树是湖南土话，就是荆棘丛，要扎人的。又说蔡是灵龟，古书读少了，还真不知道。《论语·公孙长》说：“臧文仲居蔡，山节藻棁，何如其知也？”如果望文生义，就是臧文仲居住在蔡这个地方，其实大谬。蔡指国君用的大龟，出自蔡这个地方，因此把大龟叫蔡；居是动词，使大龟居住；山节藻棁，就是雕梁画栋。用今天的话来说，臧文仲给大龟盖房子，房子还雕梁画栋，他这个人怎么样呢？孔子的言外之意，大龟是国君才有资格用的，臧文仲也用，还把房子装饰得很豪华，显然不守君臣规矩，逾越礼制，他这个人也就不怎么样了。

据曾国藩的一个幕僚说，有一次胡林翼来拜见曾国藩，亲自做了一副对联：“用霹雳手段，显菩萨心肠。”聊完天，要走了，悄悄留了一个纸条在案桌边。曾国藩去送胡林翼，幕僚偶然看到了那个纸条，上面赫然写着：“东南半壁无主，我公其有意乎？”幕僚大骇，赶紧退出房间。幕僚说，曾国藩很快就回来了，应该是看到那个纸条了。

还有杂闻说，攻克安庆之后，彭玉麟派人去接曾国藩，船还没靠岸，又派亲信送去一件密函：“东南半壁无主，老师岂有意乎？”曾国藩立马变了脸色，说：“不成话，不成话，雪琴还如此试我，可恶，可恶！”把纸撕烂，揉成团，一口吞了下去。

左宗棠也写了对联，托胡林翼转交曾国藩，还客气地说，请胡林翼和曾国藩一起删改。胡林翼一看，明白了他的意思，因此一字不改，密封之后，派人转呈曾国藩。曾国藩打开来看时，里面写道：“神所凭依，将在德矣；鼎之轻重，似可问焉。”曾国藩把“似”改为“未”，原封送还。胡林翼接过来看了，也不说话，拿笔写道：“一似一未，我还说什么呢?”

南京攻下来之后，有一天傍晚时分，曾国藩审问李秀成完毕，刚回来休息。那些部将幕僚，三十几号人，不约而同，聚集到大厅来，口称有事禀报。左右觉得情况有异，赶紧报告曾国藩。

曾国藩迟疑了一下，问：“九帅也来了吗?”九帅就是曾国荃。他是攻破南京城的主帅，善于围城，绰号曾铁桶。

左右回答说：“没有。”

曾国藩慢慢站起来，凝神不语，挺拔如天人，对左右说：“请九帅!”

不一会儿，曾国荃抱病过来。等曾国荃到了，曾国藩才出来，要众人坐下说话。往日曾国藩都有说有笑，颇为幽默，今天却满脸威严，跟平常大不相同，众人发觉情势不对，都不敢仰视，更不要说坐下了。大厅一时鸦雀无声。沉默良久，曾国藩突然开口了：“拿纸笔来。”左右取来平常用的簿册纸。曾国藩看了说：“去换大红纸。”左右也不敢多问，匆匆取了大红纸来。曾国藩拿起笔来，满蘸饱墨，一气写成一副对联：“倚天照海花无数，流水高山心自知。”写罢，也不说话，投笔而去。

大厅三十余人，都为当时精英，却连呼吸声都听不到。过了好久，曾国荃才第一个走出来，去案前看曾国藩的字，其他人也都围上来。看了对联，各人表情不一，有的叹息，有的摇头，有的高兴，有的点头，更有的热泪盈眶（笔记小说写得真太艺术化了）。唯有曾国荃表情有些愤懑，转而凛然不语，最后说：“以后谁也不得再说此事。这事我曾某一个人担了。”众人惶惶然一番，跟着就散了。

据萧一山先生推测说，曾国荃与诸将攻破南京，包揽大功，就有人嫉恨他们，接着就有谣言中伤他们，说什么满城财宝，尽被他们私藏，要求朝廷严厉追查。湘军包围南京长达两年四个月，屯兵于坚城之下，众人拼了死命，才攻打下来，为的就是进城抢掠一把。现在有人想剥夺胜利果实，他们当然不干了，因此想拥戴曾国藩造反。

清朝被推翻之后，已经是中华民国。收藏该联的朱君后人，拿去给王闿运看，想找他老先生写跋记。老家伙惊讶地说："有这样的事吗？曾国藩的胸襟，今天之前，我只知道一半，从今之后，我才知道全部。我老了啊，如果不是你把这个给我看，我都不知道文正之所以为文正（曾国藩），左老三之所以为左老三（左宗棠）。"沉思了一会儿，拿起笔来，另铺开一张纸，做对联曰："花鸟总知春浩荡，江山为助意纵横。"然后跟朱君后人说："我不敢在他的联上着墨，污脏了文正。所以另写一纸，记录曾公的大胸襟，和我的过失。"

原来王闿运也是积极劝进之人，祖籍湖南湘潭，著《湘军志》一书。他去见曾国藩，喋喋不休地说个没完，就是想劝说曾国藩拥兵自立。曾国藩只唯唯诺诺，不做明确的表态，而以手指蘸杯中茶水，在桌子上写写画画。等曾国藩有事离座，王闿运探过头来一看，写的却是"荒谬"二字。看自己的纵横术不管用，王闿运只好离开。走的时候，做了《别曾幕诸友诗》，"我惭携短剑，真为看山来"，给自己做的挽联也说，"纵横计不售，空留高咏满江红"。后来他在衡阳、成都等书院讲学，常埋怨"曾大不受抬举"。

据一些不怎么可靠的资料称，王闿运先后劝进3次，都被拒绝，所以对曾国藩大发牢骚，《湘军志》一书可以看到若干痕迹。

不过，等他经历了清朝覆亡、张勋复辟、袁世凯称帝等一系列重大变故之后，看到"倚天照海花无数，流水高山心自知"，终于理解曾国藩不肯称帝的思想，所以感慨万千。

以上材料从曾国藩的主观愿望方面来讨论他不做皇帝，大都来自各种杂谈笔记，语言都在影射，而不敢直承其事。材料固然不少，却未必可信。

从外部环境看，曾国藩真要做皇帝，最佳时机不是在攻克南京之后，而应该是攻陷安庆之时。南京有洪秀全，北京是大清朝，他据守安庆，控制长江上游，若联合洪秀全，共同对付清朝，很容易成三分鼎立之势。既可以与清政府合作，也可以跟洪秀全合作，谁都没有力量同时打击两个对手。既然安庆之时曾国藩都不想做皇帝，攻下南京了，更没有理由做皇帝了。大功告成之日，他相当清醒理智，没有走袁世凯的道路。

大清朝一方也不会对此无动于衷，也当会有所考虑，有所防范。

咸丰帝不肯把地方大权交给曾国藩，就是大清朝防范湘军的第一步棋。又感叹什么“去了一个洪秀全，来了一个曾国藩”，也是防范的信号。咸丰帝死了之后，同治立，年龄小，由叶赫那拉氏掌权。这个女人颇有见识，颇有心计。她大胆使用汉臣，终于延续了大清朝风雨飘摇的江山。她的政治眼光和政治手段确实有其高明的一面。大清朝一直就限制防范汉臣，现在不重用汉人不行了，一边是祖宗的政治传统，一边是眼前的混乱局势，如何协调？她的办法就是用人要疑，疑人要用，把两者统一起来。重用汉人，曾国藩等果然建立了盖世功勋。大功告成，他们手上就握了重兵，如何防备，如何管制，那拉氏当然不是傻瓜。

据薛福成说，咸丰帝在临死前，对顾命大臣说：“谁能克复金陵，就封为郡王。”金陵攻克之后，朝廷讨论曾国藩的封赏，认为以文臣封王，赏赐太大了，也不合旧制，就拆开来办，封侯、伯、子、男各一。曾国藩死的时候，头衔一大串，就有“一等毅勇侯”，墓碑上也刻着“毅勇侯”。

明里说不合旧制，其实是对曾国藩的一种限制。暗中也早有布置，在军事上对曾国藩形成隐隐防堵之势，使他难以迅速举兵北上。

官文是旗人，咸丰五年授湖广总督，不曾建立什么功勋，每年还挥霍百万银两，却一路升迁，协办大学士、文渊阁大学士、文华殿大学士。叶赫那拉氏掌权之后，为让曾国藩卖命，升他为协办大学士，而官文升文华殿大学士，曾国藩到死也只是武英殿大学士。武英殿大学士比文华殿大学士低一级，文华殿大学士常为四大学士之首（都为正一品）。其中的深意，就是在限制曾国藩。官文坐居武汉，实际有从长江上游监控湘军集团的作用。

都兴阿等旗人领兵驻扬州、镇江一带，控制长江中游，僧格林沁的骑兵部队驻扎在安徽北部，对曾国藩形成隐约的包围态势，假若他有什么动作，也难以全力北顾，北京方面至少可以赢得时间。曾国藩以文人带兵，且一生谨慎，对以上军事部署，不可能没有警觉。

对湘军内部，慈禧太后及大清朝廷亦采取了分离之策，以削弱曾国藩的兵权和威信。

湘军分五个派系，江忠源死得早，胡林翼死了之后，其派系都没有力量了，剩下曾国藩、左宗棠、李鸿章三派。在曾、左之间，清政府利用了幼天王南京突围这件事。南京城攻破之后，湘军满城烧杀抢掠，炸开的城墙豁口无兵把守，李秀成带着幼天王一干人等从豁口冲出。清政府要曾国藩认真查找幼天王的下落，务必不使幼天王逃脱。曾国藩却听信了部下的谎言，向清政府报告说幼天王在城破之时，满屋堆积柴火，把自己烧死了，也可能死于乱军之中，绝对没有逃出去。左宗棠却得到幼天王逃出的确切消息，就报告了朝廷。曾国藩与左宗棠从此不和，以致终身不通音讯。清政府正好利用了这个机会，完全向着左宗棠一边，达到分裂湘军的目的。

按理说，左宗棠也起自湘军，而且是因为曾国藩大力推荐，才有了一席之地，他应该站在曾国藩一边才对。其实不然。咸丰七年，曾国藩坐困江西，江西方面不买他的账，处境非常困难。得到父亲去世的消息，不待朝廷命令，他就奔回湖南老家，有点临阵逃跑的意思。左宗棠应该同情他才对，却公开站在清政府一边，大肆攻击、讨伐、批评曾国藩。以他为首，整个湖南都群起攻之。面对强大的舆论压力，曾国藩竟患上不眠之症。

在幼天王问题上，左宗棠仍然坚决站在清朝一边，似乎可以做这样的推想，他仿佛在向清政府表明心迹：我是坚定站在朝廷一边的，曾国藩若要造反，我第一个反对。这个推测是有若干政治痕迹为基础的。曾国藩、左宗棠、李鸿章三个人，是清朝后期最显赫的汉臣，曾国藩镇压了太平军，李鸿章镇压了捻军，左宗棠收复了新疆，也都官至大学士，却只有左宗棠两度成为军机大臣，这固然是因为他收复了新疆，更加关键的却是他对清政府的忠诚。

李鸿章是曾国藩的学生，两人关系一直很好。李鸿章本是安徽合肥人，在曾国藩的安排下，他回安徽，照湘军制度编练了一支军队，是为淮军。在曾国荃围困南京的时候，上海财团请求曾国藩派一支军队去保护上海，他们愿意出粮饷。最初，上海不过是一个海边渔村，西洋诸国侵凌中国之后，由于其特殊的地理位置，而逐渐发展起来。太平军攻占南京前后，江浙财团纷纷逃往上海，上海逐渐成为江南财富的集散中心。曾国藩当然想控制这个肥缺，让曾国荃带兵去上海。曾国荃却不肯去，两眼死盯着南京城里的金银财宝。曾国藩无奈，就让李鸿章带着他的淮军去上海。为了躲避南京太平军的搜查，上海财团花了16万两银子，租用洋人的舰船，伪装成商船，从长江水路悄悄把淮军运送到了上海。由于得到上海财团的支持和洋人常胜军的帮助，这支部队的战斗力也很强。

李鸿章虽然是曾国藩的学生，却不是亦步亦趋的主儿。在一般事情上，李鸿章总是把曾国藩挂在嘴边，开口闭口都说“吾师如何如何”，但在造反这种杀头灭九族的大事情上，他不会那么讲义气。早在曾国藩祁门大营遇险时，他就借机会走掉了。如果曾国藩造反，他自不会贸然追随，大概也不会像左宗棠那么明确反对。最可能的举动是，先驻足观望，看形势发展，再做打算。当初曾国藩不分兵北上勤王，就是李鸿章的主意。李鸿章有自己的见识，也有自己的打算，不会那么鲁莽，不会因为曾国藩是老师，就事事追随。

清政府还迅速提拔和扶植一些湘军将领，提高他们的官阶，跟曾国藩平起平坐，使他们感情可能会疏远，从属关系也渐渐打破，不会像以前那样一呼即应。左宗棠、李鸿章、沈葆桢、杨载福、刘长佑等人逐渐与曾国藩官阶相当，呈分庭抗礼之势，甚至互相不和，湘军的凝聚力被削弱了。

提拔曾的嫡系将领是为了分化他的势力，削弱他的个人影响力。那个时候，太平军余部还在继续活动，捻军也刚刚兴起，湘军将领都还有用途。南京刚刚被攻破，清政府也不好做得太露骨，所以采用了提拔与分化的办法。

不过，在接下来的几年中，那些被提拔的将领，有一些人又逐渐落职。同治五年正月，陕西巡抚刘蓉免职，二月，广东巡抚郭嵩焘落职，八月，陕甘总督杨载福免职。同治六年十月，曾国荃被免去湖北巡抚一职，回籍“养病”；十一月，直隶总督刘长佑被革职处分。

湘军虽有30万之众，曾国藩直接指挥的有12万，即使都肯追随他造反，其中曾国荃的5万部队，却在士气和战斗力上有问题。他们在南京城烧杀抢掠，夺得很多财富，当初那种不怕死的劲头有所减弱，其中不少人也盘算着如何回家享受。他们恰恰又是曾氏兄弟最核心最精锐的力量。依靠这样一支队伍来造反，胜算不是很高。曾国藩肯定能看到这一点。在决定裁撤军队的时候，他说湘军暮气已重，这未必是他的客气话，有一定的事实依据。由于他们已经抢到财宝，驱逐鞑虏之类的民族口号，对他们没有多少号召力。

《孙子兵法》曰：“多算胜，少算不胜，况于无算乎？”以曾国藩一贯的做法，如果他真的想当皇帝，必须对外部情况有一个准确判断之后，才会下决心。

曾国藩不做皇帝，多来自笔记小说杂闻录，虽然不甚可靠，却能反映当时的一些政治背景。敌人尚在，让曾国藩手握兵权，那是迫不得已；现在敌人没有了，他还执掌兵权，清政府当然会担忧。因此，清政府一方做了不少动作，目的是要打压、限制、逼迫曾国藩。

南京城被包围之后，太平天国逐渐势微，清政府就开始打压曾国荃。那时他已经升任浙江巡抚，按理可以单独给朝廷写报告。不料他才写了第一个报告，就遭到批驳，认为他还没到浙江赴任，就不能单独写报告，必须先报曾国藩，由曾国藩向朝廷报告。不去浙江赴任本是清政府的意思，那时曾国荃还在包围南京城，当然不能去杭州。

城破之日，曾国荃与杨载福、彭玉麟一起，连夜写了报告，由八百里加急送京，满以为会得到嘉奖和慰问。不料十天之后，清政府就把曾国荃指责了一顿："该逆死党尚有万余……倘曾国荃骤胜而骄，令垂成之功或有中变，必惟曾国荃是问。"论官阶，当时杨载福升陕甘总督，彭玉麟本已升兵部右侍郎，坚辞不受，都高于曾国荃，因此在朝廷的回信中，提及3人姓名时，杨载福第一，彭玉麟第二，曾国荃第三。若论军功，曾国荃未必就逊于二人，官阶却比二人低，不过是清政府限制曾国藩的一个手段。

跟着又要求曾国藩追查南京金银财宝的下落，报告户部，以备拨用。金银财宝都被攻城部队抢光了，怎么追查？有一个人把当时的情形记录在日记中，他叫赵烈文，是曾国藩的得力幕僚。他在日记中记载了一段上谕：

"曾国藩以儒臣从戎，历年最久，战功最多，自能慎终如始，永保勋名。惟所部诸将，自曾国荃以下，均应由该大臣随时申儆，勿使骤胜而骄，庶可长承恩泽。"

这话可就点明了朝廷的态度，曾国藩如果不好好管束自曾国荃以下各部属，就不能"长承恩泽"了。

曾国藩以文臣带兵，哪里会看不懂言外之意？所以在攻破南京之前，曾国藩就对大功告成之时，究竟何去何从，作了深入考虑。南京城破之日，就是曾国藩最危难最紧张之时。功高震主而被杀戮的事，历史上多得很，曾国藩非常清楚。

清政府的目的，就是逼曾国藩表态，要么迅速造反，要么立刻交出兵权。曾国藩表态越早，对清政府越有利。

如何自全，曾国藩可谓想碎了脑袋。尽管身居高位，内心却苦得很，带兵作战，打不赢伤脑筋，打赢了也伤脑筋。曾国藩的高明之处就在于，既能看到当时与清政府的紧张形势，又能沉下心来，自裁羽翼，自削兵权，主动打消清政府的疑虑，把一场灾难平静化解。

曾国藩复出之后，开始变得小心谨慎，自不会贸然行事。自从祁门大营历险之后，他更不肯轻易冒险。做不做皇帝，这是一步大棋，也是一步险棋，且没有必胜的把握；做大清朝的忠臣却容易得多，无非交出兵权罢了，再多加忍让就是，可以得到中兴名臣的美名，甚至成为一代圣贤。唯一担心的，是交出兵权之后，会不会变成砧板上的肉，任人宰割？也许只有听天由命了。从清政府来说，曾国藩自削兵权，威胁消失了，自然没必要杀他而落个杀功臣的骂名，同时也能稳定左宗棠、李鸿章等人。

关键一步棋是裁撤湘军。既然清政府最不放心曾国荃的部队，他就拿曾国荃5万人开刀，东裁西裁，或者归入别部，最后能直接调动的只剩6000人。

其次让曾国荃提前退休，回老家疗养。这着棋正合了清政府的心意，而赏给曾国荃6两人参。作为对手，绝不走正中敌人下怀的棋子。巴结上头，却要正中其下怀才好。这也是曾国藩当官的本事。曾国荃大为恼恨，却又无可奈何。曾国藩也尽力抚慰这个能打仗，又能给他惹事的弟弟："弟何必郁郁。从古有大勋劳者，不过本身一爵耳。吾弟于国事家事，可谓有志必成，有谋必就，何郁郁之有？"同治三年八月，即攻破南京之后两个月，正好曾国荃满40周岁。曾国藩写了9首诗歌抚慰曾国荃。曾国荃读着读着，放声大哭。他回老家之后，随着时间远去，才逐渐释怀，并写有对联曰："百战归来在读书。"曾国藩老家，今日湖南省双峰县荷叶乡大坪村，先有富厚堂，规模宏大，正面宽500米，保存基本完好，就是曾国荃修建的，曾国藩其实一天也没住过。

再次，把财权也交出去。曾国藩督任4省军务之后，除了兵权，财政大权也握在手中，固然有利于更好地镇压太平军，也使自己手上的权力更大，难怪说他有坐断东南之势。兵权都交出去了，财权也没有用了，因此他最早交出的就是财权。

早在南京陷落之前，曾国藩就已经注意到自己功高震主和清政府的态度了，提前为自己想好了退路。他给李鸿章写信说："长江三千里，几乎每一条船都张着我的旗帜，而四省财政都归我管，兵权、财权都太大了。自古掌大权者，无不是凶于国而害于家。我虽然愚笨，却也知道远权避祸。”给曾国荃的信也说：“处高位大权大名的人，自古有几个得以善终？必须把权位二字推让几分，才能为晚年渐渐收场。”

正是因为他对当时形势与中国历史有清醒、完整、深刻的认识，才能把那些经验运用在自己身上，从而顺利、平稳、干净地化解危机，保住身家性命与荣华富贵，真的做到了“长承恩泽”，成为清朝一代的圣贤名臣。

客观上讲，慈禧太后的管人手段也很高明。当然那不是她一个人想出来的，应该是满清最高统治集团的智慧。尽管有那样高明的管人手段，却无法扭转内轻外重的权力结构，大清朝在内忧外患之中轰然倒塌，形成长达 20 年的军阀混战局面。

慈禧太后垂帘听政的时候，才 26 岁，以一个年轻女子的野心，掌握清朝大权 40 年，在任用汉人方面有比较宽广的政治胸怀，确实值得学习。面对西方列强的武力侵略和无理要求时，她也说过，这江山咱不要了，还给汉人，咱回东北老家去。有人就为慈禧太后鸣冤，认为她不是卖国贼。评价一个人不是看他当时说了什么，而是看他做了什么，带来什么样的影响或后果。李鸿章游历欧洲时，向德国首相俾斯麦请教治国之方。俾斯麦想了想说，你在一个女人手下做事，能有什么办法？李鸿章听了，半天没有说话。

经验之谈>>>>

又要用好他，又要管好他，制度必须跟上来。

第30法

正确对待下属的越权行为

车站上的规定非常严格，不会因为他挽救了一次事故，就会奖赏，反而会无情地开除他。想到与其等着被开除，还不如自己主动辞职。于是就立刻动手，写好了辞职报告。

美国有一个富翁叫安德鲁·卡内基，被称为钢铁大王，中国人常常把他与戴尔·卡耐基搞混淆。他的钢铁事业一度垄断了美国的钢铁市场，后来他把企业卖给了摩根·斯坦利。

他曾在铁路局工作过，在调度室当发报员，16岁，收发各列车的调度和行程电报。

那一天，他正在调度室工作，站长到总部开会去了。他接到一个紧急电报（那时还没有电话），由于一列车出现故障，必须紧急停靠，好让其他列车通过。现在站长联系不上，电报给谁呢，一时也没有其他领导可以请示。年轻的发报员着急了。怎么办？怎么办？

发报员跟随站长工作两年了，经常观察站长的工作，对列车调度、路线等都比较熟悉了，因此，他知道故障列车可以到哪里停靠。但是，按规定，列车的调度、路线安排，必须由站长来安排，相关电报也必须经站长签字才能发出，任何人不得越权。他一个小小发报员，无权处理这些重大事情。

情况紧急，怎么办？发报员知道自己能解决这个危机，但是，如果他擅自做了，就一定会丢掉饭碗。左思右想，他决定不顾规定，代站长签字发报，让列车停靠了再说。

电报发出之后，小发报员很得意，然后开始考虑自己的去留。站上的规定非常严格，不会因为他挽救了一次事故，就会奖赏，反而会无情地开除他。想到与其等着被开除，还不如自己主动辞职，就立刻动手，写好了辞职报告。

站长回来，看到了他的辞呈，问明原委之后，也不知道怎么处理才更好，就把事情暂时压了两天。

正好上面要他推荐一名机灵的年轻人去铁路公司的炼钢厂，他就把安德鲁·卡内基送过去了。

类似的版本在中国也出现过。

2000年以来，中国股市波动很大。股市狂涨的那阵子，有一个老板头脑给鼓吹热了，就把公司的资金也调过去，抽出来一点现金，就投进去一点。

同时有很多人已经闻到股市死亡的味道了，所以消息灵通人士已经在开始撤了。他的女秘书，正儿八经的工作秘书，给了他一些警告，但没有用。他已经被表面的兴旺喜庆冲昏了头了，只盼着大捞一笔。

也许女秘书已经把工作与个人感情混在一起了，她不想看到老板栽大跟头，决心使用有限的权力来帮老板。她以老板的名义，转移了账上的全部资金，前后多达600万元。老板在股市里昏天暗地，所以没有发觉。

熊市很快就到来了。还好，虽然先期的钱陷在里头了，账上的钱都还在，他算是被小秘书给救活了。按理说该奖赏巨大吧，秘书也很为自己的聪明得意。

但是，没过多久，老板就把她辞退了，理由你可以去想。

我也在想，如果秘书在擅自转移资金之后，也像安德鲁·卡内基那样，同时写好辞呈，是不是结果完全不同？

前面说的无非是工作小事，并不值得大惊小怪。唯“将在外，君命有所不受”一类的越权行动，才会引起地震或风暴。在那样的权力体系中，越权动作也时有发生，不辨明主次，就无法正确评价它的价值和历史意义。

公元1500年的俄罗斯，不过是欧洲的一个大公国，土地面积大约比黑海大1/3强，60万平方公里～70万平方公里，相当于我们的青海省。那时，它只能站在伏尔加河流域的边缘，闻闻那块肥沃的土地所散发出来的清香而已。在接下来的半个世纪里，它控制了乌拉尔山脉以西的广阔平原。即使如此，俄罗斯也不过是欧洲的一个大国而已，乌拉尔山脉以东的广阔土地，都还各有其主。

但是，从1581年起，它开始了史诗般的传奇扩张。大约50年之后，它的土地已经扩展到辽阔无边的程度。打开地图看一看吧，它的疆域横跨欧亚大平原，西边黑夜正要降临，东边却天刚破晓。那不是一个国家，而是一个世界。

他们是怎么做到的呢？如果说早中期的扩张是个人英雄主义的话，晚期的扩张则是一个总督的越权行动。

乌拉尔山脉是欧洲和亚洲的分界线，却丝毫没有山的雄伟，甚至没有一点山的生气。从空中看，它不过是躺在欧亚大平原上的一条蚯蚓，一般海拔500米～1200米，最高峰1895米。翻越乌拉尔山脉当然也不需要任何力气。

因此，斯拉夫人轻易地越过了乌拉尔山脉，成功地征服西伯利亚，不知不觉来到太平洋的边上。说起来简单，却是一次史诗般的进军，其早期的典型代表当数叶尔马克·齐莫菲叶维奇。

他是顿河的哥萨克与一个丹麦女奴的儿子，24岁那年，因为偷马被判处死刑。不知是什么原因，他成功地逃跑了，逃到伏尔加河。一段时间以后，又成为一伙强盗的首领，横行在伏尔加河之上。政府军开始围剿他们，他就带领群盗溯河而上，逃到上游的支流卡马河，这里距乌拉尔山并不太远。

在这里，盗马贼表现出了庞大帝国缔造者的品质。1581年9月1日，他带领一支840人的队伍，勇敢地朝东边冒险。他们越过乌拉尔山，深入鞑靼人的本土，向鞑靼军队发起攻击。如同西班牙人征服美洲一样，叶尔马克拥有火枪火炮的巨大武器优势。听说敌人能指挥雷鸣电闪，能穿透最坚固的锁子甲，鞑靼人结集了30倍于敌人的兵力进行抗击。他们以阵雨般的弓箭开路，一度就要占领上风。但是，在这个紧要关头，他们的首领被打伤，群龙无首，部队立刻就溃散了，逃往南部的额尔齐斯河流域。

叶尔马克占领鞑靼人的首都之后，俄罗斯人就把乌拉尔山脉以东的整个地区，一块广袤无边的土地，以那个亡国之都的名字来命名，即叫做锡比尔，英语叫西伯利亚。

他直接给沙皇伊凡雷帝写信，报告他的赫赫战果，并请求原谅他过去的罪行。沙皇大为高兴，不仅赦免了所有人的罪，还奖励了大量金钱、两套盔甲、一只高脚杯。

1584年8月5日夜里，他们在额尔齐斯河边睡觉时，遭到了凶猛的攻击。袭击者正是逃到南方的鞑靼人，他们没有忘记国仇家恨，一直在寻找机会。据说，叶尔马克试图游过河去，却因为沙皇赐予的盔甲太重，淹死了。

牺牲并不能阻挡勇士对荣誉的追求。他的后继者非常幸运，一路向东，只遇到微弱的抵抗。1637年，俄罗斯人到达太平洋的鄂霍次克海。他们以小得惊人的力量，完成了海洋一般辽阔的扩张，其间不过区区56年。

当他们继续推进到达阿穆尔河流域时，不得不停住脚步，因为他们遇到了向东扩张以来最强大的对手，不仅仅是一名对手，实际上是一个强者。

1844年春夏，俄罗斯一支132人的队伍到达阿穆尔河，并顺阿穆尔河而下，抵达松花江。他们派出一个25人的小队，想侵入松花江，但遭到驻军打击，只有两人生还。这里发生的是一场很小的战斗，却值得中国人永远记住它，因为阿穆尔河，我们叫它黑龙江。

此后，俄罗斯人以一小股部队，在阿穆尔河流域进行了一系列的冒险行动，以典型的哥萨克方式进行屠杀抢掠。康熙帝忍无可忍，在收拾了吴三桂、耿精忠等人的叛乱之后，掉转枪口，狠狠地打击了入侵者。于是中俄双方就坐下来谈判。最后，在1689年，中俄签署《尼布楚条约》。这也许是大清跟西方国家签订的唯一一个公平、公正的条约。那时的中国还很强大，科举制度为普通人提供了参政机会，对学问的尊重胜过崇尚武力，精美绝伦的瓷器、丝绸等，都令西方无限神往，把中国文明奉为楷模。伏尔泰(1694—1778)就曾用书房的一面墙来悬挂孔子的像。可惜，很快的，这种先进就淹死在隆隆炮声中了。

之后的170年里，俄罗斯人都遵守约定，停留在黑龙江流域以外的地区。

也许前面的历史叙述过长了，现在，鸦片战争进入我们的视线。英国吞并了香港，战舰也可以在长江上任意游弋。好几千里外的俄罗斯人却觉得自己正在受到威胁，决心要控制黑龙江流域及其入海口。那是通往太平洋的天然出口，如果被英国人霸占，他们就被堵住了。

等待了170年之后，他们只用了短短10年时间，就实现了全部企图。这得益于一个年轻总督的越权行动，另一个原因是中国的软弱，先前赶走俄罗斯人的庞大帝国，现在只剩下了一个空架子。

那个名叫尼古拉·穆拉维约夫的越权者，是在1847年他38岁时被任命为东西伯利亚总督的。他不顾《尼布楚条约》的规定，也没有向国家报告，就派出军队侵占中国领土。那是一片广阔到100万平方公里的巨大区域，比内蒙古略小，而对它的入侵和占有，竟然只使用了很少量的人。这是让中国人所愤慨的，却又无可奈何。总督手下的一个船长闯入黑龙江流域之后，派几个人守卫这一个哨所（贸易站），再派几个人守卫那一个哨所（贸易站），然后再派几个人去建立下一个哨所。由于那些地区没有人家，他们没有遇到任何抵抗。

事实上，如此大面积的入侵动作，中国政府完全不知道，是俄国政府自己通知大清朝廷的，那是1851年5月间的事。可怜的大清帝国。1858年中俄签订《瑷珲条约》，100万平方公里土地中的60万即不为中国所有。

1860年，那位总督再次越权，不顾《瑷珲条约》的规定，在中国与朝鲜接壤的海岸边发现了一个极好的港湾，就在那里建起一座城市，命名为符拉迪沃斯托克（海参崴），意思是东方的王后。是年签订《北京条约》，越权行动再一次被肯定，100万平方公里土地中的另40万不为中国所有。

至此，黑龙江以北到外兴安岭，乌苏里江以东到库页岛，100万平方公里的土地被俄国侵占。俄国在远东的扩张与侵略也全部结束，其疆界也一直持续到今天。

这一系列土地收成，竟然起自一个地方总督的越权行动，他们是趁火打劫的典型抢掠者，也是趁火打劫的最大获利人。1864年，俄国又从新疆西北部割走44万平方公里。东西两块领土相加，合起来是144万平方公里，只比今天的新疆（160万平方公里）少1/10。除了一抹伤心、痛骂大清懦弱之外，还能做什么呢？

那个总督的侵略（越权行动）是与国家规定相冲突的，一般而言，当然是国家规定为大，地方总督的权力为次，但是他行动了，并因此获得荣誉。其关键点，在于大清政府的软弱。总督越权，忽视国家制度，其后果是引起两国纷争，性质很严重，但在那个特定的时代，就完全颠倒过来了，反而使他成为英雄，而且使用了那么少的力量。对于大清朝廷，真是让人伤心。

经验之谈>>>>

企业要用制度来规范越权行为。

第31法

正确对待下属的争论

管理奇才杰克·韦尔奇说过："管理的职责是把梯子正确地靠在墙上，领导的作用在于保证梯子靠在正确的墙上。"

1920年初，福特汽车公司仍然主宰着整个汽车工业，满大街都跑着它生产的T型车。那个时候，如果谁说他有一辆车，毫无疑问就是T型车。

通用汽车公司想打破这种局面，超越福特。通用的真正老大（董事长）是皮埃尔·杜邦，在听取了工程师的意见之后，他决定全力支持工程师的新设想。当时的发动机都是常规的以水制冷，工程师却想以空气制冷。如果设计成功，通用公司将获得极大的竞争优势，有望打败福特公司。

尽管工程师对他的产品充满信心，却遭到其他主管的反对：一、在技术上它并不稳定可靠；二、如果全力投资于这项新技术，公司等于是把所有的鸡蛋放在一个篮子里，且未能积极参与现实的市场竞争。

经过一连串的失败尝试之后，1923年夏天，通用公司打算取消该计划。工程师就给公司执行总裁写信，说该计划失败的原因不在技术方面，而是因为遭到来自内部人员的反对，并明确表示，如果计划不能继续，他就辞职。

执行总裁就是美国管理界的著名人士阿尔弗雷德·斯隆。他对伟大的工程师说："嗨，哥们儿，俺完全明白你的伤心之情。我们在这里玩命干，想为公司找出一条路来，那些家伙却想拉你后腿。身为大哥，我一定坚定不移地罩着你！他们反对你，那就是反对我！好兄弟，你放心，我一定帮你摆平这件事！谁反对你，谁就要付出代价！"

斯隆知道，工程师不是在威胁他，他真的会离开公司。如果那样，他这个代理老大就无法跟真老大交差，因为真老大对工程师充满了信心，哪里能开罪他！真老大才是活菩萨！同时他也知道，其他主管的反对更加有道理，他必须支持现在正在进行的常规的以水制冷的生产线，否则公司立刻就有危险，那么真老大也不会放过自己。怎生是好呢？

在这样的矛盾中，斯隆冷静地表现了代理老大（管理者）的工作方式：一、他以一套含混的说辞来极力支持工程师，又因为不能强迫其他主管不反对该计划，所以他就将问题描述成人的问题而不是产品的问题；二、为解决他所描述的人的问题，他主张成立一个新部门，全面负责新产品的研制、开发、生产和销售，全权处理新部门的人事和管理事宜，负责人就是那位工程师。

这个方案是消极的，它限制了人们的选择范围，对解决现实问题却是有效的。首先避免了他与真老大的冲突，工程师得以继续留任工作，没有让他说的“新技术失败是因为内部人的反对”成为事实。其次，不影响公司的经营，常规生产线继续在工作，公司照常参与市场竞争。

事实上，新计划在几年后就死亡了。

皮埃尔·杜邦在做领导的工作，阿尔弗雷德·斯隆在做管理的工作，他们各自对企业产生什么样的影响？他们之间有一个主次之分吗？从职位看，当然有主次之别。但是，如上所述，通用公司真的选择了杜邦的决心，全力支持新计划，命运将会如何？事实上，也正是因为阿尔弗雷德·斯隆的杰出工作，通用汽车公司成功地超越了福特，成为美国汽车业的龙头老大，一直保持到今天。

领导与管理，两者的主次实际是表现在对企业的不同的影响上，它们不是从属关系，而是一个完整的体系。两者有相同之处，但管理更注重秩序，而领导注重变革；领导者经常追求有风险的、甚至是危险的工作，管理者看重秩序的本能压倒了对风险的追求；管理者能容忍平庸、琐碎的工作，领导者则视为一大苦事。

另一位管理奇才杰克·韦尔奇说过：“管理的职责是把梯子正确地靠

在墙上，领导的作用在于保证梯子靠在正确的墙上。”

美国一家大公司的总裁曾遇到一件事，他让秘书打电话给西部子公司的经理，说他下周要去西部办事，希望下周二能见到分部经理。经理说：“我也殷切盼望啊，不过周五才有时间。”

总裁的行程已经定好，周一到西部办完事，周二就回了总部。不过到周四，又飞去了西部。

总裁和分公司经理在周五共进午餐。总裁问他：“迪克，你这一周都在公司吗?”

经理说：“是，都在。”

总裁又问：“这么说，你周二也在?”

那家伙笑着说：“是。”

总裁一听这话就火了：“你很过分，你知不知道?！你让我一周跑两趟，晚上还得赶回去。你以为坐飞机不花钱吗?！”

那家伙赶紧解释说：“哦，不好意思。接到通知时，我已花了好几个小时来计划下周的工作。按照计划，周二有很多事情，排得满满的。按你的要求，我就得打乱计划。而我，请您不要误会，既然已经做好安排，决不随便改动。我不让任何人任何事打乱我的计划。你看到，西部分公司之所以有今天的成绩，完全是因为严守计划。”

“听到那些话，刚开始我感到震惊，甚至有点恼怒。转念一想，他是对的。我明白了他的成功秘诀。”回到总部，就把迪克的故事告诉了所有公司。

这里也有一个辨证观点在里面，不能固执地学习分部经理的做法。其关键点在于，看你面对的是什么样的上司。大家都知道唐太宗与魏徵之间的关系。魏徵本来是太子党，站在李建成一边。李世民玄武门之变打败李建成、夺得王位继承权之后，并没有杀魏徵。魏徵做了李世民的助手之后，常常冒犯龙颜，毫不掩饰地批评皇帝的缺点，有时搞得李世民下不了台。有一次回到宫中，李世民高声说到：总有一天我要杀了那个魏徵。君臣关系到了这个分上，魏徵该收敛一些了吧？不，他依然故我，这才传下来他与李世民君贤臣能的一段佳话。

这里不妨插一句，就在唐太宗说要杀魏徵的话时，长孙皇后正好听到了。这是一个机智而富有政治头脑的女人，她立刻就给唐太宗跪下来了。她是要给魏徵求情吗？不，那个时候，正面求情常常只会把事情搞得更糟。她跟唐太宗说："恭喜皇上！贺喜皇上！"唐太宗正在火头上呢，冷不丁听到这话，很纳闷，问："恭喜我什么呀？"长孙皇后说："恭喜你有这么一个敢于说真话的好大臣啊。俗话说，臣贤君明，有贤臣，也才有真正的明君啊。"这个女人会说话吧？不仅把魏徵给夸了，连皇上也一块儿夸了。这样机敏灵惠的女人，男人能不喜欢吗？曹操的第二任老婆姓甄，史书称甄后。属国进贡了一批珍宝，曹操带到后宫，让他的女人自己挑。第一个当然是甄后。甄后仔细翻看了之后，挑了一件中等价值的宝贝。事后曹操问她为什么不挑最好的。女人问答说："挑最好的是贪，挑最差是伪，故取其中。"连后宫女人都那么聪慧，能不成就一番功业吗？

魏徵敢那么做，其最关键处，在于李世民的贤明。文死谏，武死战，这个传统并没给多少人带来荣誉。假设魏徵生活在朱元璋当政的后期，能成就他们君贤臣能的美名吗？

在不同传统的国度里，一般遵照不同的传统来做事，效果要理想一些。难怪毛泽东引用过一句话："到什么山上唱什么歌。"

不过，本章也表达了另一个概念：坚持你认为正确的东西。但是，若能做到像阿尔弗雷德那样两面兼顾，当然是最好了。若做不到，你不能含糊，必须有一个选择，做好其中一件，至少可以交差。

经验之谈>>>>

制度可以管人，也可能会限制人。

第32法

让下属为你出全力

韩信的部队并不是跟随他多年的训练有素的精兵，其中有很多降兵，只有置之死地，降兵才会奋力死战。如果没有张苍一军的奇袭，背水一战也不能成功。弄不好，那些降兵会再次投降，韩信可就惨了。

公元前204年，韩信发兵由代地进攻赵国。

赵王歇与陈馀听说韩信已夺取代地，忙引兵马，驻扎在井陉口，号称20万大军，阻止汉军前进。

井陉口位于现在河北省井陉县北的井陉山上，叫井陉关，也称土门关。

陈馀的20万赵军就驻扎在这易守难攻之地，专等韩信、张耳来攻，仿佛在守株待兔。韩信当然不会轻举妄动，把兵马驻扎在井陉口的另一头，派出密探，四面打探陈馀军情。

赵军谋士广武君李左车给陈馀献策说："汉将军韩信涉西河，擒魏王，夺代郡，虏夏悦，如今张耳为辅，欲攻赵国。这是乘胜利之师离国远征，其锋的确难当。但是，'千里馈粮，士有饥色；寻柴为炊，师难饱腹'。井陉之路，战车不能并行，骑兵不能成列。韩信如果由此进军，粮草辎重必在后面。请拨给我精兵3万，从小路偷袭，截断汉军给养。丞相深沟高垒，坚壁固守。汉军前不能斗，退不能回，野无所掠，必然粮断水绝，不过十日，两人之首，必致麾下。希望相国采纳我的建议。否则，必为韩信、张耳之人所困。”

陈馀本来素以儒者自称，不听李左车之计，反而说：“我本仁义之师，不用诈谋奇计。兵法常说‘十则围之’，‘倍则战之’。如今韩信之兵虽然号称数万，其实不过数千，千里奔袭赵国，早已疲劳至极。如今遇到如此之辈尚且避而不战，今后遇到大敌，又该怎样对付呢？这样，诸侯都会认为赵国胆小怕事，动不动就会向我赵国用兵！”

陈馀辞退李左车，不用其谋，只在那里坐等韩信率兵到来。

汉军密探得到此消息，飞报韩信。

韩信大喜，方敢引兵从井陉口进击赵军。韩信大军开到距离井陉口30里地，下令扎寨安营。

夜半时分，韩信召来常山太守张苍，拨给他两千军马，人持一旗，从僻静小路偷偷逼近陈馀寨棚，潜伏在草丛之中，以观动静。

韩信密告张苍：“我军与赵军对敌，我军诈败，赵军必然空营追赶。你指挥士兵冲进赵营，拔尽赵国旗帜，全部插上汉军旗，坚壁拒守，不必参战，赵军自会不战而乱。”

张苍等人得令而去。

天边刚露出一丝晨曦，韩信中军就传出号令：“今日破赵会食！”每个军士只分到一份早餐。

因此诸将皆不敢相信，但是军令如山，只听到整齐而有力的一声回应：“是！”

韩信自领一万人马先行，渡过淮河，在岸边排下阵势。赵军看到韩信背水列阵，尽皆发笑，认为韩信实在不会用兵。汉军将士也疑惑不已。但是韩信用兵神出鬼没，军律甚严，只得依令而行。

韩信对张耳说：“赵军不见我军大将鼓旗，恐怕不肯出壁交战，我俩必须亲自督战。”

韩信、张耳披挂上马，率领万余精兵，前面尽布大鼓旌旗，杀进井陉口。

陈馀在赵营之内，看到韩信、张耳如此耀武扬威、大模大样地闯入井陉口，不禁产生被人轻视之感，特别是见到他的仇人张耳，顿时气得咬牙切齿，立即下令，开门迎敌。

井陉口中，道路狭窄，双方都难摆开阵势。赵军人多势众，拼命向汉军压过来；汉军也不示弱，个个奋勇当先，舍死激战。

大战良久，韩信下令诸将尽皆抛弃大鼓旌旗，一时满山遍野，全是汉军旗鼓。韩信率兵固守河边阵地。

赵军看到如此众众的战利品，纷纷空壁而出，抢夺鼓旗，抢夺汉军东西，以便邀功请赏。陈馀等人率兵直追韩信，认为韩信不过如此而已。

只听得韩信高呼："前面深水，后有追兵，你死我活，在此一举。后退半步，立斩不赦！"

汉军素惧韩信法度，谁敢怠慢半分，人人回身自战，莫不死拼，无不以一当十。俗话说，一人舍死，十夫难当。汉军数万之众，那是一种什么样的力量！

陈馀见汉军败退，正在高兴，不料汉军忽从营中杀出，个个突然间都变成了亡命徒。赵军争抢旗鼓，队伍混乱，虽然人多，但是很难击退汉军。

两军混战，难解难分！

张苍率领两千士兵看见赵军纷纷出营抢夺汉军旗鼓，飞快驰入赵营，尽拔赵旗，插上汉军旗。

赵军突然看见自己的营寨尽被汉军占领，一时间军无斗志，纷纷后退。陈馀连诛数人，也不能禁止。汉军看见赵军后退，攻势更加猛烈。赵军死伤无数，陈馀死于乱军之中。赵军只剩下投降一条路可走了。

韩信此役，一天尽破赵20万众，擒赵王歇，杀陈馀。韩信此法，谓之背水列阵。

韩信背水列阵不是一个孤立的决策，包括了一个系统的谋略条件。通过情报，知道陈馀不采纳李左车的建议，也了解了陈馀的军事部署。再派张苍暗中夺取陈馀大营，动摇陈馀军心。丢弃物资，目的是削弱敌人的斗志，同时为张苍的奇兵争取时间。最后退到水边，置之死地而后生，激发军队的战斗精神。韩信的部队并不是跟随他多年的训练有素的精兵，其中有很多降兵，只有置之死地，降兵才会奋力死战。如果没有张苍一军的奇袭，背水一战也不能成功。弄不好，那些降兵会再次投降，韩信可就惨了。

要让部下出死力，只靠重赏或重罚都不够。曾国藩第一次带兵，就失败了，湘军溃散，他拉起一杆大旗，上面写“过旗者斩”，自己手提长剑，站在旗下。结果呢，败兵绕过大旗，狂奔不止。曾国藩羞愤不已，跳江自杀，幸好被部下救起。

经验之谈>>>>

中国有句古话叫“士为知己者死”，要想得到下属的鼎力相助，首先要深刻理解部属的心理活动。

第 33 法
完善的制度才能管好人

要想管理好下属，就要有一个好的制度，这是毫无疑问的道理。

对于管理下属而言，哪怕是有缺陷的制度，也比没有制度好得多。管人者以制度说话永远比依靠个人的发号施令更有力度，也更有效率。古今中外制度的内容和角度多有不同，但紧握“制度”这柄尚方宝剑的出发点却是一致的。

有这样一件事可以说明制度的重要性。

18 世纪末，英国人来到澳洲，随即宣布澳洲为它的领地。但是怎么开发这个辽阔的大陆呢？当时英国没有人愿意到荒凉的澳洲去。英国政府想了一个绝妙的办法：把犯人统统发配到澳洲去，一些私人船主承包了运送犯人的工作。最初，政府以上船的人数支付船主费用，船主为了牟取暴利，尽可能多装人，却把生活标准降到最低，所以犯人的死亡率很高。英国政府因此遭受了巨大的经济和人力资源损失。英国政府想了很多办法都没有解决这个问题，后来一位议员想到了制度。那些私人船主利用了制度的漏洞，因为制度的缺陷在于政府付给船主的报酬是以上船人数来计算的！假如倒过来，政府以到澳洲上岸的人数来计算报酬呢？政府采纳了他的建议——不论你在英国上船装多少人，到澳洲上岸时再清点人数支付报酬。一段时间以后，英国政府又做了一个调查，发现犯人的死亡率大大降低了，有些运送几百人的船经过几个月的航行竟然没有一个人死亡。犯人还是同样的犯人，船主还是那些船主，制度的改变解决了所有的问题，这就是制度的力量。

在现代社会的企业管理中，制度的重要性更是不言而喻。

作为一套规章制度必须与时俱进，必须适应时代的变化，才能发挥管好人的作用。

因此，作为一个管理者，必须时刻注意本单位的规则，发现不切实际或不合情理的事要及时纠正，不断改革，这一点很重要。可以这样说，一个好的规章制度，必然是不断发展不断改革着的。这样的规则是活的规则，只有活的规则才有意义。

经验之谈>>>>

制度在企业发展中，扮演着不可缺少的角色。

第 34 法

权威不可太过分

经过这样的排除异己，朱元璋的天子之威可以说无以复加了，没有人再敢稍有异动。但是精明的朱元璋恐怕不会想到，也正是他的株连，使他的继承人在朱棣兵临城下之时竟至无将可用。

作为领导者，有了权威、威望，领导的成效会大不一样。但树威也要讲究方式方法，搞不好，威是树起来了，领导者的目标却越发难以达到，岂不是本末倒置？

抓住胡惟庸谋反案，借题发挥，朱元璋对淮西勋臣及其子弟展开了大规模的诛杀。他捕风捉影，不断扩大胡惟庸的罪状，处死胡惟庸时所宣布的罪名还只是“窃持国柄，枉法诬贤，操不轨之心，肆奸欺之蔽，嘉言结于众舌，朋比逞于郡邪，贻害国政，谋危社稷”；到洪武十九年（公元1386年），已升级为私通日本，成了卖国的大汉奸；到了洪武二十一年（公元1388年），又升级为勾结蒙古。胡惟庸已处死，但他的罪名罗织得越大，他的所谓同谋当然也就越多，先后被胡惟庸案牵连的那些心怀怨望、骄横跋扈的淮西勋贵也越来越多。到了洪武二十三年（公元1390年），胡惟庸的罪名发展到了极致，被指为与李善长串通谋反。而李善长的被杀，则将这场政治屠杀推向了高潮。

连李善长都被杀了，其他将臣岂能幸免，胡惟庸一案前后延续十余年，受牵连被诛者达3万多人，其中公、侯22人。

被贬谪者更是无数，一案牵连如此之广，可谓史中空前，却非绝后，在其后蓝玉一案，牵连也十分广泛。

胡惟庸案后，只有为数不多的旧将仍在边防要地担任军职，尤以蓝玉为最惹眼。皇太子朱标已于四月间病死，朱元璋立朱标之子朱允炆为皇太孙。然而此时朱允炆年纪幼小，蓝玉并未把他看在眼里。为了制止蓝玉的嚣张气焰，朱元璋对他奏请的事多不照准，这使蓝玉开始感到不安。洪武二十五年（1392年）八月，蓝玉的亲家靖宁侯叶品被胡惟庸牵连，被判处死，蓝玉因此开始疑神疑鬼起来，说："前日靖宁侯为事，必是诏内有我的名字，我这几时见上均好生疑忌，我奏几件事，都不从，只怕早晚也容我不过，不如趁早下手做一场。"他暗中联络景川侯曹震、鹤庆侯张翼、舳舻侯朱寿、东莞伯何荣（何真之）及自己的老部下，密谋策划，定于洪武二十六年（1393年）二月朱元璋外出巡视时起事。

然而此时锦衣卫早已遍布京城，他们对功臣元勋的监视无孔不入，蓝玉这番密谋，自以为此外无人知晓，其实却早被锦衣卫的密探察觉。未等蓝玉动手，锦衣卫指挥已向朱元璋告发了。朱元璋本来就担心朱允炆幼弱，自己年迈多病，说不定何时撒手西归，幼弱的朱允炆不足以统御那些手握重兵、权势极大的开国老将，早就在想着怎样进一步消灭来自功臣老将们的威胁。胡惟庸一案的不断扩大，就是基于这种考虑，如今这篇文章已经作了个烂熟，朱元璋也确实需要一个新的借口，蓝玉一案不仅更激怒了他，也恰好为他提供了一个借口。

朱元璋再次利用蓝玉案为突破点，向淮西老将们展开了第二轮血腥屠杀。除蓝玉本人外，蓝玉案杀了大约两万人，包括一公、十三侯、二伯。

至此，朝中淮西势力基本铲除，在朱元璋眼里，只剩下他一家坐庄，朝廷已经重新达到了势力平衡。

胡、蓝党案涉及面之广，株连者之多，堪称明史奇观。牵涉面如此之广的案件，如果仅只杀淮西人，难免过于暴露形迹，所以许多非淮西籍的功臣也被杀了。锄草难于不伤苗，这些人的被杀也算是"城门失火，殃及池鱼”，然而朱元璋毕竟达到了他的目的，因此便已无暇顾及其他。

朱元璋此举不但过于残暴，也十分行险，血腥诛杀虽处死了大量功臣，使随他一起打天下的功臣所剩无几，然而却难免引起尚存淮西功臣们的警惕和反抗，比如蓝玉在谋反时就这样煽动党羽说：“如今天下太平，不用老功臣，以前我们一班老公侯都做了反的，也都无了，只剩得我们几个，没来由，只管做甚的，几时是了?”众将不知朱元璋杀功臣何时方休，因此决心铤而走险，暗算朱元璋，这显然是被逼致反，不得不反，是扩大化诛杀的结果。

经过这样的拔刺行动，朱元璋天子之威可以说无以复加，没有人再敢稍有异动，但是精明的朱元璋恐怕不会想到，也正是他的株连，使他一手选定的继承人在朱棣兵临城下之时竟至无将可用。

对于一个领导者，特别是新任的领导者，适时地树立自己的威信是无可厚非的。但是如果太过分了，就会把原来的班子摧毁，在还没有把新的建立健全之前就打破旧的，是一种不明智的选择。其结果就会像朱元璋一样，兵临城下时却无人可用。

经验之谈>>>>

一味地排除异己，最后在关键时刻就会无人可用。

第35法

分散权力集中威信

威信，好像是管理者头上的光环。失去了它，再有能力的管理者在员工眼中也显得一无所是！

有些企业的管理者只拥有因职位而获得的权力，而严重缺乏威信。这种缺陷在日常的管理工作中有很多表现：有的管理者因为有了权力，常在员工面前摆架子，拿腔作调显派头，以为这样就是权威；有的管理者以一种友善的态度与员工交谈，有些员工就会摆出一副盛气凌人的架势；有的管理者以为有了权力就有了威信，就可以赢得员工的信赖和忠心。但是作为一个成功的管理者，完全靠权力来管理是行不通的。

例如某杂志社总编张总决定对其杂志进行改版，并将改版的任务交给编辑小丁，可是张总一直等到下午两点，才看到小丁漫不经心地从外面回来，张总忍不住气上心来，“小丁，现在几点了？两天前你就应该把改版策划说明书交到我这儿来，今天几号了？你到底在工作上投入了多少心思?”

谁知道小丁马上接口到：“张总呀，你没看到小王今天早上迟到了，小赵总是提前20分钟下班。相比之下，我就这么一次，你看……”

张总说：“这次就算了，不过，你再推迟工作，我就……”

经过这件事情之后，张总似乎意识到什么，并且打算有所改变。

一日小王早上又迟到了，被张总碰了个正着，张总把小王叫到办公室，愤怒地对小王吼道：“自从你来公司，几乎每天都在迟到，你这样把公司当成自己的家了，想什么时候来就什么时候来，这一个月的工资你就别想了，以后再敢迟到，那就别来了！”

小王走后，张总又气急败坏地行使他的另一项权力，把经常早下班的小赵叫来，说：“小赵，你每天都提前20分钟下班，别以为我不知道，你的这个月的工资就别领了，去吧！以后再早退，就不要来上班了！”

从这个例子中我们清晰地看到，一开始，张总对员工一片好心而搁置争议，这样虽有权力而无威信，使许多员工工作散漫，不把张总放在眼里，工作也不当一回事。而后来，张总认为严厉地实施权力就有了威信，但他错了，员工在私下抱怨，工作也更加不卖力。

不讲方式地随意使用你的权力，只会失去威信，自信心下降；当它用于责备时，只会引起对方的反感，助长其反抗心理，使管理者失去依赖。有权无威的害处有目共睹，所以很多企业管理者特别注重树立威信。

一般说，运用权力之道，就是小心运用权力和保持低调。一个成功的领袖，会尽量少用权力来办事，情况许可时便尝试运用威信来影响员工。威信比权力更重要，放弃权力的使用，把精力放在树立威信上，也许效果会更好一些。所以有的人说：成功的管理者，是因为他具有99%的个人威信和1%的权力行使。

任何一个优秀的管理者，除了拥有超群的实力，还需要拥有非凡的管理者气质。这种领袖气质，就是威信。

威信，好像是管理者头上的光环。失去了它，再有能力的管理者在员工眼中也显得一无所是！

因此，要成为一个优秀的管理者，或要想获得高超的驾驭员工的能力，都必须拥有魔鬼般的威信。

在许多优秀的企业里面，管理者都拥有个人威信，像磁铁一样征服员工，并引导员工向企业目标前进。

在某家著名的公司，经常听到，员工推崇他们管理者说：“我们经理太富有魅力了，你只要和他在一起待一会儿，你就能被他浑身散发的热情所感染。”

“是呀，有这样的领导，我们真是太放心了，虽然工作非常辛苦，但我感到非常开心，非常放心，对我们经理我是非常佩服的！”

“刚来公司的时候，我就被他的非凡气质所吸引，而且经理的管理能力真是很突出，这就是威信呀，真是了不起！”

每当公司迎来销售旺季时，经理常加班，员工们对公司的利益进行考虑，对经理抱着敬仰的态度，就算常加班也毫无怨言。

所以，真正聪明的管理者总是把架子放下来，主动从自身的能力开始突破，去赢得大家的心，从而形成真正的权威。成功的领导者从来都不去摆花架子，而是靠自己的内在凝聚力去管理员工。这样就使权力带有了威严。

有了威信，大家才能信服你，你的计划才能得到迅速的实施。这时，你具备了无形的感召力，你所作出的决定，会得到大家的一致的拥护，大家会齐心协力按你的决定去做，大家信任你。你的决定所取得的良好效果，会得到大家的一致称赞，你的威信同时也得到了进一步增强。

经验之谈>>>>

任何一个优秀的管理者，除了拥有超群的实力，还需要拥有非凡的管理者气质。这种领袖气质，就是威信。

第 36 法
法不可责众

作为管理者动辄以罚惩众，是很难使事情得到圆满解决的，它只会使员工工作情绪下降，而使管理者失去人心。

惩罚是管理的手段之一，其作用在于让员工纠正错误，并寻找最佳的工作态度和方式，但是，倘若唯有通过惩罚，才能解决员工存在的工作问题，也是方法论的错误，这样的管理者本身就应该自我反省。

尤其犯错误的对象是多名员工时，以惩罚来处理问题，只能使事情更加糟糕。

假如一名管理者在处理某些参与人数较多的事件时，采取惩罚的方式进行解决，肯定会制造许多对立面，不管这种惩罚的原因是正确还是错误。对立的气氛充满在整个员工队伍，这不仅不利于团队的合作，更会使管理层的决策无法得到顺利的执行，所以事情会变得更加严重，不能得到很好的解决。东北某家玩具生产企业就存在这种问题。

该企业的总经理准备召开工作会议，讲一些工作纪律的问题，并且通知大家下午 3 点到会议室集合。下午 3 点，总经理来到会议室，见里面空荡荡的，只有财务部主任等少数人。向主任一问，才知道原来是车间主管带着大家要赶完仅剩的少量工作还没有来。总经理大为恼火。于是让主任去拿笔记本，守在会议室门口，记录下迟到的员工姓名。员工到齐之后，总经理铁青着脸说：“今天我在这里等了大家 40 分钟，开一个会议，有 2/3 的人员迟到，像大家这样，开会都如此散漫，你们工作能够做好，是令人怀疑的。”台下有人发言。“你们不要强调理由，但你们迟到是事实，我今天就是要讲这个纪律问题，看看你们每个人满不在乎的样子，从小学就有人教你们遵守纪律，你们都忘了吗？真是无可救药了。”

“我手里的单子上是迟到人员的名单，明天黑板上有迟到者的名字，并且保持一周，这些人本月工资扣除5%以示对他们的惩罚。你们不遵守纪律的事，我希望大家是最后一次，以后如再出现，以此为例。”

这是该企业管理者的一贯作风，员工们稍有不合其意的地方，都会遭到老总“狂风暴雨”似的批判与罚款的惩罚。天长日久，企业里充满了压抑的气氛，有些好点的员工早就辞职离去，而留下来的，工作效率极低，怨言充满整个企业，企业利润日趋下滑，自然走向破产。

作为管理者动辄以罚惩众，是很难使事情得到很好解决的，它只会使员工工作情绪下降，而使管理者失去人心，并带来无穷的悔恨，然而仍有许多企业不明其理，采取各种方法惩罚众员工。

一般来说，许多员工犯错误或没有按时完成任务时，他们最不愿意看到的就是惩罚。另一方面，采用这种方法往往得不到很好的结果。因为员工可能有正当理由，如果不分青红皂白，将他们惩罚一通，那么他们必然心中不服，觉得冤枉要申辩。所以惩罚众员工，不是很好的选择，那又该怎么办呢？

首先，管理者要冷静下来，不要因为自己的一时冲动，而作出对员工们不公平的惩罚。其次，表扬少数人是最佳做法，既扬了正，又压了邪，受表扬者当然高兴。对大多数员工来说，虽然你含蓄地批评了他们，但并没有得罪他们，他们一方面感到羞愧，一方面还觉得你给他们留面子，会对你更加感激和服气。

另外还要记住：好虎不得罪一群狼。管理者行使惩罚的手段不可触犯众怒。把所有的员工都得罪了，一旦众人联合起来抵制你，晒你的台，那时你吃不了可要兜着走了。

经验之谈>>>>

管理者在行使惩罚的手段时，不可触犯众怒。